周 劲◎著

# 传媒治理

## 理论与模式的中国式建构

邵华泽题

人民出版社

书名题写：邵华泽　中华全国新闻工作者协会名誉主席　北京大学新闻与传播学院院长　人民日报社原社长

# 序言　可贵的探索

## 艾　丰[①]

《传媒治理：理论与模式的中国式建构》是一部从理论和实践上深入探讨传媒改革的力作。

传媒改革是一个重要的、敏感的、艰难的课题。

一个社会，有几种基本力量：经济的力量、政治的力量、军事的力量、文化的力量等等。其中传播的力量（包括舆论的力量、信息的力量）是一种独特的力量，它是依附性和独立性统一的力量。说它有依附性，是因为传播的力量总是依附于经济、政治、军事、文化等力量而存在，并为这些力量服务；说它有独立性，是因为传播对于社会各种力量都起着重要的作用，同时，整个社会靠传播才能形成一个统一的整体，才能使各种力量形成合力，推动社会的和谐和进步。在被称为“信息社会”的现代社会，尤其如此。传播的发展和状况标志着社会进步的程度。

我们所说的“传媒”，就是承载、运行、体现传播力量的实体。它是以新闻出版业为骨干的不断发展和延伸的包括网络和手机等新型传播工具和方式的庞大的传播系统。

当前，我国传媒的改革和发展面临着一系列的问题和挑战，比如，体制机制不适应社会主义市场经济的要求，不适应对外开放的新环境；主流媒体不能继续发挥主流作用，有逐渐被边缘化的危险；增长方式粗放、内容和经营同质化、过分依赖规模数量的扩张和广告的增长；有的传媒还在依赖行政保护，市场作用没有得到充分发挥；同时，对互联网和手机报、

① 作者为经济日报原总编辑、著名经济学家、中国发展研究院院长、中国企业联合会副会长、中国新闻文化促进会副会长。

手机电视等新媒体应对不足，等等。

怎样解决这些问题，应对这些挑战？关键在于落实我党历来倡导的、党的十六大、十七大再次强调的解放思想，深化改革。

所谓解放思想，主要是两个侧翼：一个侧翼是不唯上、不唯书，不能前人没有说过的一律不敢想、不敢干；一个侧翼是只唯实，坚持实践是检验真理的唯一标准，从实际出发，在实践中不断总结新的经验和理论。把这两个侧翼结合起来就是解放思想。

传媒的改革具有较强的特殊性，由于它涉及意识形态领域，事关政治体制改革，目前的制度环境下只能完成“规定动作”，“自选动作”难有突破，且传媒产业的资源配置和市场失灵都无法用经济学理论加以解释，这就增加了理论研究的难度。所以，传媒体制改革只能是一个“摸着石头过河”的过程。所谓“摸着石头过河”，就是在实践中敢闯、敢实验，对了的就坚持，错了的就纠正，同时在这个过程中不断总结经验，不断提升到理性的认识，而后更好地指导实践。

目前，我国学术界对传媒改革的研究滞后于实践的发展，不少研究或为经验性的归纳推理，或为实践工作的“述职报告”，或为局部改革的“歌功颂德”，大多未能建立起一个系统的基础理论体系，更没有在规范的经济学学术框架和话语体系内进行探讨。

我很高兴地看到，周劲同志的《传媒治理：理论与模式的中国式建构》一书在人民出版社出版。这是一部在中国传媒体制改革中涌现的，同时又有助于传媒体制改革推进的，理论与实践相结合的大胆探索之作。作者凭借其扎实的经济学理论功底和丰富的业界实践经验，介入到传媒体制改革研究这一极具挑战性的领域，表现出可贵的学术勇气和探索精神。

该书选题属传媒改革的“瓶颈”性课题，难度很大，写深了“水土不服”，写浅了是“官样文章”，好在周劲同志有过政界工作经验，又有着丰富的业界工作经历，以规范的经济学理论和方法对传媒体制改革进行了系统的研究，提出了传媒治理这门新兴交叉学科的构架，做出了具有开创意义的基础性工作；同时，该书又以文化体制改革为背景，从传媒治理的理论分析，引申到传媒治理的模式创新上，具有较强的现实指导意义。

本书论述的基本点是：在确定传媒事业和市场双重主体地位的基础上，找到了与传媒改革相关的三个主体：党政、传媒、市场（社会），构建了一个本土化的经济学分析框架——传媒治理三角分析框架，从制度环境、内部治理、外部治理三个方面展开论述；在内部治理上，主要是研究在所有权、采编权、经营权“三权”分离下，如何解决传媒的委托代理问题；书中指出，传媒治理研究是一个复杂和特殊的问题，它既不同于西方传媒集团，也不同于我国的国有公司……这些分析很符合我在《中介论》一书中提倡的“一分为三”的哲学思维。在经济领域的改革中，“一分为三”起了很大的作用，市场经济既不姓资也不姓社，它是那个“三”。股份制既不姓公也不姓私，它是公私融合的“三”。抓住“三分法”，很可能也是研究传媒改革的一把钥匙。例如，我们寻求的传媒体制，可能既不同于西方，又不同于原来的计划经济下的体制，可能是个“三”；我们讲社会效益和经济效益，其实，它在实践中并不是绝对分开的，我们要寻求的是两者融合的那个“三”；传播的要求也是“三”：真实性、指导性、可读性，正确处理这三者关系，是搞好传播的基础，如此等等。

当然，这本书还有需要进一步完善的地方，个别提法还需要进一步斟酌，相信周劲同志会以这本书作为一个起点，继续在这一领域探索下去。

十七大召开之后，新一轮传媒改革春雷滚动，传媒体制改革更成为传媒经济学研究的核心问题之一，希望这本书能起到抛砖引玉的作用，希望有更多的理论和实践工作者为研究传媒体制改革做出贡献，通过传媒体制改革促进文化的大发展、大繁荣。

是为序。

# 目　　录

# 实　践　篇

# 图表索引

# 案例索引

# 前　言

自2003年起，波澜壮阔的文化体制改革开始启动，这其中，新闻出版体制改革是最重要和最敏感的部分，经过2003年至2006年三年的试点，新闻出版体制改革在艰苦的摸索后，取得了不少进展，2007年更是改革的破冰之年，深圳出版发行集团组建、机电商报社整体转制、辽宁出版集团整体上市、和平社重组转制……转企、兼并、重组、上市，大幕已经开启。

然而，毋庸讳言，文化体制改革取得的局部性和阶段性成果令人瞩目，但与经济体制改革相比，实质性的推进仍然有限，尤其是传媒转制改革整体滞后，试点单位的"两分开"改革尚不成熟，一是公益性传媒"一体两制"极不协调，事业性质仍然使传媒无法成为市场主体；二是经营性传媒转制成企业后拥有了法人财产权，对传媒如何依法管控？三是传媒产权残缺、委托人残缺、激励机制残缺，传媒的现代企业制度和法人治理结构难以建立。这些障碍和相关研究的滞后成为影响传媒体制改革的一大制约。

为此，有关传媒治理的问题，如法人治理结构的建立、产权的设置、控制权和索取权的分配、激励和制衡机制的重构、传媒经营管理者的选定、绩效的考评、权力的约束等都到了亟待研究的阶段。本书全面把握中央政策，以传媒治理为切入点，构建了一个理论分析框架并将其运用于文化体制改革的实践中，从理论和实践两个层面，探讨了文化体制改革下对传媒治理改革创新的思路，为改革提供了理论支撑。

本书界定的传媒治理也称传媒治理结构，是指党和政府、股东、社会、利益相关者等对传媒的宣传、经营、管理、绩效进行监督和控制的一整套制度安排，其本质是关于传媒控制权和剩余索取权分配的一整套法律体系、文化和制度规范的安排，这些安排决定了传媒的宣传和经营目标，谁在什么状态下控制传媒，如何控制，风险和收益如何在党和政府、传媒、利益相关者之间分配等一系列问题。传媒治理分为内部治理和外部治理，内部治理就是通常讲的法人治理结构，即传媒的内部组织结构设计，包括党委会、董事会、编委会、经委会、监事会、采编层、经营层的制度安排以及它们的功能、义务和权利。外部治理包括党政治理、市场治理和社会治理。在文化体制改革下，传媒治理包括两个层次，一是针对公益性传媒的公共事业型治理，二是针对经营性传媒的公司治理。

传媒治理起源于公司治理，但又远不同于公司治理，公司治理理论目前在我国已相当成熟，但公司治理研究对传媒几乎没有涉及，究其原因，一是因为传媒涉及意识形态领域，事关政治体制改革，传媒治理的诞生和发展必然受到政治环境的影响，在远没有达到改革最终目标时，传媒治理的制度假设和最终结果是不确定的，这就大大增加了研究的难度；二是传媒与我国的国有公司不同，具有双重属性，即产业属性和意识形态属性，是经济组织和公共事业组织的结合体，加之传媒还没有完全进入市场经济体系，公司治理的基本理论与传媒难以嫁接。三是传媒治理研究具有较强的约束条件，它所经历的是以人为设计和干预为主导的制度创新和渐变的过程，有着远不同于公司治理自发演变的特殊规律和演进路径。

因此，在我国，传媒治理研究是一个复杂和特殊的问题：它不但与西方传媒集团不同，也与我国的国有公司不同，其内生于赖以存在的政治环境和经济环境，受事业单位产权模糊和行政控制的国家框架所左右，它的经济系统远离均衡状态，它的分析空间不像其他经济领域那样“光滑”，这就从本质上决定了不能用传统的经济学方法来研究传媒。只有根据中国传媒经济的系统特征重构新的分析空间，才能解释中国传媒治理复杂的、独特的、非均衡的演化过程。

为此，本书遵循中国传媒经济发展的特殊规律，首先构建了一个本土化的经济学分析框架——传媒经济三角分析框架，它是以传媒制度安排的三角结构和交易替代理论为基础理论，以政府、市场、媒体作为经济主体，研究它们之间的交易替代和交易成本，来描绘传媒经济独特的发展轨迹。本书将传媒经济三角分析框架应用到传媒治理的研究中，将复杂的传媒治理系统投射到一个既便于理论研究，又能反映系统基本特征的分析空间上，在方法论上进行了突破。

在三角分析框架中，底边是传媒的制度环境，底边确定了三角形面积的大小和扩展的空间，它是传媒治理制度安排的约束条件。三角形的左右两边是传媒治理研究的两翼，即内部治理和外部治理，内部治理研究的是政府交易和媒体内交易的替代，即如何通过相应的机构设置及相应的制衡机制、激励约束机制实现控制权在政府和媒体中的最优配置。外部治理是通过制度安排进行政府交易和市场交易的替代，按正外部性最大化和交易成本最小化原则，确定政府交易和市场交易的比例，从而实现政府和市场对传媒的共同治理，使传媒在政治利益、经济利益和公共利益中找到一个平衡点，实现公平与效率。

本书遵循的是"理论框架构建—理论框架验证—理论框架运用"这一严谨的科学范式，在构建框架后，通过框架的运用验证这一框架的分析力、说服力与解释力，这一科学范式已被经济学界广泛采用。正是因为采用了科学的理论范式，本书的铺陈才呈现出严密的逻辑结构：（见图0.1）

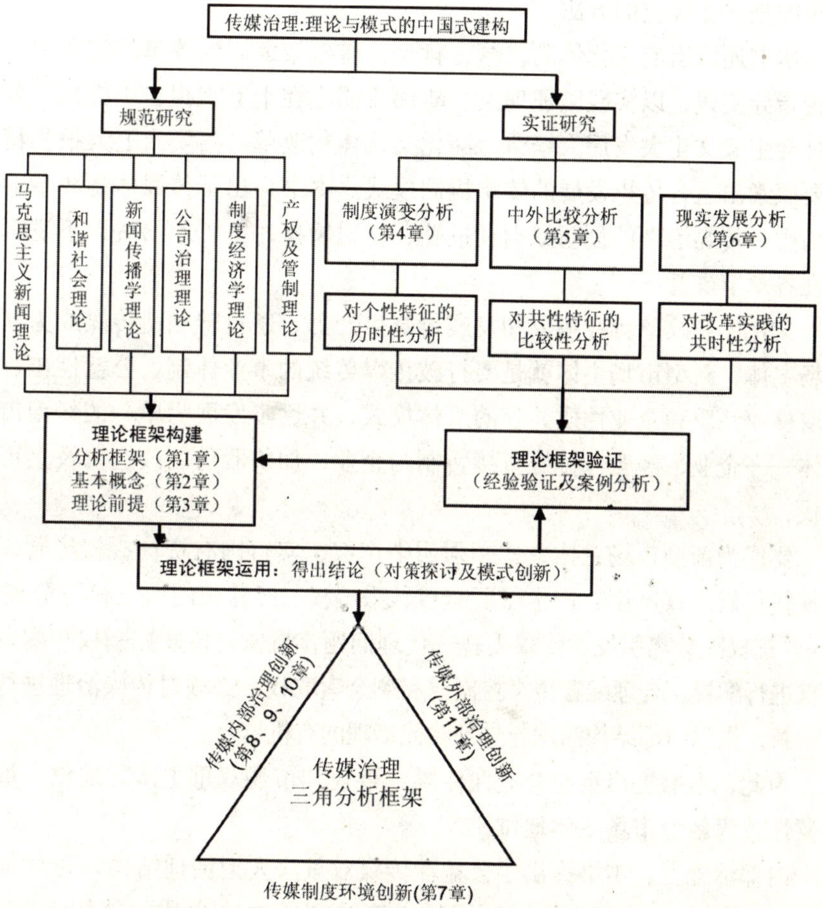


**图0.1　本书的逻辑结构和理论范式**

在理论框架构建上，本书采取规范研究的方法，以传媒的双重人格为基本假设，在提出三角分析框架后，又对传媒治理的一般概念和理论前提作了分析；在理论框架验证上，本书通过制度分析揭示传媒治理的特殊演变逻辑和路径依赖现象，这是对个性特征的历时性分析；通过中外比较分析揭示传媒治理的演进规律，这是对共性特征的比较性分析；通过现实发展分析对传媒治理作共时性解读，这是以文化体制改革为分析系统，以系统内各要素的相互关系为研究对象的横向分析。通过这三种分析来验证传媒治理的三角分析框架，并对传媒的制度环境作全景解析。最后通过大量的个体案例来验证理论结果是否与现实经验一致，提出的治理模式能否具有现实指导意义，其制度安排是否具有稳定的均衡。在框架验证上，本书采用的是实证研究的方法。

本书还以当前文化体制改革为背景，将框架运用到改革的实践中，以理论指导实践，以实践验证理论。胡锦涛同志在十七大报告中提出，要推动社会主义文化大发展大繁荣，深化文化体制改革。落实十七大报告精神就要探索出适合传媒发展的体制机制模式。本书提出了传媒体制改革的战略构想、传媒治理的创新原则和进路，在对策探讨上，本书按以下逻辑顺序在各章节展开：

文化体制改革旨在解放和发展传媒生产力，通过转制使传媒成为新型市场主体，新型市场主体就是要打破传媒传统的事业体制，公益性传媒可采取事业性质和企业性质共存的双体模式，并逐步发展为单一的新型市场主体——企业，经营性传媒直接转制为企业，加快股份制改造以及上市的步伐；

要成为新型市场主体，就必须明晰产权，实行国有资产授权经营，建立现代传媒产权制度，产生了所有权、采编权、经营权的“三权”分离；

“三权”分离引发了传媒委托—代理问题，需要对传媒控制权和剩余索取权进行配置，合理配置传媒控制权和剩余索取权，必须对传媒治理进行改革创新，做到内部结构治理与外部功能治理的有机结合。

为此，本书提出重塑公益性传媒“事业和市场双重主体”地位，重塑经营性传媒新型市场主体地位；

内部治理上，本书提出了公益性传媒双重法人型治理结构（母体加子体3 +3 模式）、经营性传媒公司法人型治理结构（主体加辅体 3 +2 模式）；

外部治理上，本书提出了党政、市场、社会的共同治理模式，通过治理主体和治理方式的多元化，建立三位一体的合作治理框架。

只有完善的治理结构，才能确保党和政府依法对传媒实行有效的管控，才能有效地解决传媒的委托—代理问题，才能规范所有者与经营者的权力和职责，对传媒资源进行合理配置，对传媒人才进行有效开发和激励，从而形成科学的决策机制、制衡机制、激励机制。

只有完善的治理结构，才能正确界定政府与传媒的关系，让党和国家通过资本控制实现舆论导向的控制，从而强化党的领导，在新闻采编领域替代政府管制，在经营管理领域建立国有资产的有效监管和营运，促进国有资产的保值增值。

完善的治理结构是后文化体制改革时代传媒的核心竞争力，是传媒持续发展能力和市场竞争能力的制度基础，可以说传媒竞争在很大程度上就是治理结构的竞争，其制度优势甚至超过传媒的技术与产品本身。

本书的创新如下：

1. 在研究角度上，基础研究和应用研究相结合。一门学科生命力的大小，不仅取决于社会对这门学科的需要程度，更取决于这门学科基础理论的扎实、深厚的程度。基础研究上，本书建立了一个关于传媒治理的研究框架和理论体系，首先构建了一个本土化的传媒经济学分析框架——三角分析框架，将复杂的传媒治理系统投射到这个既便于理论研究，又能反映系统基本特征的分析空间和平台上，以揭示有中国特色的传媒经济和传媒治理的运行规律，从方法论、观点与理论范式上都将传媒经济理论研究推进了一步，以实现对以往研究的超越。同时，对传媒治理研究的必要性、定义、特征以及理论依托和治理原则进行了阐述，形成了较为完整的传媒治理理论体系。从学理上回答了“为什么”的问题，重点在于“学”。在应用研究上，本书以文化体制改革为背景，从传媒治理的理论分析，引申到传媒治理改革的模式创新上，从传媒治理的模式定位，引申到传媒产权制度、管制制度、企业家激励等多方面的改革，试图对传媒体制改革的实践做出更为深入、更为科学的分析。从实践的角度解决了“怎么做”的问题，重点在于“术”。

2. 在研究内容上，宏观研究与微观研究相结合。宏观研究和微观研究是传媒经济学赖以腾飞的两翼，宏观经济学研究整体经济现象，微观经济学研究单个经济主体的经济行为，两者必须并重。宏观研究上，本书从制度经济学的角度分析了传媒的制度变迁，以及传媒治理的模式演进，对不同制度变迁路径的成本收益进行了分析，探讨了制度变迁净成本最低的改革方案，本书总结的我国传媒制度变迁及治理演进的历史轨迹与发展方向，对于今后传媒体制改革有较好的指导作用。微观研究上，本书提出了重塑公益性传媒“事业和市场双重主体”地位，构建双重法人型治理模式（母体加子体3+3模式），经营性传媒则重塑新型市场主体地位，构建传媒公司法人型治理模式（主体加辅体3+2模式）。就传媒个体而言，这是在文化体制改革背景下，法律框架内，政治力量与资本力量协同管理，党委领导与法人治理结构相结合，多元主体既相互制衡又注重协调和持续互动的理想的法人治理模式。

3. 在研究方法上，实证研究和规范研究相结合。实证研究回答“是什么”、“客观现实是怎样”的问题；规范研究回答的是“什么是好的”、“应该是怎样”的问题。对一般经济学来说，两者可以分开，但传媒经济学必须结合，否则，结论就会脱离现实。在理论框架构建上，本书采取规范研究的方法，以马克思主义新闻理论、新闻传播学理论和企业理论为基础，以传媒的双重人格为基本假设，对传媒治理的一般概念作了理论分析。着重考虑其喉舌性质对社会的影响，考虑制度安排与其双重人格的行为方式是否激励相容。在理论框架验证上，本书采用实证研究的方法，从制度分析、历史分析、现实发展分析及中外比较分析中总结传媒治理应遵循的规律。此外，本书还采取了一些具体的研究方法，如文献调查法，对历年传媒体制改革的法规、文件、规章乃至通知、意见进行了一个详细的梳理，考察其演变过程和发展方向；深度访谈法，在写作过程中多次到传媒改革的试点单位或创新集团调研，召开座谈会，与领导层深度访谈，使本书始终站在实践的最前沿；案例分析法，大量的案例是本书的特色，由于传媒产业统计数据缺乏，且很难获得，因此本书较多采用了案例分析的方法，以弥补相关数据不足带来的缺陷，以增强对本书的理解。

4. 在研究成果上，对文化体制改革中的传媒体制改革提出了改革思路，阐述了传媒治理改革的目标、原则和任务，提出了传媒体制改革“一、二、多元性”，即改革目标的一元性、体制架构的二元性、改革措施的多元性；提出了外部治理上构建党政、市场、社会三位一体的共同治理模式；本书还分析了传媒转制改革下传媒所有权、采编权、经营权的“三权”分离，以及“三权”分离下如何对传媒控制权进行配置，提出了“双重逻辑下党政主导的合作控制观”，通过构建传媒法人治理结构解决传媒委托代理问题。中国传媒面临的问题只有通过深层次的改革来解决，本书写作的过程正是这种深层次的改革不断深化的过程，因而本书能够始终站在理论和实践的最前沿，力图在一个多学科分析框架内研讨与传媒改革有关的既有理论意义又有实践价值的命题。

本书研究也有难点和不足，当前我国正处于制度转型阶段，由于我国实行的是渐进性改革，其制度变迁有着路径依赖现象，使我们对改革的方向有大致的了解，但是由于转型的过程很长，传媒改革在不断变化之中，在远没有达到改革最终目标时，我们对传媒改革的制度假设和最终结果是不确定的，这就增加了研究的难度。但这种难度恰恰是本书的研究价值所在，我们相信，只要传媒走上了改革的道路，产业化发展提到了重要的地位，市场经济规律就一定会发挥作用，改革的结果是不以人的主观意志为转移的，传媒治理研究总归有其内在的经济规律。本书尽可能为传媒治理创新提供一个理论体系，为转制改革提供一种对策和建议，哪怕本书提出的状态暂时无法实现，但总能为将来进一步的制度设计指明一个参考方向。此外，传媒是在封闭的环境下运作，其经营数据难以获得，信息披露也不公开，且本书探讨的领域缺乏前人的研究成果，无法收集到研究数据，因此难以使用数理的方法进行定量分析。

# 第一章　转型期中国传媒经济的三角分析框架

## ——以传媒治理研究为例

科学的发展往往是理论分析框架的创新，以经济学为例，经济学史上每次重大进步，都是以分析框架的革新为先导，诸如“经济人”、“边际分析”、“交易费用”等，这些概念和分析框架构成了经济学发展的一级级台阶。传媒经济学的发展也应如此，本书首先构建了转型期中国传媒经济的三角分析框架，这是全书的理论基础和研究平台，在构建了理论框架后，本书将其运用到当前文化体制改革的实践中，本书遵循的是“理论框架构建—理论框架验证—理论框架运用”这一严谨的科学范式，试图在方法论上进行突破，对传媒治理进行经济学的规范研究，以探讨传媒治理独特的内在规律，从而为研究中国传媒经济提供一个全新的本土化视角。

## 第一节　中国传媒经济研究的特殊性：三角分析框架的提出

长期以来，我国传媒经济的研究一直滞后于传媒经济的发展，主要原因一是传媒涉及意识形态领域，事关政治体制改革，目前的制度环境下理论研究难有重大突破；二是传媒的事业性质定位成为传媒经济研究的瓶颈；三是传媒产品性质的多元和专业，产业的复杂性和特殊性也增加了经济学研究的难度。现有的传媒经济研究大多以应用研究为主，多为经验性的归纳推理，描述现象很及时，提出的解决方案脱离现实，且未能建立一个系统的基础理论体系，更没有在规范的经济学学术框架和话语体系内探讨，形成了传媒经济研究中的“硬伤”。传媒经济学是一门特殊的学科，其特殊性表现在研究对象的特殊上。

## 一、传媒经济研究对象的特殊性：传媒的双重属性

我国目前正处于转型期，这一转型发生在有过强大计划经济烙印的大国中，改革的深刻性、艰巨性可想而知。转型意味着一切制度处于变化之中，一切都有存在的合理性，一切都未获得最终的合法性。转型期的传媒既要服从市场规律，又要服从官方意志，政府控制与市场动力之间的博弈导致了传媒转型期的失衡，这个失衡表现为传媒的制度变迁呈现一个渐进、滞后、冲突以及不均衡发展的过程。因此，转型期中国传媒经济的研究极为特殊，它必将遵循一系列特殊的经济规律，经历一条独特的发展轨迹，这种特殊性首要表现在传媒经济研究对象的特殊性上。

传媒经济的研究对象是传媒，广义上的传媒，包含了报纸、杂志、电视、广播、互联网、手机、图书出版、电影乃至音像制品等，它们都是信息传播媒介。狭义上的传媒，是指报刊、电视、广播、互联网、手机五种主要传播媒介。本书界定的传媒是指生产、销售传媒产品的广播、电视、报刊等的各类企业、事业单位的集合。传媒作为信息组织，具有收集、加工并传播信息的基本功能。传媒主要从事精神产品的生产，提供物化的精神产品和服务，其最大的特征就是传媒的双重属性。

传媒的双重属性论，是20世纪90年代以来的主导性观点。双重属性论有很多不同的说法。信息产业论认为“新闻事业具有形而上的上层建筑属性和形而下的信息产业属性”①。文化经济论认为“报业所具有的两重性，即它的文化属性和经济属性”，“报业的文化属性，指的就是报业作为社会意识形态的‘事业性’，它是精神财富的创造者和体现者；经济属性指的是报业作为一个生产性行业，具有产业的特点，在创造精神财富的同时能够通过提供信息服务获得收益。”② 政治经济论认为自人类社会进入阶级社会以后，传播媒介“都具有二重性，即经济属性和政治属性，与其相适应，传播媒介具有两种功能，即产业功能和喉舌功能。”③ 舆论信息论认

---

① 李良荣、沈莉：《试论当前我国新闻事业的双重性》，载《新闻大学》1995年第2期。

② 唐绪君：《报业经济与报业经营》，新华出版社1999年版，第33～34页。

③ 周鸿铎：《传媒产业经营实务》，新华出版社2000年版，第32～33页。

为“报纸的‘舆论阵地’与‘信息产业’这种双重性质，正如‘经线’与‘纬线’把它确定在纵横交叉的方位上。这就是中国报业在新时期的‘大定位’”。①

在中国，传媒不是单纯追求利润最大化的企业，而是以低成本提供公共服务的事业组织。作为“新闻事业”，传媒首先具有的属性是意识形态属性，这种属性是由以下两方面决定的：

一是由传媒属于上层建筑的政治性质决定的，即阶级、国家、政党常常把传媒作为其喉舌，传媒是其政治目的得以实现的工具。意识形态属性决定了传媒最重要的作用就是维护现行政治体制的合法性，政治责任远大于经济功能，决定了传媒是一种话语权力。中国的政治体制更决定了中国的传媒是特殊的行业，它是党和人民的喉舌，它的主要任务是宣传党的方针、政策和路线，宣传社会主义建设的伟大成就，组织生产，统一舆论等。它对于一个国家、一个社会、一个民族、一个地区的稳定、延续和发展，起着促进和推动作用。

二是由于传媒的频道、频率、刊号和卫星资源，是国家的公共资源和战略性资源。所谓公共资源，是指现代传媒所具有的快速度、远距离、高覆盖的技术手段使传播内容在时间和空间上被急剧放大，从而可能对某一社会群体甚至整个社会产生强烈的正外部效应或外部效应，因而具有“市场失灵”的“公共性”。所谓战略性资源，是指在世界经济一体化、政治多极化进程中，传媒不仅在一个国家的经济、社会发展中具有重要的信息传播和舆论引导作用，而且在维护民族国家的文化主权和文化信息安全方面具有重要的战略地位。② 是公认的“社会公器”，具有很强的公共性，必须强调其意识形态功能和社会效益。

在明确传媒意识形态属性的同时，传媒还具有产业属性。“传媒作为具有意识形态的精神产品生产者，从属于上层建筑范畴，而作为向大众提供信息的载体，又从属于信息产业。”③

改革开放以来，中国传媒的产业属性逐渐被认可，1985 年，国务院办公厅转发国家统计局《关于建立第三产业统计的报告》，把第三产业分为

① 戴仁杰：《正确认识办报与经营的关系》，万力主编《媒介经营与产业操作实务》，新华出版社 1999 年版，第 198 页。

② 齐勇峰：《传媒文化产业集团的发展趋势和改革创新》，载《青年记者》2006 年第 5 期。

③ 李良荣：《新闻学概论》，复旦大学出版社 2004 年版，第 104 页。

四个层次，第三层次是“为提高科学文化水平和居民素质服务的部门”，包括教育、文化、广播电视事业。1993 年国务院批转国家计委《关于全国第三产业发展规划基本思路》，把文化、广播影视、新闻出版等各项事业列于“文化、体育事业”。1996 年，国家把广播电视和报刊经营管理列入需要加快发展的第三产业行列。2001 年 4 月，中国证监会新版《上市公司行业分类指引》中，将传播与文化产业定为上市公司 13 个基本产业门类之一，其中取消了原来的“高科技产业”，新增了“传播文化产业”（L0101）及“信息传播服务业”（L20）。传媒的产业属性要求传媒按照市场经济的规则发展壮大，传媒必须按市场规律办事，进行市场运作。

综上所述，传媒是社会效益和经济效益的统一，是事业属性和产业属性的统一，是意识形态与经济形态的统一。单纯强调传媒的意识形态属性，忽视其产业属性是片面的；把传媒等同于一般商品，强调其产业特征和经济效益，忽视其意识形态属性和社会责任也是不可取的。我们不能把传媒的意识形态属性和产业属性对立起来，在文化体制改革中既要防止过分强调传媒的意识形态属性而排斥产业属性，又要防止过分强调产业属性，不加分析地将传媒全部推向市场。

中国传媒的双重属性，决定了其独特的生存形态与运作方式，决定了中国传媒必须在政治与意识形态控制之下，兼顾产业发展，具有双重目标发展取向。即传媒既要坚持新闻党性原则，又要适应社会主义市场经济发展的需要；既要促进传媒的效率，又要保证传媒的公平；既要确保党在意识形态领域的统治地位，又要让传媒成为独立的市场主体参与竞争；既要维护国有媒体的垄断地位，又要运用市场机制推进媒体集约化、规模化。在这一特殊的前提下，传媒经济的研究也具有了特殊性，它不能等同于一般的经济学研究，需要构建新的分析框架，才能描绘其独特的研究轨迹。

## 二、三角分析框架的提出：基于传媒的特殊性

由于研究对象的特殊性，导致了研究的特殊性，在我国，传媒经济研究是一个复杂而又特殊的问题：

其一，传媒具有双重属性的特征，传媒产业同时横跨信息服务业与文化产业，在文化体制改革下，经营性传媒不只是单纯追求利润最大化的企业，它更要承担社会责任；而公益性传媒是一个试图以低成本提供公共服务、承担政治责任的事业单位，它们均与我国的国有独资公司不同，具有

经济组织与公共事业双重属性，经济学理论对传媒研究没有普适性。

其二，我国传媒的产生和发展具有与西方国家不同的初始状态，传媒是政治的一部分，传媒的诞生和发展必然受到政治环境的影响，在远没有达到改革最终目标时，传媒改革的制度假设和最终结果是不确定的。加之我国传媒还没有进入市场经济的体系，经济学的基本理论与传媒难以嫁接，这就需要构建适合传媒特点的新的经济学分析框架。

其三，我国传媒改革具有较强的约束条件，它是以人为设计和干预为主导的制度创新和渐变的过程，不是伴随现代企业发展应运而生的自发演变过程。在这种情况下，传媒会遵循路径依赖的规律，在政府的主导下进行渐进式的制度变迁。传媒改革有其特殊的规律和演进路径，只有构建新的分析框架，对不同制度变迁路径的成本收益进行分析，才能探讨制度变迁净成本最低的改革方案，理解传媒在约束条件下权衡利弊后作出的激励反应，以及争取达到的最佳结果。

因此，从经济学角度而言，处于转型期的中国传媒，它的经济系统远离均衡状态，它的市场是分割的，信息是不完全对称的，政治风险、自然风险、道德风险、技术风险并存，它的分析空间不像其他经济领域那样“光滑”。一般的分析方法能较好地推演出均衡附近经济系统的演进，却无法描述远离均衡的复杂的非平衡动态过程。同时，“由于传媒产业不遵从边际效用递减规律，这就从本质上决定了应用传统的经济学方法来研究传媒经济也是没有出路的。”① 只有根据中国传媒经济系统的特征重构新的分析空间，才能解释中国传媒经济的这种复杂的、独特的、非均衡的演化过程。

为此，本书提出的传媒经济三角分析框架是一个本土化的分析空间，它遵循中国传媒经济的特殊规律而设计，可以较好地描绘出其独特的发展轨迹。

---

① 昝廷全：《论传媒经济学与系统经济学之间的关系》，《中国传媒经济》第3辑，科学出版社2007年版。

## 第二节 三角分析框架的内容：基本假设、基础理论和理论范式

判断一个学科是否成熟，一个重要标志是该学科是否存在一种理论范式，在经济学的研究中，能够充任学科理论范式的就是其基础理论，它要求经济学研究以经济主体的理性行为分析为逻辑主体，以经济主体行为互动形成的系统均衡为目标，从而推演出一系列具有严密逻辑联系的结论，以此与其他学科区别开。传媒经济三角分析框架的基础理论是传媒制度安排的三角结构和交易替代理论，基本假设是传媒的双重人格假设。

### 一、三角分析框架的基本假设：传媒的双重人格假设

三角分析框架将我国传媒视为处于相对复杂制度环境中的产业组织，其基本研究假设是传媒的双重人格假设，即传媒具有“政治人”和“经济人”的双重人格。①

“政治人”由美国学者利普赛特在《政治人：政治社会的基础》一书中提出，“政治人”概念的引入，奠定了政治社会学的方法论基础。“所有的人都是生活在政治生活中的，生活在政治关联中的”，因而现代社会生活中的人均可以称为“政治人”②。“政治人”追求的是政治利益的最大化，往往有着较强的意识形态。对于传媒而言，“政治人”的人格则更为突出，大众传媒本身就具有政治社会化功能，政府必定要对传媒进行政治上的控制，传播执政党的主张和意识形态，以巩固自身的统治地位。每个政府都有“努力维护自己管理、操纵信息的能力。从君权神授时代直到今天，政府已认识到：信息意味着权利，控制信息（至少在一定程度上）对于获得公众对其政策和命令的支持是十分必要的。”③ 在中国，传媒定性为

① 周劲：《传媒治理：制度分析与实证研究》，载《现代传播》2005年4期，人大复印资料2005年第12期转载。

② 公冶之：《人的政治性和政治的社会性——政治人》中译本序，西摩·马丁·利普塞特，张绍宗译，《政治人——政治的社会基础》，上海人民出版社1997年版，第13页。

③ 李瑛、何力：《全球新闻传播发展史略》，郑州大学出版社2004年版，第27页。

党和人民的喉舌，必须服从于党和政府，确保舆论导向的正确和实现公共利益。新闻事业的功能在于宣传马克思列宁主义，宣传党的路线、方针、政策，宣传社会主义建设的伟大成就，组织生产，统一舆论。

"经济人"是新古典经济学关于人的行为分析的最基本假定，"经济人"是在各种约束的限制下，努力使其目标函数的期望值达到最大化的经济行为者。"经济人"的两大主要特征是追求效用的最大化和完全理性。对于市场经济条件下的传媒而言，它也是"经济人"，追求着自身的经济利益和市场效率，并考虑自身的收益与成本，如果收益与成本不相等，它们就会有不同的激励反应。

"政治人"与"经济人"有着不同的人格假设和定位，但是二者也有类似之处，"这不仅由于两者在功能上都扮演着逻辑前提的角色，更重要的还在于人们均无时不在既定约束条件下以最小代价去获取最大收益。从这个意义上说，政治人无非是活动在所谓政治领域内的经济人而已。"① 在政治市场上的政治人必然仿效经济市场上的经济人行为，以经济人的面目出现。

在双重人格假设下，传媒作为"政治人"必然以"经济人"的面目出现，传媒会在给定的约束条件下争取自身的最大利益，将自利、互利和政治利益有机地结合起来。而传媒治理研究就要运用新古典经济学的"经济人"范式和交易经济学范式，分析政治市场上传媒的动机、行为和交易，在传媒政治人的理性约束下，实现其经济人的激励相容约束，在两者的约束下最大化传媒的总价值，使传媒在追求"经济人"利益的同时，达到制度安排设计者所想要达到的目标，实现其"政治人"的目标。

## 二、三角分析框架的基础理论：传媒制度安排的三角结构及交易替代

### 1. 传媒制度安排的三角结构

近代制度经济学的鼻祖康芒斯把人类的全部经济活动划分为"生产"活动和"交易"活动，"生产"活动是人对自然的活动，"交易"活动是人与人之间的活动。这两种活动共同构成了人的全部经济活动。"交易"

① 张宇燕：《经济发展与制度选择——对制度的经济分析》，中国人民大学出版社 1992 年版，第 96 页。

活动被康芒斯视为制度的基本单位，也就是说制度的实际运转是由无数次“交易”构成的，“交易”因而就成为康芒斯的制度经济学的基本分析单位。康芒斯将“交易”分为三种基本类型：一是买卖的交易或称市场交易，即平等人之间的交换关系；二是管理的交易或称企业内（产业组织内）交易，即上下级之间的命令和服从关系；三是限额的交易或称政府交易，主要指政府与企业和个人的关系。① 随着制度经济学的发展，科斯在制度分析中引入边际分析方法，建立了“交易成本”概念②，诺斯认为，有了“交易成本”这个发现，我们才找到了解释制度存在和制度演进的方式，才可以解释整个经济在体制上的变化。

由于交易活动是人与人之间的博弈关系，而制度是人们交换活动和发生联系的行为准则，因而，一种交易方式就是一种制度安排。③ 康芒斯的伟大贡献在于：将以前看似不相干的活动如市场买卖、企业对员工的管理、国家对企业的管制等，通过“交易”这个一般化概念联系归纳起来，不同的制度安排只是这三种交易类型的不同比例的组合。尤其是中国正处于转型期，转型经济学的领袖人物热若尔·罗兰认为“转型是大规模制度变迁的过程，而制度变迁是一个复杂的动态系统，它既包括政治，政治约束决定了转型的策略；还包括市场，市场影响资源配置；更包括企业本身。”④ 因此，我们可以把中国传媒领域的制度安排纳入到这三种交易活动

---

① 康芒斯：《制度经济学》（上册），商务印书馆1991年版，第74～86页。

② 交易成本是一个重要的经济学概念，由于本书要多次涉及交易成本，这里作简单的说明。古典经济学的基本前提是市场交易没有成本，在价格机制下，经过谈判必然可以达到一个交易双方满意的均衡。科斯推翻了这一前提，他在《企业的性质》和《社会成本问题》中，用一系列的案例和命题证明：1. 在交易成本为零的前提下，政府的作用是多余的，因为交易双方自己可以解决自己的问题，因此，庇古的福利经济学的结论如政府对外部性的作用也是多余的。2. 市场交易存在交易成本，因此财产权利的界定和调整，尤其是法律制度的建立对经济制度运作效率具有重要的作用。3. 科斯定理隐含了政府管制是有条件的可以替代的，因为交易成本高昂时，采用一种替代型组织可以以更低的成本达到同样的效果，这种组织就是企业，政府甚至可以看作是一个超级企业。由于传媒的特殊性，经济学中的交易成本概念在传媒领域的应用也有其特殊性。

③ 张曙光：《经济制度的三角结构和三角替代》，载《天津社会科学》1994年第2期。本章部分图亦参考此论文。

④ 热若尔·罗兰：《转型与经济学》，吴敬琏主编：《比较》第3辑，中信出版社2002年版，第40页。

中，即政府交易、市场交易、媒体内交易，[①] 其主体分别是政府、市场和媒体。[②] 每种交易活动都是有成本的，这三种交易活动构成了中国传媒制度安排的三角结构。（见图 1.1）

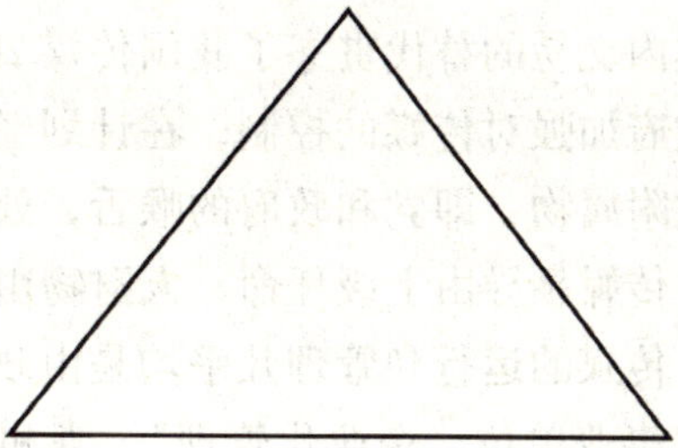

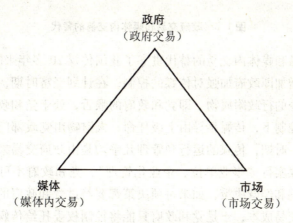

图 1.1　中国传媒制度安排的三角结构

我们知道：结构里最小的是点，两点连成一条线，三点连成最基本的面。由政府、市场、媒体构成的这个三角形就是传媒制度安排的最基本的面，在数学中三角形是最具稳定性的几何图形，你可以用木棒组成任意多边形，它们的接点处可以活动，唯一能不随受力而改变形状的只有三角形，中国传媒制度变迁的任何变化都是在这个三角结构中进行的。在三角结构中，政府与媒体、政府与市场、媒体与市场之间构成了独特的两两关系。

2. *政府交易和媒体内交易的替代*

政府交易和媒体内交易的替代就是哪些决策由政府决定，哪些决策由媒体决定，这两者的替代在传媒控制权的分配中进行，是上下级关系的替代，替代的形式表现为决策权力和采编权力多控制在政府手中，经营权力逐渐转为媒体控制。（见图 1.2）

---

① 传媒作为公共物品，影响传媒的还有来自公共领域的力量，目前中国的传媒可以看作是党委政府的一个机构，并正在向市场主体的方向迈进。在传媒转型期，公共领域对传媒的影响多发生在新闻宣传领域，对传媒体制机制改革及传媒制度变迁的影响较小，故本章不将公共领域作为研究的变量。本书将公共领域作为传媒外部治理的一个主体在第十一章中进行论述。

② 媒体内交易和政府交易都有明确的行为主体，市场交易则可以认为是某个媒体以外的其他媒体或其他市场主体产生的交易，因而也有明确的行为主体。

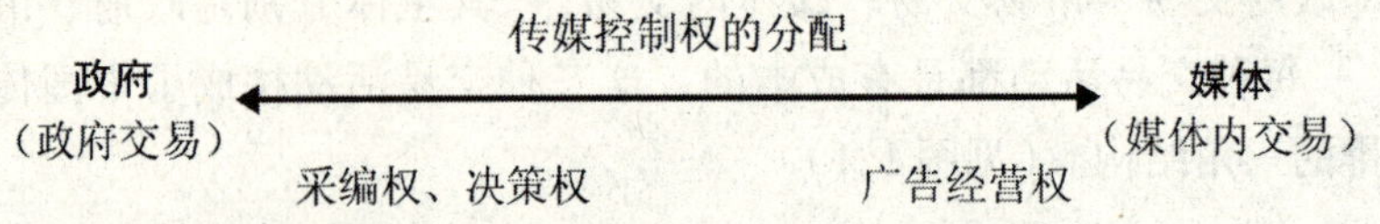


**图 1.2　政府交易和媒体内交易的替代**

政府交易和媒体内交易的替代贯穿了我国传媒 20 多年来的制度变迁，政府交易的增加即政府加强对传媒的控制，在计划经济时期，传媒是被动接受政府指令的行政附属物，即党和政府的喉舌，处于党和政府从宏观到微观的严密控制下，传媒领导由上级任命，人财物由党政部门分配并提供保障。在这一时期，传媒的运行和管理几乎均是由政府交易来完成。改革开放后，传媒实行“事业单位、企业化管理”，党和政府不可能参与传媒的每一项采编和经营决策，如果每项决策都要经过党和政府的同意，必将带来高昂的交易成本，于是党和政府只能将控制权委托给传媒行使，传媒的运营能够通过媒体内交易来完成。

比如传媒实行“事业单位、企业化管理”，就是政府迫于沉重的财政压力，增加传媒的经营控制权，让传媒实行自收自支、自求发展。传媒拥有了一定的控制权和资源配置权后，具备了制度创新能力，此时以传者为中心的旧体制束缚了传媒的发展，导致传媒继续争取更多的决策权，即通过争取更多的采编控制权，来增强报纸和电视节目的可读性，提高传媒的核心竞争力，争夺庞大的市场利润。换言之，传媒具有了独立的利益目标和行为能力，就会利用政府下放的有限控制权和决策权捕捉潜在的制度收益，而政府往往采取默许的方式让传媒创新集团试点，然后或发文推广，下放原属政府的决策权，或明令禁止，收回已下放给传媒的权利。

由于传媒的特殊性，政府对传媒的控制并不是完全按交易成本来确定的，而是更多考虑意识形态的需要，在政府交易和媒体内交易的替代中，政府的决策在不同层面实行不同的手段和方式，在意识形态层面，政府的控制不但不会减少，今后还会进一步增强；在经济层面，媒体的自主决策权在不断提升，媒体作为创新集团不断反作用于政府，从而获得更多的市场主体地位，这一点在洛阳日报的自办发行、金华日报的股份制改革、牡丹江传媒集团的企业转制等媒体的自发改革中得到了充分体现。

3. 政府交易和市场交易的替代

政府与市场始终是影响一国经济的两个主要角色,① 长期以来，政府力量和市场力量的博弈成为推动中国传媒制度变迁的核心动力，“政府交易和市场交易的关系，实际上就是国家管制和自由主义（即非国家管制）的关系，因为采取国家管制措施就意味着选择和扩大政府交易方式，而采取自由主义政策就意味着选择和发展市场交易方式”。② 对于非传媒领域而言，当一项管理措施带来政府交易费用的节约大于所引起的市场费用的增加时，就选择国家管制，反之则选择市场交易。

传播学者何舟以“拔河赛”来比喻传媒制度层面中政府与市场的互动，他把政治与经济两种力量的分析置于“拔河”的情境中，从而得出政治力量唯一占强势地位的领域是新闻内容生产过程。在拔河赛中，竞争双方都尽全力试图将对方拉入自己的领域，竞赛中的接触、拉扯和前后移动，形成了整个竞赛的全过程。③

政府交易和市场交易的替代形成了我国传媒20多年来的制度变迁，政府交易的增加即政府加强对传媒的管制，加强对传媒市场的干预；由于政府低效率的存在，政府干预市场不能无限度，传媒也需要市场交易加以调节，市场交易的增加则意味着传媒采取市场手段来运营。由于传媒的特殊性，政府对传媒市场的干预并不是完全按交易成本来确定的，而是更多考虑意识形态的需要，在政府管制和市场调节中推进公平和效率，实现政府交易和市场交易的替代，在宣传管理领域，政府管制多于市场调节，在广

① 世界银行在1991年的报告《发展面临的挑战》中提出“竞争性的市场是人类迄今为止发展的有效的生产和分配货物与劳务的最佳方式。国内与国际竞争带来了刺激因素，挣脱了束缚企业家和技术进步的羁绊。但是，市场不能在真空中运转——他们需要只有政府才能提供的法律与规章体系。就其他许多任务而言，市场有时不能完全解决问题。”，“在确定和保护产权、提供有效的法律、司法和规章制度体系以及提高社会的服务的效率和环境的保护等方面，国家构成了发展的核心。”所以，“如果市场的功能发挥正常而且可以这样做，就会获得巨大的经济收益。如果市场无法正常运转，政府相应地进行谨慎的和明智的干预。那么收益会更高，如果两者一起运转，那么就会像经验告诉我们的那样，产生比总和收益更高的收益。当市场和政府能协调一致地运行时，就会取得惊人的成就，而当它们相对立时，则会带来灾难性的后果。”世界银行在1997年的发展报告《变革世界中的政府》中再次强调，“市场与政府是相辅相成的：在为市场建立适宜的机构性基础中，国家是必不可少的。……绝大多数成功的发展范例，不论是近期的还是历史上的，都是政府与市场形成合作关系”的结果。

② 张曙光：《经济制度的三角结构和三角替代》，载《天津社会科学》1994年第2期。

③ 何舟：《从喉舌到党营舆论公司：中共党报的演化》，《中国传媒新论》，香港：太平洋世纪出版社1998年版，第70页。

告经营领域，市场调节则多于政府管制。在这一替代中，政府力量借助市场力量进行传媒市场化后的政治控制，加强其政治统治的合法性；市场力量借助政府力量的保护获得更加丰厚的市场回报。(见图 1.3)

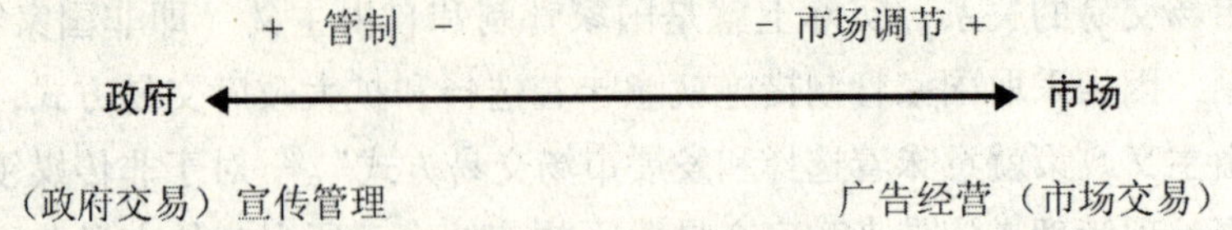


**图 1.3　政府交易和市场交易的替代**

在政府和市场的博弈中，政府与市场各有各的逻辑，政府交易要求的是公平和权力，市场交易要求的是等价交换和按市场规律办事，双方都有各自的底线，如何在双方的博弈中取得平衡，能够让传媒健康地发展，就成为当前传媒改革的首要目标。当政府力量上升时，政府交易多于市场交易，政府控制加强，媒体趋于选择事业化为主的发展策略，市场对传媒的作用就下降；反之，政府从某些交易中退出，市场交易大于政府交易时，政府控制减弱，媒体则倾向于企业化为主的发展策略。(见图 1.4)

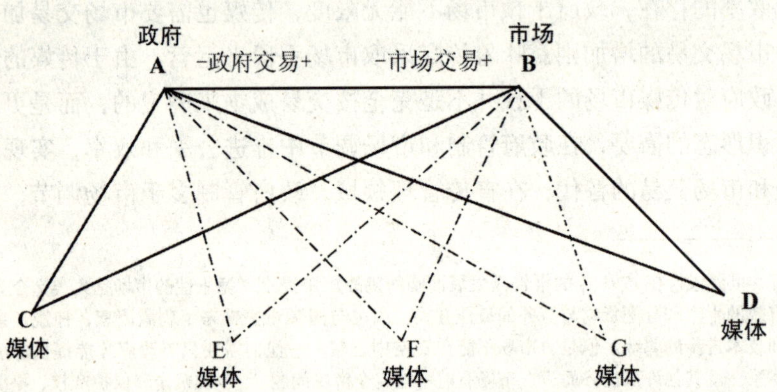


**图 1.4　政府交易和市场交易替代所形成的不同三角结构**

从图 1.4 中我们可以看出，三角形 ABC 中，政府的控制力量大，媒体倾向于事业化发展；而三角形 ABD 中，市场的力量大于政府，媒体倾向于企业化的发展；三角形 ABE、ABF、ABG 就是政府交易与市场交易的替代中产生的不同制度安排，呈现一种从政府控制向市场调节的转变过程，即政府交易从传媒的一些领域退出，而市场交易和媒体内交易在这些方面进入。图 1.4 形象地展示了传媒在转型期内制度变迁的失衡，即传媒不但要服从市场规律，更要服从政府意志，这个失衡表现为变迁呈现一个渐进、滞后、冲突以及不均衡发展的过程，从而为我们研究传媒的制度变迁提供了很好的理论依据。

4. 市场交易和媒体内交易的替代

在传媒制度安排的三角结构中，政府这个角对应的底边，还包含了市场交易和媒体内交易的替代。

1973 年，科斯在《企业的性质》中提出，与市场通过契约形式完成的交易不同，企业作为一种组织是依靠权威，通过命令的形式在企业内部完成交易的。市场和企业可以看作是两种不同的经济组织形式，在一定条件下是可以相互替代的。"市场交易和企业内交易的关系，实际上是专业化和一体化（非专业化）之间的关系，一个专业化的选择就意味着采取市场交易方式，一个一体化选择就意味着采取企业内交易方式。"①

在市场经济条件下的非传媒领域，市场交易和企业内交易的选择完全是根据交易费用的大小来决定的，企业选择企业内交易的目的在于将原属于市场的交易"内部化"以节约交易费用。市场交易和企业内交易的关系决定了企业规模和市场范围的大小。但对于传媒领域而言，情况要复杂得多。传媒需要在市场中与其他企业进行交易，买进生产要素，卖出传媒产品和读者注意力，如果这些交易所需交易成本不高，传媒会采用市场方式交易，反之，则采取垂直整合，由传媒内部生产。也就是说，传媒运营可以在市场中进行，也可以在传媒组织内部进行。比如发行是给邮局还是自办，要看两者交易成本的多少来决定。当交易费用较高时，传媒宁肯自己去做而不依靠市场，但有时传媒内配置资源反比市场配置要高。比如，传媒越大，监督费用越高，而传媒规模的大小更是一个行政问题，并非传媒所能决定。

由于中国传媒的事业性质，它不是一个完全在市场中生存发展的企业，市场交易和媒体内交易替代的范围非常小，且这种替代完全由政府决定，定位于政府有效控制传媒的一种手段和方式，传媒的很多市场行为是在行政撮合下进行的，而不是由媒体或市场决定。为此，政府应培植一个进退无障碍的市场，培育一个有自主决策能力的市场主体，使市场交易和媒体内交易能够按经济规律进行，把资源配置到效益好的环节，以保障传媒竞争的公平有序，从而将传媒调节到最佳的市场均衡状态，这些都是传

① 张曙光：《经济制度的三角结构和三角替代》，载《天津社会科学》1994 年第 2 期。

媒制度环境创新的研究内容。因此，本书将市场交易和媒体内交易替代归并为传媒制度环境的创新。

5. 三角结构及交易替代所形成的三角关系

综上所述，通过传媒制度安排三角结构和交易替代理论，我们可以看出：在政府、媒体、市场的三角形中，政府这个角所对应的底边就是传媒的制度环境（包含市场交易和媒体内交易的替代），底边的长短是由政府这个角决定的，大角对大边，小角对小边，这条底边确定了三角形面积的大小和扩展的空间，中国传媒制度变迁的任何变化都是在这条底边确定的三角形中进行的。三角形是稳定的，但三角形中每个角与其他两个角的关系却变幻莫测，三个角对应三条边，大角对大边、小角对小边，三角形任意一边的变化都会给三角结构带来影响，构成了广泛的三角函数关系。

在三角关系中，政府与媒体、政府与市场之间构成了独特的两两关系，这种两两关系引发了政府交易和媒体内交易的替代、政府交易和市场交易的替代，这种替代是在控制权分配、政府管制与市场调节中分别调整政府、市场、媒体各自发挥作用的比例，从而形成了中国传媒不同与国外传媒和中国国企的独特的交易替代关系（见图 1.5）。在这一关系中，中国传媒改革始终围绕政府、市场和媒体三者之间的关系而进行，三者的关系又归集于在确保舆论控制的前提下，如何让传媒发展壮大，因为只有让传媒占领市场才能让传媒占领思想。三角结构使得传媒的发展得到国家强有力的政治保护和稳定的经济收入，从而使制度变迁具有可控制性和稳健性。

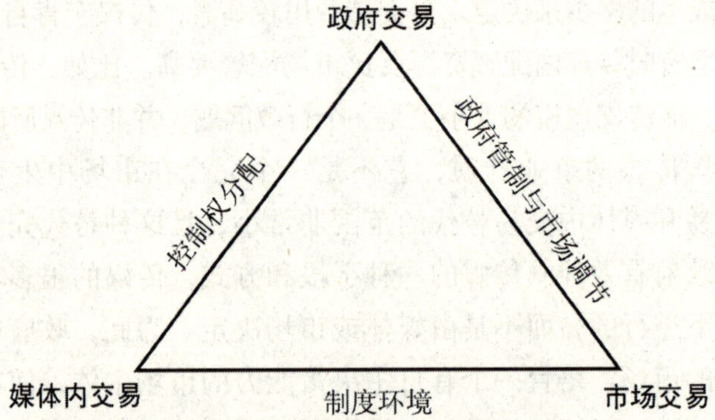


图 1.5　三角结构中形成的制度环境及交易替代关系

传媒制度安排的三角结构和交易替代，不再把传媒制度环境看成是简单的制度安排，而是着眼于制度安排之间的互补关系，把传媒制度环境看成是一个结构系统。交易替代也不是孤立进行的，它们之间相互影响、相互制约，遵循一定的规律，只有将三种交易活动当作一个完整的体系，研究它们之间的关系和交易成本，以及它们之间的交易替代，才能使中国传媒治理的研究扎根现实的土壤，避免将经济学的理论生搬硬套至不同于国有企业的传媒。

## 三、三角分析框架的理论范式

判断一个学科是否成熟，一个重要标志是该学科是否存在一种理论范式。范式实际上是一门学科的世界观、方法论和工具，它提供了一个规范的学术舞台。这种范式是区别于其他学科的规范理论研究，两者的逻辑内在一致，否则，就是库恩所说的“前科学”①。

在经济学的研究中，能够充任学科范式的理论就是其基础理论，它要求经济学研究以经济主体的（理性）行为分析为逻辑主体，即使不是直接从逻辑起点出发，也必须与源于逻辑起点的分析相一致，② 以经济主体行为互动形成的系统均衡为目标，推演出一系列具有严密逻辑联系的理论，并与其他学科区别开。③

传媒治理三角分析框架的价值在于它是以传媒转型期制度变迁的三角结构和交易替代理论为基础理论，以政府、市场、媒体作为经济主体，研究它们之间的行为互动，将复杂的传媒经济系统投射到一个既便于理论研究，又能反映系统基本特征的分析空间上，提示有中国特色的传媒经济的运行规律，来构筑传媒经济理论及其模型。它为我们理解中国传媒经济的特殊性提供了一个全新的理论视角，是扎根于中国实际的本土化的经济学研究方法。传媒转型期制度变迁的三角结构和交易替代理论作为三角分析框架的理论范式，使三角分析框架具有了三个基本特征：

### 1. 三角分析框架研究传媒的制度环境及其约束下的交易成本，是实证科学的研究

“中国制度变迁过程的特殊性在于改革伊始外部规则几乎覆盖了整个

---

① T. Kuhn, “The Structure of Science Revolution”, The University of Chicago Press, 1962.

② K. J. Arrow, “Methodological Individualism and Social Knowledge”, American Economic Review, 84 (2), May, 1994.

③ 叶初升：《寻求发展理论的微观基础——兼论发展经济学理论范式的形成》，载《中国社会科学》2005年第4期。

社会，因此改革本身也就表现为政府对自身规则的调整。这意味着要理解中国的改革过程，必须首先理解政府的行为。……改革的方向、速度、路径等在很大程度上取决于拥有最高决策权的核心领导者的偏好及其效用最大化，改革过程中社会效益的增进是以核心领导者能获得更多的效用为前提的。"[①] 因此，只有通过对环境行为方式的抽象式精炼，理解和把握政府行为，理解改革伊始的外部规则，才能把握制度环境变迁的规律，才能正确分析传媒的交易成本，理解传媒在约束条件下权衡利弊后作出的激励反应，以及争取达到的最佳结果。

在这里，传媒的行为假设是"政治人"和"经济人"的双重人格，即传媒能够遵守制度给它的约束条件，但会在给定的约束条件下争取自身的最大利益。可以说，三角分析框架既强调了意识形态及其连带的价值体系在传媒制度变迁中的作用，又把对一个制度优劣的评判建立在交易成本高低的比较上，使制度研究具有了"可检验的意蕴"[②]，从而向实证科学大大迈进了一步。

2. 以政府、市场、媒体三者为研究变量，既是整体的系统研究，又是宏观、中观和微观相结合的研究

三角分析框架从政府、市场、媒体三者的交易入手，研究它们的交易成本，以及相互博弈的过程，辩证地进行价值判断和评估比较，从而给出合乎逻辑的结论或进行科学的预测与推断。在这一分析空间中，政府交易的研究是宏观的，市场交易的研究是中观的，而媒体内交易的研究则是微观分析。三角分析框架既研究微观层次的传媒内部治理的设置，又研究中观、宏观层次上传媒外部治理的构建，以及传媒体制改革所依存的制度环境变迁。在宏观、中观、微观这样一个从高到低的多层次结构中，高层系统成为低层系统的制度环境，并且影响低层系统的演变方向和方式；而低层系统的改革也直接或间接为高层系统的演化提供了动力。

政府、市场、传媒又是紧密关联的，形成一个结构系统，它们相互影响、相互制约，但又不相互矛盾，在不同的制度层面发挥作用，同时又体现出路径依赖的特色，使研究能够以整体系统研究为基础，并进一步分层次研究各系统的经济特性和变迁规律。三角博弈还可以向多角博弈转换，引入公共领域中的多个变量，从而把研究推向深入。

---

① 周业安：《中国制度变迁的演进论解释》，载《经济研究》2000 年第 5 期。

② 周业安：《关于当前中国新制度经济学研究的反思》，载《经济研究》2001 年第 7 期。

**3. 三角分析框架中制度分析贯穿始终，遵循了传媒改革的逻辑起点和路径依赖**

制度分析就是指在分析中运用制度理论，它的特点是：以现有制度为起点，分析现有制度环境下制度安排的均衡结果，变动制度均衡结果的前提，或修正构成制度均衡结果的条件，使其接近理想的制度均衡。传媒治理改革有其特殊的规律和演进路径，照搬企业治理理论而提出的结论无益于改革的实践。三角分析框架将传媒经济研究纳入了规范的制度分析框架，在对传媒制度变迁的路径依赖特征、信息不对称、激励不相容等相关问题综合考察基础上，形成传媒制度变迁的系统认识，既跟踪最新的企业理论发展前沿，又遵循传媒改革的逻辑起点和路径依赖。

## 第三节　三角分析框架在传媒治理研究中的应用

我国传媒治理不但与西方国家传媒集团不同，也与我国的国有独资公司不同，其内生于其赖以存在的政治环境和经济环境，受到事业单位产权模糊和行政控制的国家框架所左右，在特殊的约束条件下产生了特殊的传媒利益最大化选择，将遵循一系列特殊的经济规律。用传媒经济三角分析框架，可以较好地描绘出其独特的研究轨迹。（见图 1.6）

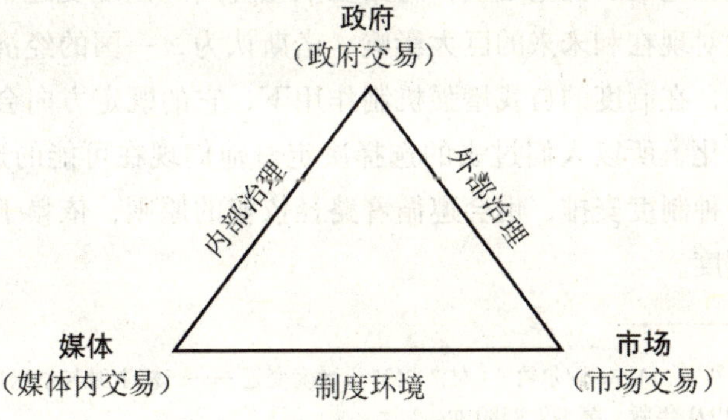


**图 1.6　传媒治理三角分析框架**

在这个三角分析框架中，传媒治理的研究围绕政府、媒体、市场三者之间的关系展开，三角形的左右两边是传媒治理研究的两翼，即内部治理和外部治理。两者的研究是在三角形的底边——制度环境的约束条件下展开的，内部治理研究的是政府交易和媒体内交易的替代，即通过相应的机构设置及相应的制衡机制、激励约束机制实现控制权在政府和媒体间的最优配置。外部治理研究政府、市场对传媒的治理，即通过外部治理的设计进行政府交易和市场交易的替代，在政府管制与市场调节中分别调整政府和市场各自发挥作用的比例，从而实现对传媒的共同治理。

## 一、传媒治理研究的前提：制度环境的约束

由于底边确定了三角形面积的大小和空间，研究传媒治理的制度安排必须首先研究底边——传媒的制度环境，制度环境是传媒制度安排的约束条件。关于制度环境的定义，经济学家们有不少解释，诺斯与戴维斯合著的《制度变迁和美国经济增长》一书中指出：制度首先是制度环境，即“一系列用来确定生产、交换与分配基础的政治制度与法律规则”，其次是制度安排，即“支配经济单位之间可能合作与竞争的方式的一种安排”，前者相对稳定，可作为制度创新模型的外生变量，制度创新则主要指制度安排的变化。[①] 制度创新是创新者为获得追加利益而对现行制度进行的变革，它是在既定的秩序和规范性行为准则下，制度供给主体为解决制度供给不足，从而扩大制度供给以获取潜在收益的行为。[②]

制度环境对传媒治理产生深刻的影响，主要是路径依赖在起作用，诺斯在对相关理论的研究基础上，将路径依赖应用到制度变迁中，用以描述过去的绩效对现在和未来的巨大影响。诺斯认为，一国的经济发展一旦走上某一轨道，在制度的自我增强机制作用下，它的既定方向会在以后的发展中得到强化，所以人们过去的选择决定着他们现在可能的选择。[③] 传媒治理作为一种制度安排，也会遵循着路径依赖的原则，依赖于我国早期形成的传媒制度。

---

① R. H. 科斯、A. A. 阿尔钦：《财产权利与制度变迁——产权学派与新制度学派译文集》，上海三联书店 1991 年版，第 379～380 页。

② R. H. 科斯、A. A. 阿尔钦：《财产权利与制度变迁——产权学派与新制度学派译文集》，上海三联书店 1994 年版，第 275 页。

③ 道格拉斯·C·诺斯：《制度、制度变迁与经济绩效》，上海三联书店、上海人民出版社 1994 年版。

1. 研究传媒治理必须分析传媒的制度环境约束

在中国，传媒历来是党的喉舌和工具，中国的基本宪政框架决定了中国的传媒是特殊的行业，中国的传媒制度更是独特的媒介制度，历来可以看作政治体制的一部分，中国传媒的制度演进在总体上是由国家作为制度主体进行制度选择和制度变革，国家扮演着传媒制度决定者的角色，是制度供给的主要来源，传媒治理改革必将在政府的主导下进行渐进式的制度变迁。传媒治理的制度安排只有适应制度环境才能最大限度地节约交易成本，才能具有活力，适应制度环境首先要分析制度环境。

在制度环境分析上，一是要对传媒的个性特征作历时性分析，揭示传媒治理的特殊演变逻辑和路径依赖现象；二是要对共性特征作比较性分析，通过中外比较揭示传媒治理的演进规律；三是要通过现实发展分析对传媒治理作共时性解读，这是以文化体制改革为分析系统，以系统内各要素的相互关系为研究对象的横向分析。这样才能明了传媒治理的制度安排在制度环境的约束下是否具有稳定的均衡，才能使传媒治理的中观和微观研究扎根现实的土壤，避免将公司治理理论生搬硬套至不同于国有企业的传媒。

2. 传媒治理研究必须顺应制度环境选择成本最低的治理模式

由于传媒治理是一种制度安排，诺斯与戴维斯指出：制度安排是有成本的，人们在不同的制度安排中做出选择，实际上是权衡各种制度安排的成本收益比，从中找出一种成本收益比最小的制度安排。[①] 这就要求我们按照制度环境的要求，选择制度成本最低的治理模式。

这一治理模式是把传媒视为一个市场性契约组织，构建的是一个政府和传媒能够双向沟通的符合市场经济要求的契约型治理制度，“保证公司能够很好地履行对权益主体的说明责任。使所有企业参与者得到激励与有效的合作，并且使协调成本和形成决议的成本最小化”[②]，达到外部治理和内部治理的有效统一。

传媒治理模式内生于赖以存在的制度环境，同时也处于不断创新之中。“任何一种现有的公司治理模式都不能无条件的应用于所有的公司经

---

① R. H. 科斯、A. A. 阿尔钦：《财产权利与制度变迁——产权学派与新制度学派译文集》，上海三联书店1994年版，第379～380页。

② 李维安、武立东：《公司治理教程》，上海人民出版社2002年版，第71页。

营环境中，也没有一种包医百病的监督机制可以单独起作用，公司治理结构的方式，依一个经济中技术条件、规模经济和法律框架的差别而异，也有路径相依的由来关系。”① 因此，希望找到一种传媒治理模式能集合所有模式的长处和优势，摒弃它们的缺陷和不足，这在理论上是荒谬的，在现实中是不存在的。任何一种治理模式都不能无条件地应用于所有的传媒中，它处于不断的创新之中。

## 二、传媒内部治理研究：政府交易和媒体内交易的替代

前文已经论述，政府交易和媒体内交易的替代是政府和媒体对传媒控制权的分配，这种分配可以通过传媒内部治理的设计和运行来实现。加强内部治理，就是以更恰当的方式组织好董事会、监事会、经营者的工作，对国家和股东负责，从而争取到国家和股东的支持。同时，保证传媒的报告系统和审计系统向股东会、董事会、监事会及外界提供和披露系统的、及时的和准确的信息，保证经营者很好地履行对国家和股东的说明责任，尽到作为受托者的义务。

内部治理对传媒控制权的分配受到政府和市场的双重影响，同时又反作用于制度环境和外部治理。它主要包括传媒的治理机构和治理机制，我国公司法确定的“三会四权”制衡机制就是一种内部治理，对内部治理来说，要达到合理分配剩余索取权和控制权，必须具备一定的程序和机构。常见的公司内部治理结构有股东大会、董事会、监事会及经理层。（见图 1.7）

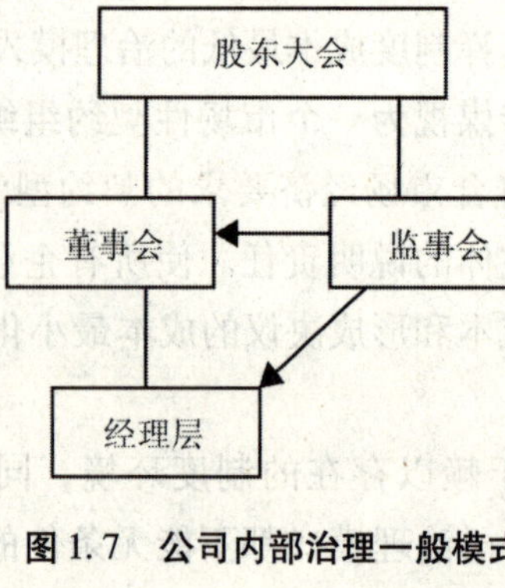


**图 1.7　公司内部治理一般模式**

① 林毅夫等：《充分信息与国有企业改革》，上海人民出版社、上海三联书店 1997 年版，第 82 页。

传媒的内部治理不同与公司内部治理，有着较强的特殊性，本书将在以后几章中详细阐述。内部治理通过表决程序、利益分配程序、人事任免程序等，解决传媒的委托—代理问题，规范所有者与经营者的权力和职责，从而形成科学的决策机制、制衡机制、激励机制、约束机制，调整利益相关者之间的利益和权利关系，提高传媒的绩效，加快传媒的发展壮大。

## 三、传媒外部治理研究：政府交易和市场交易的替代

前文已经阐述，政府交易和市场交易替代是政府和市场在政府管制与市场调节中分别调整各自发挥作用的比例，这种替代可以通过外部治理来实现。外部治理按正外部性最大化和交易成本最小化原则，确定政府交易和市场交易的比例，从而实现政府和市场对传媒的共同治理。外部治理是内部治理的补充，主要作用在于提供公平竞争的市场环境，以及公司经营业绩的真实信息，以便于对经理人员的考核和监督，迫使经营者自律和自我控制。

政府治理即政府出于舆论导向和公共利益的需要对传媒实现的管制。政府治理上，要求政府创造一个公平的竞争环境，不再干预公司的经营活动。政府应通过法律、行政、经济手段影响公司治理运行方式和营运绩效，规范公司行为；消除地区封锁和市场壁垒，培植一个进退无障碍的市场体系；实行国有资产的授权经营，培育一个有自主决策能力的市场主体；健全资本市场，塑造产权主体顺利交易的契约平台；并且扶持行业中介组织等，这些都是建立规范的治理结构所需要的外部环境。

市场治理则包含了传媒产品市场、广告市场、发行市场、资本市场和劳动市场对传媒的治理。市场治理在政府治理无法达到的领域发挥作用，为传媒提供市场交易和传媒绩效的信息，评价传媒行为和经营者行为的好坏，并通过自发的优胜劣汰机制激励和约束传媒及其经营者。比如，资本市场可以对管理阶层施加压力，以保证传媒的决策过程有利于剩余资产所有者，资本市场的特殊性使传媒所有者在监督经理人员的机会主义行为上起了较好的作用。再如产品市场，传媒的产品和服务将受到消费者的裁决，如果传媒产品的市场占有率高，那么就说明经理层的工作是有绩效的。而劳动市场则提供了人力资本的评价测量体系，由市场选拔经理人并决定他们的报酬。

此外，由于政府失效和传媒市场失灵的存在，需要社会治理对两者进行补充，社会治理是各种社会力量通过制度内和制度外的协调与对话，以或独立或与政府合作的方式，参与行使政府的社会管理职能，以最大限度增进公共利益，它通过社区公众、中介组织、社会文化、道德观念对传媒加以影响和控制，最终实现政府、市场、社会的共同治理模式。

可以看出，传媒治理三角分析框架是传媒治理研究的一个基本模型，也是本书一以贯之的主线和分析方法。任何一个分析框架的理论价值取决于它对现实生活的分析力和解释力，本书在构建了分析框架后，通过框架的运用对其进行验证，提出构建我国传媒治理的对策和目标模式，这种运用是在实践中检验分析框架的科学性和说服力，以实现本书在方法论上的突破。

# 第二章　传媒治理概论

为什么要研究传媒治理？什么是传媒治理？它有何内涵和功能？同公司治理相比，它有何特殊性？这些都是研究传媒治理首先要解决的问题。

## 第一节　传媒治理研究的必要性

### 一、文化体制改革的呼唤

改革开放以来，党和政府高度重视文化建设，我国文化建设取得了巨大成就。但也要看到，随着社会主义市场经济的深入发展和对外开放的不断扩大，文化体制与人民群众日益增长的精神文化需求、全面建设小康社会的目标任务不相适应，与完善社会主义市场经济体制、进一步扩大对外开放的新形势不相适应，与依法治国、加快社会主义法制建设的环境不相适应。

新的形势和任务要求我们，必须深化文化体制改革，推进社会主义文化的建设和发展。深化文化体制改革，加快文化事业和文化产业发展，是加快社会主义现代化建设的内在要求，是提升我国综合国力的迫切需要，是实现经济、政治、文化和社会协调发展，构建社会主义和谐社会的重要内容。

新闻出版业是文化事业的重要组成部分，也是实体文化的主要部分，其产业比重在小文化（文艺、电影、广播、电视、新闻、出版等）范围内占到了70%以上，在2003年开始的改革试点中，新闻出版单位的试点就占了全部试点单位的五分之三，加之新闻出版业的特殊性，因此，在文化体制改革中，新闻出版体制改革更是重中之重。

自2003年起，文化体制改革不断地推向深入，试点单位的改革成果丰硕，尤其是2007年，可谓是中国出版发行体制改革的破冰之年：四川新华文轩香港H股上市、粤传媒上市、深圳出版发行集团成立、凤凰集团借壳上市、和平社重组转制、辽宁出版传媒整体上市、北京卓众出版有限公司成立……一条条“爆炸性”新闻拨动着中国新闻出版业的神经，兼并、重组、上市大幕已经开启。

胡锦涛同志在十七大报告中提出，要推动社会主义文化大发展大繁荣，深化文化体制改革，完善扶持公益性文化事业、发展文化产业、鼓励文化创新的政策。十七大精神为传媒体制机制创新指明了方向，必将为各传媒出版单位实现大发展、大繁荣提供强大的动力，落实十七大报告精神就要探索出适合传媒发展的体制机制模式。

文化体制改革中公益型传媒经营部分转制为企业，经营型传媒整体转制为企业，传媒转制为企业后，现代企业制度赋予传媒法人财产权，传媒所有权与法人财产权分离，传媒就拥有了充分的经营权，出资人不得对传媒的经营权进行干涉，形成了传媒所有权与经营权的分离。“两权”分离产生了传媒委托代理问题，出于自身利益的考虑，再加上不完全合约和信息不对称的存在，传媒代理人便可能应用其掌握的权力为自身谋利，造成传媒行政干预下的内部人控制，由此产生的风险成本却由国家承担。因此，传媒决策权、监督权、执行权如何在国家、股东、传媒管理者以及其他利益相关者之间分配，就成为亟待研究的问题。

传媒转制成企业后，党管媒体不能变，要求传媒在转制改革后必须健全党的领导与法人治理结构相结合的领导机制。完善的传媒治理能够有效地配置所有者与经营者的权力，明确各自的职责，规范传媒行为，降低传媒的治理成本，在新闻采编领域发挥部分替代政府管制的作用，在经营领域建立国有资产的有效监管和营运，促进国有资产的保值增值，实现传媒企业制度的创新。

此外，传媒转制为企业后，就要吸收社会投资，获得必要的发展资金，社会投资者作为资本主体，追求的是资本的积累和升值，国家要保护投资者的利益，保证社会股东在传媒经营管理方面享有相应的发言权及资本收益权，完善的传媒治理可以全面落实和保障投资者的利益与权利，合理分配传媒的控制权和剩余索取权，给传媒充分的自主权，以保障投资者利益，传媒才能从资本市场源源不断地获得资金支持，从而做大做强。

## 二、传媒摆脱困境的期盼

与中央的要求相比，当前传媒改革实践仍难以实现质的飞跃：事业性质使传媒无法成为市场主体，传媒产权残缺、委托人残缺、激励机制残缺；传媒效率低下、竞争不足、地区分割、画地为牢；双重体制的不协调，与集团化不相容的行政整合，业外资本进入传媒的惶恐，行政管理的越位、错位甚至失位……目前的传媒体制机制都在严重制约着传媒的改革和发展。正因为没有较好的改革方案，文化体制改革中传媒转制改革的试点经验没有推广。

从当前我国传媒集团治理的现实情况看，虽然传媒在改革开放后迅猛发展，产生了一些很有经济实力的传媒集团，这些集团模拟现代企业制度规范了内部组织机构，但是，由于没有建立相应的法人治理结构，这种传媒集团成为“麻袋装土豆”式的组合，搭建的“集团外壳”徒有其表，其治理结构是畸形和扭曲的。传媒集团的成立并未给中国传媒业带来实质性突破和变化，多数传媒集团实际上是“翻牌公司”，挂牌之前与挂牌之后，产生的都是“物理变化”，而非“化学变化”。

如何解决这些问题，从理论和实践上探索出具有中国特色的传媒治理模式，无疑是中国传媒业的当务之急。在这种背景下，进一步改革和完善中国传媒集团治理结构，进而提高中国传媒业的竞争力，就成为一项十分紧迫的任务，因为中国传媒业与国外传媒业的竞争归根到底是制度的竞争，是传媒治理是否完善的竞争。①

被媒体炒作得沸沸扬扬的《广州日报》黎元江案及中国传媒第一股“北青传媒”事件，为中国传媒业敲响了警钟。黎元江案的背后有着深刻的制度性原因——虽然广州日报报业集团是国内第一家传媒集团，但它并没能按照现代企业制度建立起规范的治理结构及治理机制，特别是报社领导层权力过大，但却没有相应的监督机构与约束机制。

同样，上市还不到一年的北青传媒不单业绩大幅下滑、股价大跌，更出现了管理层涉嫌违法的事件，北青传媒在上市前曾公开表示，公司在中

① 常永新：《传媒集团公司治理》，中国传媒大学出版社2006年版，第13页。

介机构的帮助下，已对公司董事会、监事会进行了改选，重新修改了公司章程，充实了具有媒体采编和经营管理经验的高级管理人才，建立并完善了公司法人治理结构。但“北青高管违法”事件却说明，虽然“北青传媒”按照上市公司要求建立了一套公司治理构架，但其监督机制极其薄弱，监督作用普遍缺失，公司治理成了一个空架子。

因此，就传媒自身发展而言，有关传媒治理的问题，如产权设置、控制权和索取权的分配、激励和制衡机制的建立，以及传媒经营者的选定、绩效的考评、权力的约束等都到了亟待研究的阶段。只有建立完善的法人治理结构，才能正确界定政府与传媒的关系，传媒才能从资本市场源源不断地获得资金支持，从而保证传媒实现可持续发展。只有建立完善的治理结构，才能对传媒资源进行合理配置，对传媒人才进行有效开发和激励，从而形成强大的创新能力。同时，规范的治理结构是传媒持续发展能力和市场竞争能力的制度基础，可以说传媒竞争在很大程度上就是治理结构的竞争，规范的治理结构是传媒的核心竞争力，其制度优势甚至超过传媒的技术与产品本身。

## 三、建立现代企业制度的需要：国企改革的启示

改革开放以来，国企改革取得了成功，积累了很多经验，传媒改革也在借鉴国企改革的方法，可以说，国企今天的难题就是传媒明天的困境。从1978年到现在，国企改革大体上可以分为四个阶段。

第一阶段是从1978年到1984年的探索试验阶段，针对当时经济管理权力过分集中、企业是行政机关附属物的弊端，为了增强企业自我发展意识和盈利意识，主要措施是扩大企业自主权和利润留成制度。从1981年开始进行形式多样的“利润包干”试验，在国家与企业、企业与职工之间建立起经济责任制。

第二阶段从1984年到1992年的经营承包阶段，将所有权和经营权分开，政企分开，从单纯放权让利深入到经营方式的改革，推行具有较强激励作用和利益约束机制的多种形式的经营承包责任制。

第三阶段是1992年到1996年的转轨建制阶段，1992年7月，国务院颁布了《全民所有制工业企业转换经营机制暂行条例》，规定国企享有14项经营权，促进了企业机制转换，政府职能转变。1993年11月，党的十四届三中全会通过的《关于建立社会主义市场经济体制若干问题的决定》，

明确企业改革的目标是建立适应市场经济要求的“产权清晰、权责明确、政企分开、管理科学”的现代企业制度。

第四个阶段是从1996年到现在的整体搞活阶段，1997年9月召开的党的十五大进一步明确，公有制实现形式可以而且应当多样化，股份制是现代企业的一种资本组织形式。1999年9月，中国共产党十五届四中全会明确提出：对大中型国有企业进行规范化的公司制改造，在国有企业建立现代企业制度，法人治理结构是公司制的核心。①

回溯国企改革艰难、曲折的历程，我们不难看到，国有企业作为市场竞争的主体，企业性质并非是国企难以扭亏为盈的症结所在，国企改革大量的实践证明，正是由于公司治理不完善，极大地影响了国有企业的经营业绩和治理绩效；一些企业搭建了股东会、董事会、监事会的外壳，并没有构建企业决策权、执行权、监督权“三权分立”的格局，企业难以形成有效的决策监督和激励约束机制，从而延缓了现代企业制度的规范建立；同时，产品市场、资本市场、经理人市场的不完善及其对企业治理的欠缺也制约国有企业的发展。

因此，早在1999年9月，中国共产党十五届四中全会通过的《中共中央关于国有企业改革和发展若干重大问题的决定》就明确提出：对大中型国有企业进行规范化的公司制改造，在国有企业建立现代企业制度，法人治理结构是公司制的核心。

“十六大”报告进一步强调，国有大中型企业要完善法人治理结构。2003年10月，党的十六届三中全会通过了《中共中央关于完善社会主义市场经济体制若干问题的决定》，把“完善公司治理”作为深化国有企业改革的首要举措。

尽管文化体制改革为传媒成为市场主体迈出了可喜的一步，但我们看到转制后成立的传媒企业一股独大，并没有形成真正体现现代企业制度内涵的运作机制，整个转制过程和转制后的运作仍然表现为一种行政化的趋向，外部治理虚化、内部治理弱化，形成了“内部人控制”。外部治理虚化表现为在信息不对称的环境中政府难以有效地发挥监督作用，无法对内部人控制进行有效的控制，国有资产可能在评估中流失，在关联交易中流失，在决策中流失，信息不充分限制了政府治理作用的发挥。内部治理的

① 黄小蕙：《国企改革二十年及主要经验》，载《社会科学研究》1998年第6期。

弱化表现为财务管理混乱、内部审计制度形同虚设。

因此，只有不断完善传媒治理才能使传媒真正成为新型的市场主体，才能实现政府、市场和社会对传媒的共同治理，实现公平与效率，使传媒在政治利益、经济利益和公共利益三者间找到一个平衡点。

# 第二节 传媒治理的界定

传媒治理理论起源于公司治理理论，传媒作为企业化管理的单位，与公司有很多相似之处，自然面临公司治理的一般问题。因此，本节首先对公司治理的定义、本质和公司治理的基本构成作一个简要阐述。

## 一、公司治理概述

### 1. 公司治理的定义

公司治理也译为公司治理结构，两个术语都来源于英语文献中的“Corporate Governance”，公司治理是一个国际性的前沿课题，100 多年来，以公司制为核心的现代企业制度已经成为世界经济中占据主导地位的企业组织形式。现代公司制度的重要特点就是企业所有权与经营权相分离。亚洲金融危机后，美国安然、安达信和世通等公司的财务丑闻，加之敌意接管、杠杆收购引发了公司治理的巨大冲击波。在我国，2003 年被称为中国“公司治理年”。国内上市公司频频出事、丑闻不断，先有中国航油、创维数码，后有伊利股份、健力宝及四川长虹，都是公司治理机制出了问题。这些问题的出现使人们认识到，不仅在中国，即使在市场经济体制高度发达的西方国家，公司治理改革仍然有较高的研究价值。“因为这一改革不仅涉及到国企的转制、产权组织形式的变革，还涉及到企业外部治理方式的重大变革，不仅要求企业按照现代企业制度的方式运作，还要求建立和完善资本市场、产品市场和职业经理人市场。更重要的是，这一改革还涉及到经营者选拔、激励和约束机制的变化。”①

关于公司治理，不同学者有不同的定义。津格斯认为公司治理是一种

① 席酉民：《企业集团治理》，机械工业出版社 2002 年版，第 16 页。

机制，通过它，一个公司的投资者可以对公司内部人和管理活动进行控制。这种机制包括公司所有权的分配，企业的资本结构，经理激励计划、接管董事会、机构投资者的压力、产品市场的竞争、劳动力市场的竞争、公司的组织结构等等，这些都是公司治理的组成部分。①

布莱尔认为公司治理狭义上讲是指有关公司董事会的功能、结构、股东的权利等方面的制度安排，广义上讲是指有关公司控制权和剩余分配权的一整套法律、文化和制度安排，这些安排决定公司的目标，谁在什么状态下实施控制、如何控制、风险和收益如何在不同企业成员之间进行分配等这些问题。②

吴敬琏认为："所谓公司治理结构，是指由所有者、董事会高级执行人员及高级经理人员三者组成的一种组织结构。在这种结构中，上述三者之间形成一定的制衡关系。通过这一结构，所有者将自己的资产交由公司董事会托管；公司董事会是公司的最高决策机构，拥有对高级经理人员的聘用、奖惩以及解雇权；高级经理人员受雇于董事会，组成在董事会领导下的执行机构，在董事会的授权范围内经营企业。要完善公司治理结构，就要明确划分股东、董事会、经理人员各自的权力、责任和利益，从而形成三者之间的制衡关系。"③

张维迎从广义和狭义两个方面进行了定义，狭义的公司治理是有关董事会的功能、结构、股东的权利等方面的制度安排；广义的公司治理是关于公司控制权和剩余索取权分配的一套法律、文化和制度性安排，这些安排决定公司的目标，谁在什么状态下实施控制，如何控制，风险和收益如何在不同企业成员之间分配这样一些问题。广义的公司治理是企业所有权安排的具体化。④

李维安认为狭义的公司治理就是研究如何实现所有者对经营者的有效的监督与制衡，主要特点是通过股东大会、董事会、监事会及管理层所构成的内部治理；而广义的公司治理则研究如何设计一套正式的和非正式的制度或机制，来协调公司与所有利害相关者（股东、债权人、供应商、雇

---

① Zingales , Luigi, 1997, "Corporate Governance", NBER Working Paper 6309.

② Blair, Margaret, 1995, "Ownership and Control: Rethinking Coporate Governance for the 21 century", Washington: the Brookings Institution.

③ 吴敬琏：《现代公司与企业改革》，天津人民出版社1994年版，第185页。

④ 张维迎：《企业理论与中国企业改革》，北京大学出版社1999年版，第97～137页。

员、政府、社区）之间的利益关系。①

费方域提出："公司治理结构的本质是一种关系合同，是一套制度安排，它给出公司各相关利益者之间的关系框架，对公司目标、总的原则、遇到情况时的决策办法、谁拥有剩余决策权和剩余索取权等定下规则，用于代表和服务出资者（或相关利益者）的利益。它的功能是对内部人加以控制、监督、激励和约束，核心是要解决由谁、根据什么来评判经营者，并在代理成本高的时候用更好的经营者来替换不好的经营者，法人治理结构一般由股东大会、董事会及经理层、监事会组成。股东大会由公司全体股东组成，是公司的意志决定和表达机关，是公司的最高权力机关，也是公司的非常设机关，行使对公司的控制权。"②

钱颖一提出："公司治理结构是一套制度安排，用来支配若干在企业中有重大利害关系的团体，包括投资者、经理、工人之间的关系，并从这种制度安排中实现各自的经济利益。公司治理应包括：如何配置和行使控制权；如何监督和评价董事会、经理人员和职工；如何设计和实施激励机制。③

从以上定义我们可以看出，学者是从不同的角度对公司治理进行研究的。④ 总而言之，公司治理就是基于公司所有权与控制权分离而形成的公

① 李维安等：《公司治理》，南开大学出版社 2000 年版，第 31 ~ 33 页。

② 费方域：《企业的产权分析》，上海三联书店、上海人民出版社 1998 年版，第 164 页。

③ 钱颖一：《企业的治理结构改革和融资改革》，载《经济研究》1995 年第 1 期。

④ 有关公司治理研究大至可分为五个方面：一是从明晰产权及实行产权多元化的角度对公司治理结构进行研究，如费方域的《企业的产权分析》（上海三联书店、上海人民出版社，1998 年版）、何玉长的《国有公司产权结构与治理结构》（上海财经大学出版社，1997 年版）、张克难的《产权、治理结构与企业效率》（复旦大学出版社，2002 年版）等；二是以企业理论和现代契约理论为基础对公司治理系统分析，提出模式。如李维安、武立东的《公司治理教程》（上海人民出版社，2002 年版）、高明华的《公司治理：理论演进与实证分析》（经济科学出版社，2001 年版）、沈天鹰的《国有企业治理结构畸形化及其矫正对策研究》（人民出版社，2004 年版）、连建辉的《企业治理：制度演进与实践发展》（西南财经大学出版社，2004 年版）、史忠健的《国有企业治理结构》（北京大学出版社，2002 年版）、崔如波的《公司治理：制度与绩效》（中国社会科学出版社，2004 年版）、孙永祥的《公司治理结构：理论与实证研究》（上海三联书店、上海人民出版社，2002 年版）等；三是以公司制为基础的委托代理理论及激励约束的专题研究，如张维迎的《企业的企业家—契约理论》（上海三联书店、上海人民出版社，1995 年版）、何维达的《企业委托代理制的比较分析》（中国财政经济出版社，1999 年版）等；四是从"利益相关者"逻辑来研究公司治理问题，如杨瑞龙的《国有企业治理结构创新的经济学分析》（中国人民大学出版社，2001 年版）、张新民的《公司治理结构研究——股东、管理者、利益相关者的动态博弈构型》（西南师范大学出版社，2003 年版）等；五是从实证研究的角度对我国上市公司的治理结构进行分析，这方面的研究近年来非常多，主要是探讨我国上市公司治理结构的基本特征和存在的问题。《经济研究》、《经济学动态》等杂志几乎每期都有这方面的论文。

司所有者、董事会、经理层及相关利益者之间的一种权力利益分配及相互制衡关系的制度安排，其本质是关于公司控制权和剩余索取权分配的一整套法律体系、文化和制度规范的安排，涉及指挥、控制、激励等方面的活动内容。换言之，就是借以处理公司各种契约的那些制度，它是公司持续发展和核心竞争能力的制度基础。

2. 公司治理的内涵和本质

从上面列出的这些定义可以看出，学者们对公司治理概念的理解至少包含以下两层内涵①：

（1）公司治理是一种合同关系。公司被看作是一组合同的联合体，这些合同治理着公司发生的交易，使得交易成本低于由市场组织这些交易时发生的交易成本。由于经济行为人的行为具有有限理性和机会主义的特征，所以这些合同不可能是完全合同，即能够事前预期各种可能发生的情况，并对各种情况下缔约方的利益、损失都作出明确规定的合同。为了节约合同成本，不完全合同常常采取关系合同的形式，就是说，合同各方不但对行为的详细内容达成协议，而且对目标、总的原则、遇到情况时的决策规则，分享决策权以及解决可能出现的争议的机制等达成协议，从而节约了不断谈判不断缔约的成本。公司治理的安排，以公司法和公司章程为依据，在本质上就是这种关系合同，它以简约的方式，规范公司各利害相关者的关系，约束他们之间的交易，来实现公司交易成本的比较优势。

（2）公司治理的功能是配置权、责、利。关系合同要能有效，关键是要对在出现合同未预期的情况时谁有权决策作出安排。一般来说，谁拥有资产，或者说，谁有资产所有权，谁就有剩余控制权，即对法律或合同未作规定的资产使用方式作出决策的权利。公司治理的首要功能，就是配置这种控制权。这有两层意思：一层是，公司治理是在既定资产所有权前提下安排的。所有权形式不同，比如债权与股权、股权的集中与分散等，公司治理的形式也会不同。另一层是，所有权中的各种权力就是通过公司治理结构进行配置的。这两方面的含义体现了控制权配置和公司治理结构的密切关系：控制权是公司治理的基础，公司治理是控制权的实现。

公司治理的本质是“三权分立—制衡”，即所有权、经营权和监督权的权力分工及行使平衡，在三者之间合理配置权力、公平分配利益以及明

① 中国公司治理网：http：//www. cg. org. cn/index. asp.

确各自职责，建立有效的激励、监督和制衡机制，从而提高公司效率，实现公司经营目标。“我国1993年12月29日颁布的《公司法》第三章第二节、第三节、第四节的规定，从立法上确立了我国现代公司法人治理的‘三权分立—制衡’结构模式，公司法分别设立股东大会（第一百零二条），董事会（第一百一十二条），监事会（第一百二十四条）来分别行使决策权（第一百零三条），经营权（第一百一十二条），监督权（第一百二十六条）；即由股东组成的股东大会，并由其选举董事组成董事会，把公司法人财产权委托给董事会管理，董事会代表公司运作公司法人财产权并聘请经理等高级职员具体执行，同时股东大会与职工民主选举产生监事组成监事会，由其监督董事会、经理行使职权”①，这样从立法上形成了我国现代公司治理的“三权分立—制衡”结构模式。

党的十六届三中全会通过的《中共中央关于完善社会主义市场经济体制若干问题的决定》第八条中，对完善公司法人治理结构的描述是：按照现代企业制度要求，规范公司股东会、董事会、监事会和经营管理者的权责，完善企业领导人员的聘任制度。股东会决定董事会和监事会成员，董事会选择经营管理者，经营管理者行使用人权，并形成权力机构、决策机构、监督机构和经营管理者之间的制衡作用。

3. 公司法人治理结构的基本构成

（1）股东和股东大会

股东是公司的出资者，股东作为公司法人财产的所有者，凭借持有的公司股份行使权利和承担责任。股东的权利主要包括：表决权，即股东有权参加股东大会，并就大会议决事项进行表决；选举权，股东有权选举公司董事会和监事会成员，也有权被选举为公司董事、监事和经理；检查权，股东有权检查公司的业务和财务状况，监督公司的投资活动；盈余分配权，在公司有盈余的情况下，股东有权请求进行盈余分配，以获取投资收益，实现投资目的；剩余资产分配权，公司清算结束后，股东有权请求分配剩余财产；股份转让权，股东有权将所持股份全部或部分予以出售或抵押等。

股东在行使权利的同时必须履行义务。股东的基本义务是：缴清所认股份的金额，对公司债务负有限或无限责任（前者是以股东出资额为限，

① 梅慎实：《现代公司治理结构规范运作论》，中国法制出版社2002年版，第234页。

后者则是承担无限清偿责任），以及依照有关法律和公司章程行使权利的义务。由于股东数量大，各人意志不一，无论是权利的有效实现还是义务的切实履行，都必须依靠一个共有的组织来解决，于是股东大会便应运而生。

股东大会是由全体股东组成的机关，是公司的最高权力机关，公司的一切重大事项都必须由股东大会做出决议，是一种会议体机关，非常设机构，其权力的行使和决议的做出必须以会议的形式来完成。根据召开时间和程序的不同，股东大会可分为法定大会、年度大会和临时大会。股东大会行使的职权有：决定公司的经营方针和投资计划；选举和更换董事，决定有关董事的报酬事项；选举由股东代表出任的监事，决定有关监事的报酬事项；审议批准董事会的报告；审议批准监事会的报告；审议批准公司的年度财务预算方案、决算方案；审议批准公司的利润分配方案和弥补亏损方案；对公司增加或者减少注册资本做出决议；对发行公司债券做出决议；修改公司章程等。

（2）董事和董事会

对于拥有众多股东的现代股份公司而言，不可能让所有的股东经常集会来经营管理公司，相反地，股东需要选择少数能够代表其利益、有能力、有信誉的人员组成一个机构来代理他们行使公司的经营管理权，其中被选择的人员即代理人就是董事，所组成的机构就是董事会。

董事由股东大会选举产生。董事在不同的标准下，有不同的分类，以董事与公司的关系如何为标准，可分为内部董事和外部董事，前者是指由公司经理人员出任的董事，后者恰相反。董事组成董事会并推选出董事长，董事长是公司的法定代表人，行使下列职权：主持股东大会和召集、主持董事会会议；检查董事会决议的实施情况；签署公司股票、公司债券等。

董事会作为股东大会的受托者，是股东大会闭会期间的最高决策机构。董事会的主要职权包括：负责召集股东大会，并向股东大会报告工作；执行股东大会的决议；决定公司的经营计划和投资方案；制订公司的年度财务预算方案、决算方案；制订公司的利润分配方案和弥补亏损方案；制订公司增加或者减少注册资本的方案以及发行公司债券的方案；制订公司合并、分立、解散的方案；决定公司内部管理机构的设置；聘任或者解聘公司经理，根据经理的提名，聘任或者解聘公司副经理、财务负责人，决定其报酬事项；制定公司的基本管理制度。

董事会和董事长在拥有上述诸多职权的同时，也必须承担相应的责任。一方面，作为受托人必须从法律上和经济上对股东大会承担受托责任，代表和维护股东的利益，对经理人员实行强有效的监督约束。另一方面，应当承担决策失误的责任。

(3) 经理层

在现代企业中，董事会一般要委托一些人去执行其已做出的经营决策以及管理公司的日常工作，这些执行人就是公司经理人员。公司经理人员以总经理为首，还包括副总经理、总经济师、总会计师和总工程师等公司高级管理人员，公司股东或董事以及其他自然人都可以出任经理职务。

在公司经理人员中，总经理是公司的行政长官，也是最重要的经理职务。总经理由董事会聘任或解聘并对董事会负责，而其他经理人员协助总经理工作并对总经理直接负责。总经理的具体职权有：主持公司的生产经营管理工作，组织实施董事会决议；组织实施公司年度经营计划和投资方案；拟定公司内部管理机构设置方案；拟定公司的基本管理制度；制定公司的具体规章；提请聘任或者解聘公司副总经理、财务负责人；聘任或者解聘除应由董事会聘任或者解聘以外的负责管理人员；公司章程和董事会授予的其他职权。总经理还有权列席董事会会议。

总经理作为董事会的受托人，在拥有上述职权的同时，也相应地承担经营管理不善的责任，总经理要为公司经营管理不善遭受处罚，除解除总经理的职务外，还要求总经理以个人财产向公司赔偿甚至负法律责任。

(4) 监事与监事会

在现代股份公司中，所有者的出资形成了公司的法人财产，并由所有者委托董事会去运作，董事会再委托经理人员去具体管理，而监事就是对股东大会负责（实际上也可以说监事是股东的受托人），并对董事会和经理人员行使监督职能的机关或个人。监事由股东大会选举产生，并组成公司监督机构即监事会。监事的人选，除本公司的股东和职工外，还有持有本公司股份、债券的其他企业派出的代表，以及社会上的知名人士和过去的政府官员，但公司董事和经理人员不得兼任监事，以保证监事运作的独立性。

一般地，监事会只有监察的功能，其主要工作内容是监督公司业务执行情况和检查公司财务状况，但有些国家的法律规定，监事会也有一定的公司经营管理权，允许参与公司的经营决策。监事会的具体职权有：检查公司的财务；对董事、经理执行公司职务时违犯法律、法规或者公司章程的行为进行监督；当董事和经理的行为损害公司的利益时，要求董事和经理予以纠正；提议召开临时股东大会；公司章程规定的其他职权。除此之外，监事有权列席董事会会议。

若监事存在渎职行为或在工作中违反有关规定而导致公司利益受损的，则应承担相应的责任。如对公司董事或经理人员损害公司利益的行为不予以制止和纠正，甚至伙同一起参与，则应视情节轻重受到不同的处罚。轻者将受到股东大会的警告、处分，重者将被解除职务和以个人财产赔偿公司损伤，极为恶劣者还将受到法律制裁。

## 二、传媒治理的定义

传媒治理起源于公司治理理论，但又远不同于公司治理，传媒与我国的国有公司不同，具有经济组织与公共事业组织的双重属性，加之传媒具有意识形态属性，并且还没有进入市场经济体系，传媒治理比公司治理复杂得多。

1. 何为传媒治理

传媒治理也称传媒治理结构，是指党和政府、股东、社会、利益相关者等对传媒的宣传、经营、管理、绩效进行监督和控制的一整套制度安排，其本质是关于传媒控制权和剩余索取权分配的一整套法律体系、文化和制度规范的安排，这些安排决定了传媒的宣传和经营目标，谁在什么状态下控制传媒，如何控制，风险和收益如何在国家、传媒、利益相关者之间分配等一系列问题。

传媒治理的核心是传媒控制权的配置，无论是党和政府、股东、传媒经营管理者、利益相关者都要以具法律赋予的权力承担相应的责任，通过建立既分权又相互制衡的制度来降低代理成本和代理风险，实现党和政府对传媒的依法管控，并形成科学的决策机制和激励约束机制，确保传媒最有效的运行，确保传媒各方面参与人的利益得到维护和满足。

传媒治理分为内部治理和外部治理，内部治理是传媒治理的核心，也就是通常讲的法人治理结构，即传媒的内部组织结构设计，包括党委会、董事会、编委会、经委会、监事会、采编层、经营层的制度安排以及它们的功能、义务和权利。在法人治理结构上，不但要有董事会—经理层—监事会这一治理主线，并以这一主线防止经营者对所有者利益的侵害；同时还要建立经营和采编两大独立治理系统，并将其统一在一个完整的体系内。

外部治理是传媒组织与其他具有不同利益导向的组织间的利益制衡过程，如党政组织、市场组织和社会组织，其目的在于监督、校正传媒功能的发挥，消除传媒运作中的负外部性，促成传媒正向功能的最大化。外部治理是一个包含了政府—市场—社会的三维利益制衡机制的过程，其作用在于使经营行为受到外界评价，迫使经营者自律和自我控制，在中国，外部治理包括党政治理①、市场治理和社会治理。在外部治理上，除了实现舆论导向的控制外，还要实现产业进入管制、反垄断、价格政策、消费者保护等产业控制。

在文化体制改革的前提下，传媒治理又包括了两个层次，一是针对经营性传媒的公司治理，二是针对公益性传媒的公共事业型治理。

2. 传媒治理的目标

在传媒双重人格假设下，传媒治理不但追求自身的经济利益和市场效率，而且追求传媒政治利益、公共利益和市场公平。一个有效的传媒治理必须达到以下三个目标：

一是要确保党对传媒的依法控制，确保舆论导向的正确，确保在新闻采编领域发挥政府管制的作用，在经营领域建立国有资产的有效监管和营运，使传媒在政治利益、经济利益和公共利益这三者之间找到一个平衡点；

二是要确保传媒公共利益和投资者利益的实现，确保传媒较好地承担起公共责任，确保投资者的利益得到合理回报，确保外部人的合法权益不被内部人侵占；

三是要赋予传媒以充分的自主权，让传媒在激励和约束机制下运用好这些自主权，解决传媒的委托—代理问题，解放和发展传媒生产力，消除传媒现有的体制和机制弊端，加快传媒的发展壮大。

---

① 在我国，中国共产党是执政党，享有对国家和社会的领导，主要表现在政治、思想和组织三大方面，就传媒而言，表现为政党对传媒话语权的控制；而政府即国家行政机关，接受党的领导，其职能是对国家和社会进行管理，就传媒而言，表现为对传媒进行管理。因而，在传媒治理中，政府与政党的作用和地位是一致的，政府的行政管理、社会管理和经济管理等活动均是实现执政党执政理念的重要通道，本书将依靠国家政治力量或机构实行的政府治理统称为党政治理。

## 三、传媒治理的功能

1. 权力配置功能

这是传媒治理的基本功能，传媒治理是一种契约，它界定的不仅是国家和传媒的关系，而且包括传媒和所有利益相关者（员工、受众、供应商、社区等）之间的关系，配置了各方的权、责、利。传媒治理的实质就是对传媒控制权的安排，即配置传媒的所有权、采编权、经营权和监督权，这四种权利由谁控制，如何控制，职责如何明确，风险和收益如何承担和分配，由于传媒的特殊性，在传媒所有权属于国家的前提下，传媒控制权配置有其特殊的规律，党和政府在传媒采编权配置上必须处于主导地位，这种主导地位体现在党对舆论导向的把握和引导上；体现在政府要防止资本话语权的膨胀，规避其对传媒采编的干涉。同时，参与传媒契约的各方当事人又要能够参与传媒经营权、监督权和部分采编权的配置，形成权力的分立和制衡。

此外，传媒治理还要解决传媒剩余索取权和剩余控制权的配置，所谓剩余索取权，就是传媒收入扣除所有固定的合同支付后对余额的要求权，剩余控制权是对法律和合约未规定的情况下作出决策的权力。剩余索取权和剩余控制权必须相对应，拥有剩余控制权就要承担风险，承担风险的人就必须有剩余索取权，如果两者不对应，即承担风险的人没有剩余控制权，有剩余控制权的人又不承担风险，那么剩余控制权就会变成廉价投票权，所谓廉价投票权就是对投票后果不承担责任的投票权。

2. 制衡功能

传媒治理的根本点在于明确划分股东会（国家）、董事会和经理层各自的权力、责任和利益，形成三者之间权力制衡关系，最终保证传媒制度的有效运行。首先，国家作为资产所有者掌握着传媒的最终控制权，他们可以决定董事会人选，并有推选或不推选直至罢免某位董事的权力。但是，一旦授权董事会负责传媒后，国家就不能随意干预董事会的决策了。其次，董事会作为传媒的法人代表全权负责传媒经营，拥有支配传媒法人财产的权力并有任命和指挥经理的职权，董事会必须对国家负责。其三，经理受聘于董事会，作为传媒的代理人统管传媒日常经营事务，在董事会授权范围之内，经理有权决策，其他人不能随意干涉。但是，经理的管理权限和代理权不能超过董事会决定的授权范围，经理经营业绩的优劣也要受到董事会的监督和评判。[①] 其四，国家对传媒采编权有着特别的主导权力。这就形成了国家所有权、董事会法人财产权、经理层采编经营权三者之间既统一又制衡的机制。

3. 激励功能

激励是行为的推动力，传媒治理就是要设计这样一个制度，即促使传媒代理人除了接受代理合约并且按代理合约的要求完成任务外，还能对代理人产生强劲的激励，没有有效的激励，人们就会缺乏动力或积极性。激励机制应该具有激励相容的功效，即代理人在追求个人利益的同时，其客观效果要能够更好地实现委托人想要达到的目的。如果激励机制不能实现激励相容，那么这个制度就缺乏合理性和有效性。有效的报酬机制应该是剩余分享机制，让代理人的报酬与传媒的剩余挂钩。

4. 监督约束功能

约束是反向的激励，如果只有激励而没有约束，就如同只有奖励而没有惩罚一样，起不到奖优罚劣的作用。传媒治理提供的监督与惩罚机制，给传媒管理层带来了一种强约束力。比如，通过监督机制的有效监督，可以防止代理人的偷懒和道德风险问题；通过代理契约规则的执行，可以对渎职者实行严厉的、有效的惩罚。只有通过治理结构提供合理的、有效的监督与惩罚机制，才能尽可能地防止代理人的机会主义行为，使其自我约束，以委托人的利益和企业的长远发展作为自己的目标，加倍地努力工作。[②]

5. 协调功能

协调功能是指传媒治理能够协调国家及其他利益相关者与传媒之间的利益关系，从而使传媒所有人员团结一致，共同完成传媒的目标。由于传媒代理问题的产生，国家的利益往往和经理人员的利益不一致，经理追求高薪水，而国家追求政治利益；经理追求体现其自身价值的权势、地位、名声、在职消费，国家追求传媒的长远利益和发展。国家利益与经理利益的冲突，给国家利益造成直接的损害。有效的法人治理结构能够根据环境的具体情况，进行科学的决策，这一决策符合国家利益，符合传媒利益相关者价值最大化原则，符合传媒的长远整体利益，因而使得传媒的行为可

---

① 何维达：《公司治理结构的理论与案例》，经济科学出版社1999年版，第32页。

② 何维达：《公司治理结构的理论与案例》，经济科学出版社1999年版，第32页。

以预期和控制。此外，传媒治理还能有效地协调采编和经营两大系统的独立与统一。

## 第三节 传媒治理的基本特征

由于传媒的双重属性，传媒与一般产业组织相比，具有特殊性：一是工作性质特殊。传媒是党、政府和人民的喉舌，在党和国家工作中有着极其重要的地位和作用，政治上要与党中央保持高度一致。二是工作要求特殊。新闻宣传要牢牢把握正确的舆论导向，要成为全国安定团结的思想中心。三是队伍要求特殊。传媒要坚持政治家办报、政治家办台的原则，队伍要求“政治强、业务精、纪律严、作风正”。四是经营目的特殊。传媒必须把社会效益放在首位，努力做到社会效益和经济效益的统一。传媒的特殊性导致了传媒治理具有不同于公司治理的基本特征。

### 一、领导体制：党的领导与法人治理相结合

新闻出版工作是党的宣传思想战线的一个重要领域，承担着宣传科学理论、传播先进文化、塑造美好心灵、满足人民群众精神文化需求的艰巨任务。传媒作为党和人民喉舌的角色定位，舆论宣传功能就视为新闻媒体的首要功能：“新闻出版广播影视业既有一般行业属性，又有意识形态特殊性；既是大众传媒，又是党的宣传思想阵地，事关国家安全和政治稳定，负有重要社会责任。无论在什么情况下，党和人民的喉舌性质不能变，党管媒体不能变，党管干部不能变，正确的舆论导向不能变。”①

因此，传媒必须始终坚持党对新闻出版工作的领导，坚持马克思主义在新闻出版领域的指导地位，坚持社会主义先进文化的前进方向，坚持社会效益第一的原则。传媒治理必须确保传媒牢牢把握正确的舆论导向，通过深化改革，建立党委领导、政府管理、行业自律、企事业单位依法运营的宏观管理体制。

---

① 《关于深化新闻出版广播影视业改革的若干意见》，2001 年 8 月 20 日中央宣传部、国家广电总局、新闻出版总署联合发布，8 月 24 日中共中央办公厅、国务院办公厅联合转发。

同时，赋予传媒充分的自主权，让其成为真正的法人实体，以独立法人身份，面向社会，面向群众，自主为公众提供产品和服务。这就要完善传媒的法人治理结构，构建以党委会、董事会、监事会、采编层、经营层为框架的组织体系，确保党和政府依法对传媒实行有效的管控，确保舆论导向的正确，有效地解决传媒的委托—代理问题，规范所有者与经营者的权力和职责，对传媒资源进行合理配置，对传媒人才进行有效开发和激励，从而形成科学的决策机制、制衡机制、激励机制。

## 二、治理方式：行政治理与公司治理相结合

传媒具有特殊的经济属性，它既是公共物品又是私人物品。公共物品指一个人使用这种物品时并不减少另一个人对它的享用，这是一种既无排他性又无竞争性的物品，排他性指一个人使用一个物品时可以阻止其他人使用，竞争性指一个人使用一个物品时减少其他人使用该物品。① 也就是说公共品是个人不必拥有或者不付费购买也可以消费的产品和服务，对公共物品的消费不会减少其他人消费的可能性。私人物品指只能归其拥有或者付费购买消费的产品或服务，对私人品的消费会减少其他人消费的可能，私人物品具有排他性和竞争性。

从报纸要购买并在物质上占有这一点看，报纸是私人物品，比如买者对报纸具有排他性的所有权，买来的报纸可随意阅读、剪贴、处置，完全属于私人品。但从报纸提供的内容来看，它又具有公共品的属性，因为报纸所提供的信息是可以公开的，获得报纸信息的人未必要付费。电视也是一样，付费电视具有私人物品的特性，但一个人观看电视时，并不妨碍其他人同时观看，也具有公共品的属性。传媒作为一种公共品，具有传播速度快、传播范围广阔、传播影响力度大的传媒特征，传媒作为私人物品又要求以企业方式运作，因为以企业方式运作私人物品效率更高。传媒兼具公共物品和私人物品的属性，使得传媒在治理方式上既需要政府以管制的方式进行行政治理，又需要传媒实行公司治理。

在一般企业集团的公司治理中，政府是作为利益相关者参与或影响企业的公司治理，而政府在中国传媒治理中却起着至关重要甚至是决定的作用。政府对传媒业的参与和控制，既基于经济因素，也基于社会和政治的

① 曼昆：《经济学基础》，生活·读书·新知三联书店2003年版，第232页。

考虑。任何国家都对传媒业实施特殊的控制政策，这些控制政策分为两类：一类是新闻宣传政策；另一类是产业组织政策。新闻政策主要是对传媒编辑业务的控制；产业组织政策主要是对传媒业市场主体经营行为的控制。

在中国，政府对传媒集团实施的新闻控制政策主要包括：规定传媒的编辑和内容不得损害国家利益或危及国家安全，控制传媒的政治倾向，禁止或限制传媒登载危害社会道德的内容，避免集团利益对编辑方针的控制而损害社会公正或公众利益等。政府对传媒实施的产业控制政策包括：产业进入管制、反垄断、价格政策、消费者保护等。①

## 三、治理目标：把握舆论导向与消除负外部性相结合

在中国，新闻工作是党的事业的重要组成部分，新闻媒体是党和人民的喉舌，新闻媒体把握正确的舆论导向，不但是建设中国特色社会主义市场经济的保证，更是落实科学发展观，构建和谐社会的保证，这就要求传媒在治理目标上必须确保正确的舆论导向，这一目标的有效保证和贯彻，是决定我国传媒体制改革成败的重要因素。

同时，作为公共品的传媒，具有较强的外部性。外部性是指企业或个人向其他人所强加的成本或利益。使用公共物品对他人具有有利的影响，即对公共物品的使用具有正外部性，相反则具有负外部性。由于外部性的存在，私人对公共物品的消费和生产的决策是无效率的，只有代表社会公共利益的政府才能对公共物品的消费和生产进行有利的安排，符合多数人的最大利益。由于传媒生产精神产品，传播的是观念和文化，其产生的影响是传媒和受众无法承受的，必须由社会承担后果，因此具有较强的外部性。

德国哲学泰斗哈贝马斯把传媒归为“公共领域”，认为传媒具有“公共性”，这种公共性相当于经济学中的外部性。传媒通过信息服务对人们的生产和消费行为产生直接的影响作用，而且通过教育和娱乐功能对人们的思想意识产生较强的影响，并通过传播和舆论监督功能对政治产生影响。传播学中的魔弹理论、有限的和有选择的影响论、议程设置理论、教化理论等都阐述了传媒的这种外部性。

---

① 常永新：《传媒集团公司治理》，中国传媒大学出版社 2006 年版，第 52 页。

传媒的正外部性表现为：正确的舆论导向、传播健康的思想和社会价值观、对社会道德的积极影响等；而负外部性表现为：错误的舆论导向、传播不健康的思想和社会价值观、对社会道德产生消极的影响等。[①] 由于传媒具有较强的外部性，在治理目标上就有更高的要求，需要政府通过管制来消除传媒的负外部性。对具有正外部性的传媒给予奖励，对具有负外部性的传媒给予惩罚。

在目前的传媒管理体制下，传媒的“事业单位、企业化管理”也体现了传媒在治理目标上的特殊性。从其性质和社会功能上说，事业单位是一种非营利机构。按照经济学的理解，非营利机构是不以营利为目的、向社会提供产品或服务的组织。在传媒管理和经营目标上，传媒又是具有营利性的企业，它的直接目标是通过所有权的安排形成有效的激励监督机制和企业家的选择机制，其最终目标是在控制风险的前提下实现利润最大化。

## 四、内部治理：采编、经营两大系统独立与统一相结合

在传媒内部治理中包括两大系统，呈现“一体两翼”的特征，即编辑权和经营权截然分开、互不干涉，采编系统和经营系统形成了相互独立又互为联系的两部分。亨利·鲁斯曾用“教堂与国家”来形容报刊编辑权与经营权的截然分开，为了解决“时代生活”集团因规模迅速扩张而带来的管理混乱问题，鲁斯设立了发行人与主编制。对于时代集团内的任何一本杂志，前者负责发行、广告等经营业务，是国家；而后者全权处理编辑事务，为教堂。

传媒的经营采编应该是两大独立的业务系统，形成独立的业务循环关系，做到结构分离。但如果在传媒内部设置独立的采编经营部门，这种功能分离的组织结构有时也会割断两者之间的联系，导致传媒产业链的断裂和经济价值的损失。因此，传媒治理既要保证采编和经营的相对独立，又要使两者保持紧密联系，两大系统之间协调发展互为支撑。这就要求传媒内部治理要协调好内容生产与广告生产的关系，既要确保内容生产部门的独立性，不受外来因素的影响，又要支持传媒的经营工作，使内容目标读者与广告目标受众相吻合，使编辑方针与经营方针同时对传媒产生影响，达到内容生产与经营生产的内在一致性。

① 金碚：《报业经济学》，经济管理出版社2002年版，第293页。

# 第三章 传媒治理的理论依托

本章探讨了传媒治理创新的理论依据，从马克思主义新闻理论、和谐社会理论、委托代理理论、政府管制理论、现代产权理论五个方面，论述了传媒治理必须遵循的原则，以及需要达到的目标。

## 第一节 马克思主义新闻理论

### 一、马克思主义新闻理论：我国新闻工作必须坚持党性原则

马克思主义新闻观是中国共产党长期以来指导新闻工作的宗旨，喉舌论和导向论是马克思主义新闻观的主要内容，也是政治家办报、政治家办台的具体体现，是新闻党性原则的集中体现。

马克思、列宁、斯大林、毛泽东、邓小平、江泽民等马克思主义者和社会主义国家的领导人都将新闻事业的性质定为"党、政府和人民的喉舌"，肯定党对新闻事业领导的合法性，认为新闻事业的功能在于宣传马克思列宁主义，宣传党的方针、政策和路线、宣传社会主义建设的伟大成就，组织生产，统一舆论等。

马克思在《新莱茵报》审判案的发言中指出："报刊按其使命来说，是社会的捍卫者，是针对当权者的孜孜不倦的揭露者，是无处不在的耳

目，是热情维护自己自由的人民精神的千呼万应的喉舌。”① 从此“喉舌论”成为无产阶级新闻媒介的理论基础。列宁在《论俄国社会民主工党的现状》中说：“合法存在的、以马克思主义思想为指针的俄国报纸，目前已成为向俄国社会民主党工人群众进行党的宣传鼓动工作的一个最重要的公开喉舌。”② 进一步发展了马克思关于媒介“喉舌论”的理论。

马克思、列宁的这些思想以及独特的文化传统对以“喉舌观”为代表的党报理论形成产生了巨大的影响。我国党报理论是在延安整风运动期间确立其地位的。1942 年 4 月 1 日，《解放日报》发表《致读者》社论，宣布全面改版。这篇社论，首次把党报的品质明确的概括为“党性”、“群众性”、“战斗性”和“组织性”。③

十一届三中全会召开后，党和国家的工作中心从“以阶级斗争为纲”转移到“以经济建设为中心”上来。关于新闻媒体的性质和功能，党基本上不再使用“阶级斗争工具”的概念，而是把新闻媒体定位为党和人民的喉舌。1985 年 2 月 8 日，胡耀邦在中央书记处会议上的讲话中指出：“我们党的新闻事业，究竟是一种什么性质的事业呢？就它的最重要的意义来说，用一句话来概括，我想可以说党的新闻事业是党的喉舌，自然也是党所领导的人民政府的喉舌，同时也是人民自己的喉舌。”④ 1989 年 11 月 28 日，江泽民在新闻工作研讨班上的讲话中也说：“我们党历来非常重视新闻工作。始终认为，我们国家的报纸、广播、电视等是党、政府和人民的喉舌。这既说明了新闻工作的性质，又说明了它在国家工作中极其重要的地位和作用。”⑤

“喉舌论”思想，始终着眼于新闻媒体的政治属性，把新闻工作作为党的事业的重要部分来强调；始终着眼于党和人民的主体地位，把新闻媒体作为党和人民的喉舌来定性；始终着眼于新闻工作的重要作用，把新闻工作的性质、地位和作用联系起来阐述，从而深刻揭示了中国特色社会主义新闻事业的根本属性。⑥

“导向论”也是马克思主义新闻观的重要组成部分，邓小平认为新闻

① 《马克思恩格斯全集》第 6 卷，人民出版社 1963 年版，第 275 页。
② 《列宁全集》第 21 卷，人民出版社 1990 年版，第 453 页。
③ 陈建云：《中国当代新闻传播法制史论》，山东人民出版社 2005 年版，第 25 ~ 26 页。
④ 胡耀邦：《关于党的新闻工作》，《人民日报》，1985 年 4 月 15 日。
⑤ 江泽民：《关于党的新闻工作的几个问题》，载《求是》1990 年第 5 期。
⑥ 徐光春：《江泽民新闻思想的核心内容》，载《新闻战线》2004 年第 2 期。

宣传的作用在于：宣传马列主义毛泽东思想；引导舆论，成为国家安定团结的思想中心；为改革开放创造良好的舆论环境；实施舆论监督，推进社会主义民主和社会主义法制建设。① 1996年9月26日，江泽民同志在视察人民日报社时更加明确地指出："舆论工作就是思想政治工作，是党和国家的前途和命运所系的工作。""舆论导向正确是党和人民之福，舆论导向错误是党和人民之祸。" 坚持正确的舆论导向始终是新闻工作首要和根本的任务。

在"喉舌论"和"导向论"思想的指导下，我国的新闻事业改革就要坚持党性原则，党性原则是社会主义新闻工作的灵魂，坚持党性原则，是党对新闻工作的根本要求，也是衡量和处理新闻工作中各种问题的最高准则。"党性原则与其说是一个观念上的东西，不如说是无产阶级新闻工作者在新闻传播活动中所必须遵循的行为规范，带有极大的实践意义。总之，如果一个社会主义新闻工作者缺少基本的党性原则，它不仅会在实践中处处碰壁，寸步难行，而且也不配做新闻工作。"②

此外，新闻传播的党性原则也是建设中国特色社会主义市场经济的基本保证，是落实科学发展观，构建和谐社会的基本保证，这一原则的有效保证和贯彻，是决定我国传媒产业改革的一个重要因素，也是我国传媒治理必须解决的一个重要课题。

## 二、以坚持党性原则为本：传媒治理实现"政治家办报、企业家经营"

马克思主义新闻理论确定了党的新闻宣传工作的性质、任务、功能、作用，以及工作原则、运行规律。在马克思主义新闻理论的指导下，我国的新闻事业是重要的意识形态，是上层建筑，与党的事业休戚与共。党性原则不但体现的办报上，还体现在党对新闻事业的领导上，体现在传媒在任何时候都要把党的利益和社会效益放在首位，力求社会效益和经济效益的统一，这是传媒"政治人"的行为体现，是我国新闻工作的本质要求。

有人担心，传媒业实行现代企业制度改革会不会导致传媒失控，影响政府对传媒的控制，甚至破坏党的政治基础。其实不然，我们不能简单地

① 童兵：《马克思主义新闻经典教程》，复旦大学出版社2000年版，第237页。

② 黄旦：《新闻传播学》（修订版），浙江大学出版社1997年版，第274页。

认为传媒保持政府附属机构的地位才能保证正确的舆论导向。只要政府在外部治理上运用行政手段和法律手段对传媒进行严格管制，传媒的经济属性就会服务于政治属性。

这就要求我们在对传媒治理进行创新时，既要坚持新闻的党性原则、把握正确舆论导向，真正把“政治家办报”的原则落在实处，确保舆论导向不出偏差，又要把新闻规律和市场规律结合起来，形成有机的统一体。

具体而言，传媒治理必须确保新闻采编人员坚持党性原则，把握正确的舆论导向，按照新闻规律办事，实现“政治家办报”；而报业经营人员则必须树立经营意识，把新闻规律和市场规律结合起来，按照市场规律经营，不断培养和提高自身的企业家素质。这也就是人们常说的“政治家办报，企业家经营”。

## 第二节　和谐社会理论

### 一、和谐社会理论：传媒必须健康和谐可持续发展

1. 党和国家对和谐社会理论的探索

构建和谐社会，是中国人民的共同愿望，也是中国共产党的根本理想。国家的富强、民主和人民的富裕、幸福是党和国家的追求。早在改革开放之初，邓小平就把民主和法制作为最基本工具，把安定团结和社会的稳定作为最基本保障。他反复提到“没有安定团结，就没有一切”①，“压倒一切的是需要稳定，没有稳定的环境，什么也搞不成，已经取得的成果也会失掉……民主是我们的目标，但国家必须保持稳定。”② 他提出的“两手抓，两手都要硬”的思想中，大多是围绕社会的稳定、协调和人民的幸福展开的，同时把“一手抓改革，一手抓稳定”，“一手抓发展，一手抓稳定”作为主要部分。这些思想，是构建和谐社会的思想先声，也是和谐社会的重要内涵和基础条件。在1992年我国正式实行社会主义市场经济体制

① 《邓小平文选》（第2卷），人民出版社1994年版，第252页。

② 《邓小平文选》（第3卷），人民出版社1993年版，第284页。

后，就把“改革、发展、稳定”作为主题，江泽民提出的“三个代表”重要思想，以发展先进的生产力、先进的文化为努力的方向，基本落脚点也在于实现和保护好最广大人民的根本利益，这是实现稳定、构建和谐社会的重要理论切入点。

中共十六大提出要全面建设小康社会，“完成改革和发展的繁重任务，必须保持长期和谐稳定的社会环境”，“努力形成全体人民各尽所能、各得其所而又和谐相处的局面”①。中共十六届四中全会明确提出构建社会主义和谐社会这一执政的重要目标，使我国的社会主义现代化建设的总体布局，由发展市场经济、民主政治建设和先进文化三位一体，扩展为包括构建和谐社会的四位一体，涵盖了现代化发展的基本维度。十六届四中全会对和谐社会的基本界定是：“形成全体人民各尽所能、各得其所而又和谐相处的社会……要适应我国社会的深刻变化，把和谐社会建设摆在重要位置，注重激发社会活力，促进社会公平和正义，增强全社会法律意识和诚信意识，维护社会的安定团结。”②

党的十七大报告指出：“推动科学发展，促进社会和谐，为夺取全面建设小康社会新胜利而奋斗。”社会和谐是中国特色社会主义的本质属性。和谐社会，应该是“民主法治、公平正义、诚信友爱、充满活力、安定有序、人与自然和谐相处”的社会。社会和谐与科学发展是内在统一的。十七大报告指出，没有科学发展就没有社会和谐，没有社会和谐也难以实现科学发展。只有拥有更为强大的物质力量，才能够更好地在科学发展观的指导下着力保障和改善民生，更好地促进社会和谐。反过来，只有发展的成果由人民共享，社会实现较大程度的和谐，才能更好地调动最广大人民群众一起投身社会主义建设事业，推动科学发展。

2. 构建和谐社会要求营造健康和谐的传媒生态

从市场经济深入进化到构建和谐社会，是中国体制变革的一个历史界碑和重要标志。制度的创新和有效安排，是构建和谐社会的主要支撑。新闻传媒置身其中，制度的创新是新闻传媒发展的有效动力之一。一方面构建和谐社会的一系列制度安排，必须把新闻传媒的制度创新归列其中，给新闻传媒的和谐发展提供较好的依托；另一方面，构建和谐社会的实践，

① 江泽民：《全面建设小康社会，开创建设有中国特色的社会主义事业新局面》，2002年11月8日。

② 《中共中央关于加强党的执政能力建设的决定》，2004年9月19日。

将给新闻传媒开拓新的制度创新空间。

在构建和谐社会的进程中，传媒制度创新的立足点，就是要营造健康和谐的传媒生态。一是要对新闻传媒给予宽容、理解、信任和支持，为新闻传媒提供良好的生存、发展空间，为新闻传媒内部的制度创新、机制转换提供充分的政策支持，从多方面强化新闻传媒的发展力。二是按照胡锦涛“一切有利于我国社会主义文化建设的有益经验，一切有利于提高我国人民精神境界的文化成果，一切有利于发展我国文化事业和文化产业的管理模式”都要借鉴的要求①，健全和创新系统、科学、有效的新闻传媒管理体制和机制。

构建和谐社会，是社会管理体制和运行机制的一次创新，也是新闻传媒体制和机制的一次转换。要从为经济建设服务进化到为社会系统的和谐健康服务，这是一种更深刻、更全面的转型过程。对构建和谐社会语境下的新闻传媒要有辩证透视，既不能把新闻传媒简化为工具，用静态的、教条式眼光窄化和泛化新闻传媒的作用，也不能用虚无的、漠视的思维虚化和淡化新闻传媒在构建和谐社会中的使命。

## 二、以健康和谐发展为要：传媒治理构建和谐的传媒生态

在构建和谐社会的总体要求下，传媒的健康和谐发展就成为当前第一要务。构建和谐社会，需要以科学发展观来统领新闻传媒的“一揽子”制度创新。当前中国文化体制改革的基本蓝图已经体现出对中国文化产业包括新闻产业的系统的、科学的制度安排意向，这些创新性的制度供给应该是新闻传媒发展的动力源泉。② 传媒治理的创新也要按科学发展观的要求，着力构建和谐的传媒生态。

### 1. 传媒外部治理要以法治和平等为根本依托

依法治国，建设社会主义法治国家是中国共产党领导人民治理国家的基本方略。构建和谐社会以民主法治为第一前提，法治环境是市场经济的基本依托，是构建和谐社会的基本依托，也是在构建和谐社会进程中新闻

---

① 《正确引领：主流媒体的责任》，《解放日报》2003 年 11 月 13 日。

② 詹绪武：《构建和谐社会语境下的新闻传媒研究》，武汉大学博士学位论文，2006 年，第 122 页。

传媒发展的基本依托。

近年来，国家也颁布了若干有关新闻活动和新闻工作的行政法规和部门规章。但是，有了法制不一定有法治。以立法、执法为特点的新闻管理的法制化只是过程、手段，最终的目标是真正走上新闻法治的轨道。[①]

因此，在传媒外部治理的构建上，首先要解决制约新闻传媒发展的法律“瓶颈”问题，建立有效的法律法规管理的形式，明确确立新闻传媒的法人地位、界定新闻传媒的产权，用法律手段对新闻传媒的责、权、利进行明确规定，为媒介产业提供一个法治化环境，推进新闻传媒的科学发展。

同时，新闻政策的制定和执行在法治的轨道内运行。对于新闻传媒管理政策和规制的出台过程，必须在法治的框架下进行，改变领导和部门拍脑袋的随机政策，推进新闻政策制定过程向规范、透明、引导、宽松、民主的方向转化[②]，实现新闻传媒管理决策的民主化、科学化和法制化。

其次要为新闻传媒提供平等竞争的机会和条件。作为社会服务型的新闻传媒，在步入市场之后，机关化倾向、行政化管理方式和级别意识是一道限制新闻传媒健康竞争和发展的栅栏。这就要创造和谐健康的竞争环境，无序竞争、恶性竞争和同质化竞争方式，地区封锁、行业封锁、画地为牢的竞争格局，不仅恶化了新闻传媒的生态环境，而且大而全、小而全的媒介构架，也浪费了大量的新闻传媒资源，极大地限制了新闻传媒做大做强的外在冲动和内在发展机制。

2. 传媒内部治理要精简高效

一是机构设置必须以精简高效为基本指向。在市场竞争环境中，必须以成本最小、效益最大的原则进行配置，这与新闻传媒治理机构行政化和官僚化的趋势是相悖的。在这个基础上，管理层的配备必须在坚持公共利益的前提下，对极度臃肿、人浮于事的弊端予以革除，对机构僵化的运作模式予以改革，形成能者上庸者下的动态竞争机制。在完善法人治理结构框架下，以扁平化的结构配置方式来启动管理机构的竞争活力。

二是人力资源配置以选贤任能为基本方式。高素质的人是新闻传媒和谐内部生态的基础。发挥人的主动性和创造性，提升传播者的素质，更是

① 林晖：《未完成的历史：中国新闻改革前沿》，复旦大学出版社2004年版，第277页。

② 杨丽娅：《WTO框架下的中国传媒业生存与发展的法律环境》，载《齐鲁学刊》2005年第6期。

新闻传媒健康高效发展的长流水。在“努力培养一支政治强、业务精、作风正、纪律严的新闻队伍”[①] 的前提下，科学的人才选拔机制和激励机制是主要关节点，严格的入口和有效的出口是人才选拔的两个核心环节，而平等的竞争平台与保障，有效的奖惩机制则是激励的前后两个主要关口。[②]

## 第三节　委托代理理论

### 一、委托代理理论：传媒委托—代理问题的产生

1. 委托代理理论简述

当A授权于B从事某种活动时，两者之间的委托—代理关系便发生了，A是委托人，B是代理人，委托人和代理人之间总是存在着信息不对称性，代理人的行为将影响委托人的利益，这就需要设计一种制度激励代理人为委托人的利益而行动。显然，委托—代理关系的核心是在非对称信息的情况下如何使具有独立利益的代理人最大限度地按照委托人的利益行事，防止其采取机会主义行为。

为解决代理问题而形成的委托—代理理论是现代企业理论的重要组成部分。代理问题的产生主要缘于信息的不对称和契约的不完整。代理人问题是基于代理人拥有委托人不拥有的私人信息，构成信息的不对称。事前非对称信息称为代理行为中存在逆向选择，事后非对称信息称为存在道德风险。逆向选择意味着代理人在事前就了解和掌握一些委托人无法获知的信息；道德风险指的是代理人在经济活动中最大限度地增进其自身效用时做出不利于委托人的行为。例如一项任务的真实的机会成本，所使用的技术要求，以及与技术相适应的代理人的知识和能力，代理人可以利用这一信息优势签订对自己有利的契约。

委托—代理关系中之所以存在代理人问题，主要是因为以下原因：

（1）作为“经济人”，代理者与委托人的差异是客观存在的。

（2）由于道德风险和逆向选择的存在，代理人可能通过职务怠慢、超

① 《江泽民在视察人民日报社的讲话》，1996年9月26日。

② 詹绪武：《构建和谐社会语境下的新闻传媒研究》，武汉大学博士学位论文，2006年，第174页。

标准在职消费等损害和侵蚀委托人的利益。

（3）企业所处各种环境的多项不确定性，使委托人既难以判断代理人的工作努力与否，也难以判断代理人的主观故意和客观能力。这种严重的信息不对称，使委托人的委托风险增大且难以控制。

为解决代理人问题，委托人必须设计一套有效的制衡机制规范和约束代理人的行为，降低委托风险和代理成本，确保委托人的利益。正是由于委托代理制的存在，公司治理应运而生。[①]

2. 传媒双重委托—代理关系产生的代理问题

传媒具有双重委托关系，一是国家与传媒之间，二是传媒管理层与员工之间。传媒的所有者是国家，政府作为国家的代表，是传媒的最终委托人，拥有传媒的所有权，政府理应监督传媒管理层，防止代理人偏离委托人的目标利益，在这层代理关系上，政府是委托人，传媒管理层是代理人。

在传媒内部，传媒决策层与执行层、高级管理层与各个部门之间，同样存在委托代理关系。传媒生产过程和其他许多产品的生产过程一样，是由一系列决策行为来完成的。从理论上说，如果没有信息收集和处理的成本，所有的决策过程都可以集中完成。这样，就可以确保各项决策以及整个传媒生产过程都完全符合委托人的意图。但是，这在现实中难以做到。因为信息的收集和处理必须花费成本（包括时间成本），如果没有充分的信息供应，集中决策将会出现失误和严重的低效率现象。所以，必须把传媒的组织进行分层，使各种决策层由各个分层来完成，这实际上就是将决策权分配给下层机构。传媒内决策权的分配在本质上形成了分层结构的委托代理关系。[②]

在传媒的这两重委托代理关系中，由于委托人和代理人具有各自不同的利益，前者追求正确的舆论导向，后者追求集体和个人利益，因而在代理行为中，代理人并不总以委托人利益最大化为决策目标，可能产生道德风险，即代理人采取不利于委托人的行动；或作出逆向选择，即代理人利用信息优势作出有利于自己的决策。

当代理人追求自己利益时，就有可能造成对委托人利益的损害，由此

① 刘春湘：《非营利组织治理结构研究》，中南大学出版社2006年版，第45页。

② 常永新：《传媒集团公司治理》，中国传媒大学出版社2006年版，第88页。

产生了传媒的委托—代理问题。对此，亚当·斯密早在一个半世纪前就预见到公司中的这种情况，他在《国富论》中指出："就像公司的董事长一样，尽管他们所控制的别人的钱超过了他们自己的钱，但也不能过分地期望他们像私人企业的合伙人焦虑地关注自己财产那样去关注公司财产。"①

## 二、以解决代理问题为基：传媒治理对传媒控制权和剩余索取权的合理配置

传媒治理研究的是如何构架传媒内部的组织体系以解决传媒的委托代理问题，这是传媒治理最基本的职责要求。解决代理问题要求既赋予管理层以充分的经营自主权，又防止管理层滥用手中的权力，从而确保国家利益的最大化，确保舆论导向正确、决策正确，这就需要科学地设置传媒决策体制、安排传媒组织人事，对传媒所有者、董事会和经理层之间的权力进行分配与制衡，也就是在传媒各个层级合理配置传媒控制权和剩余索取权，从而解决以下几个最普遍的传媒委托代理问题。

1. 解决委托人难以监控代理人的问题

政府是传媒的最终委托人，政府是一个政治组织，而非经济组织，它由具体的政府官员组成，这些人的具体行为可能与政府的一般行为不一致，从而存在对传媒的监督失误。加之政府远离传媒之外，就要插入一些中间层级，从国家到主管部门到主办单位再到传媒，形成了层层委托代理关系，这种代理关系的委托人较多，委托代理链较长，造成了传媒委托人无法完全监控代理人行为。

由于传媒"政治人"和"经济人"的双重假设，代理人是一个具有独立利益和行为目标的"经济人"，他的行为目标与委托人的行为目标不可能完全一致，而且代理人作为"经济人"，同样存在所谓的"机会主义倾向"，在代理过程中会产生职务怠慢、损害或侵蚀委托人利益的道德风险与逆向选择问题。② 而且，各级代理者为促进自己目标的实现，必然会给下一级代理者施加和其目标相适应的约束和激励机制，造成下一级代理目标与初级委托人目标的差距越来越大，引发较高的代理成本，使得传媒委

① 玛格丽特·布莱尔：《所有权与控制——面向21世纪的公司治理探索》，张荣刚译，中国科学出版社1999年版，第84页。

② 何维达：《公司治理结构的理论与案例》，经济科学出版社1999年版，第16～17页。

托人难以监控代理人的行为。

此外，传媒市场存在的不确定性，委托人难以准确判定代理人行为是否努力，使得代理人既有动机，又有条件损害委托人的利益，难以保证代理人忠实地为委托人服务，就会带来“代理成本”。这就需要传媒治理对代理人进行监督和激励，使其不违背委托人的利益。

2. 解决传媒组织中的信息不对称问题

任何一个产品都有它的经济属性和社会属性，由于一般产业生产的是物质消费品，产品对社会的影响容易判断，所以社会属性很容易“外部化”为政府对这个产品所在行业的统一管制标准，由政府通过法律的方式来调整管理。比如一种食品，其社会属性就是不能有损消费者健康，只要产品通过质量检验，符合食品卫生标准，就可以生产销售。因此，企业本身可以专注于经济属性，销售的也是产品本身而非任何附加物。

但是传媒的产品不同，传媒企业同时生产两种商品，一种是内容，如广播电视节目、报纸杂志文章，是精神消费品；另一种是受众的注意力，即听众、观众或者读者收听、收看、阅读内容，广告商通过购买到广播时间、频道时间和报刊版面买回了相应的受众的注意力。无论是第一种产品还是第二种产品，其社会属性的检验都难以确定统一标准，即社会责任难以外部化，[①] 从而形成了传媒组织与外部的信息不对称。

以发行量和收视率为例，报纸发行量和电视收视率具有较高的经济价值，传媒为了自身利益的需要，经常高报发行量和收视率，造成了传媒与广告商、读者之间的信息不对称。“报纸的发行量就是一个买方（读者和广告客户）难以确切了解的信息，迄今为止，还没有一个具有较强公信力的调查机构来发布各种报纸真实发行量的信息。因此，信息不对称就必然会使供求双方的行为发生各种变异。在新闻媒体的各种委托—代理关系以及内部组织结构中，也存在信息不对称所引起的有偿新闻等各种复杂现象。”[②]

在传媒组织内部，代理人掌握的信息总比委托人多，从而使委托代理处于不对等的竞争地位，这种信息不对称主要表现在以下几方面：政府与传媒之间、广告商与传媒之间、读者与传媒之间、传媒管理层与员工之间

① 詹新慧：《党报集团资本运营的特殊性分析》，载《新闻记者》2007 年第 4 期。

② 金碚：《报业经济学》，经济管理出版社 2002 年版，第 255 页。

等。如广告人员为了防止鞭打快牛现象，常常隐瞒真实的经营能力，以便下一年度比较容易地达到目标任务。由于传媒的信息不对称，各个层次的代理人都可能产生不同于上一级委托人的目标，由于监督成本的昂贵，委托人也无法构造一个尽可能使代理人不偏离委托人目标的合约。

信息的收集是要付出成本的，因而国家作为委托人就需要通过传媒的制度设计规范和引导代理人的行为，以减少信息成本，避免由于信息缺乏而导致的失误，同时对管理层进行监督、激励、约束，以实现决策的科学化，这套制度就是传媒的治理结构。

3. 解决传媒团队生产的“搭便车”现象

阿尔曼·阿尔钦和哈罗德·德姆塞茨于1972年发表了《生产、信息成本和经济组织》① 一文，提出了著名的“团队生产理论”。他们认为，企业的实质是一种“团队生产方式”，团队中的成员通过相互协作共同完成生产。由于最终的生产成果是一种共同努力的结果，每个人的贡献不可能得到精确的测量，因而也就不可能按每个人的真实贡献去分配，从而产生“搭便车”的行为。这种行为将使团队的成员缺乏努力工作的积极性，造成生产效率的降低。② 为了减少这种机会主义行为，必须让部分成员专门从事监督其他成员的工作，而监督者必须能够占有剩余权益，否则他们就缺乏监督的积极性。

阿尔钦和德姆塞茨关于企业团队生产特征的描述也适用于传媒，由于传媒是知识密集型的产业，知识型员工与一般劳动者有很大的不同，对知识型员工的短期工作绩效进行考核是非常困难的，因为他们的贡献是创造性的，难以直接计量。同时，传媒生产的不是标准化产品，每天都要根据政府和受众的要求进行创新，还要承担社会责任。一篇稿件好坏，政府和读者的判断标准是不一样的，采编人员付出同样的劳动，产生的贡献可能大不一样，因而传媒也就没法按各人的真实贡献来分配。

再者，由于传媒是事业单位，不同程度地存在“大锅饭”的现象，谁多做谁多承担成本，但收益却是大家共享，所以谁都想免费“搭便车”，造成“一等记者傍大款，二等记者拉广告，三等记者写好稿”的现象。为

---

① Production, “Information Costs and Economic Organization”, American Economic Review, December, 1972.

② 费方域：《团队生产、监控和激励——评阿尔钦和登姆塞茨的古典企业理论》，载《外国经济与管理》1995年第7期。

了消除或减少传媒的这种“搭便车”行为，需要有能够占有剩余索取权的监督者通过传媒治理结构的设计来监督和规制其他成员的行为。

4. 解决传媒合同的不完全性

Grossman 和 Hart 的“不完全合同理论”认为：在一个复杂的不可预测的世界中，人们很难把各种可能发生的情况都考虑到，即使考虑到了，缔约双方也很难达成协议，而且在出现纠纷时，缔约双方也很难让外部权威（比如法院）明确理解并强制执行合同，所以人们缔结的是“不完全合同”，这样代理问题就无法通过事先规定好一切的合同来解决。①

我们可以用报社广告合同为例说明传媒合同的不完全性。签订广告合同时，双方主观上都想使合同完备化，但客观上由于发行量不确定性、信息不完全、机会主义行为的存在，无法使广告合同尽善尽美，或者说在追求完备合同的过程中因交易成本过大而放弃。比如在中国，关于报纸的发行量是一个典型的信息不对称市场，即卖方充分了解报纸发行量，而买方却没有关于报纸发行量的可靠信息。这种信息不对称必然导致双方失去信任。在一个没有信任基础的市场上，价格机制将出现严重的障碍。报纸的生产者既然无法使广告客户相信报纸广告版面的实际影响力，买方就不会有投放信心，从而导致广告客户在签订广告契约时所掌握的信息必然是不完全的，不完全的信息导致的是合同的不完备性。

由于合同不可能预测到所有情况的出现，即合同总是有不完备性，使传媒代理人总会发现偷懒的机会，从而产生了道德风险。因此，传媒治理可以看作是一种对没有在初始合同中明确规定的不确定事项进行决策的机制，从而使传媒避免了违约、纠纷、诉讼、重新谈判等很高的交易成本，其核心便是控制权的分配。

① 费方域：《公司治理的理论前提及其意义》，载《上海经济研究》1996 年第 6 期。

# 第四节　政府管制理论

## 一、政府管制理论：传媒的政府管制及管制失效

### 1. 传媒的政府管制

关于管制，日本经济学家植草益认为："通常意义上的管制是指依据一定的规则对构成特定社会的个人和构成特定经济的经济主体的活动进行限制。"① 余辉认为：管制是指政府的许多行政机构，以治理市场失灵为己任，以法律为要据，以大量颁布法律、法规、规章、命令及裁决为手段，对微观经济主体的不完全公正的市场交易行为进行直接的控制或干预。②

政府管制，是指政府行政机关依据有关法律、法规，对微观经济主体所采取的一系列控制与监督行为。传媒管制即由国家制订各种政策和法律法规，来规范和管理传媒的宣传和经营活动，对市场中的传媒经营行为进行直接或间接的干预，管制在消除传媒负外部性和市场失灵方面发挥了重要作用，分为政治性管制和经济性管制两类。

政治性管制是党和政府通过对舆论的支配和操纵，实现对受众的知识、信息控制，使受众在认知和价值判断上服从当权阶级的利益要求。同时保护公众的知情权，尽可能使得传媒免受市场利益与政治权力的侵蚀。在我国，由于传媒的意识形态属性，为了坚持正确的舆论导向，为了党和政府的方针政策能够顺利传达，为了使政府和民意的沟通能够畅通无阻，必须加强传媒的政治性管制。

政治性管制表现在对传媒宣传内容的管制上，即对编辑出版业务的控制，目的是为了保证传媒执行正确的编辑方针，避免出现危害国家、社会和公众利益的内容。在中国，对宣传内容的管制主要包括：规定新闻出版的内容不得损害国家利益或危及国家安全，控制新闻出版物的政治倾向，禁止或限制出版危害社会道德的内容，避免利益集团对编辑方针的控制而

---

① 植草益：《微观规制经济学》，中国发展出版社 1992 年版。

② 余辉：《政府与企业：从宏观管理到微观管制》，福建人民出版社 1997 年版，第 1 页。

损害社会公正或公众利益等。

经济性管制上，由于传媒领域实行严格的准入制度，准入制度使市场竞争不充分，易导致市场失灵，这就需要政府管制加大或削弱进入壁垒的成本。同时，传媒市场的垄断引发市场发育不平衡，表现在公共服务的滞后和市场的过度竞争，导致成本上升，内容趋同化，需要政府管制来调节资源配置，特别是需要政府通过行政手段调节竞争者之间对传媒市场的分割以及利益关系，保证公平竞争。此外，传媒信息的不完全性也影响了市场机制运行的效果，导致了市场不均衡状态和经济效率的低下，加之传媒资源的有限性，尤其是频谱、频率资源的稀缺，都需要政府加以调控。

经济性管制表现在对传媒市场主体经营行为的控制上，其目的主要是规范和维护传媒市场的竞争秩序，促进传媒的健康发展。主要包括：产业进入管制、许可权管制、产权管制、反垄断管制、价格管制、消费者保护管制（新闻出版与广告分开，避免对消费者的误导；不得刊登虚假新闻欺骗读者）等。

应该说，当前传媒的政治性管制在舆论导向和意识形态控制上是相当谨慎和严格的，有较为完整的管制体系和激励措施。但对于传媒产业发展上，有些经济性管制却起到了阻碍的作用，政府管制的滞后、延期，对传媒产业跨区域、跨媒体、跨行业发展极为不利。

传媒政府管制的内容和框架可以用下图（见图3.1）表示：

### 2. 政府管制失效及传媒管制的低效率

当前我国的政府管制仍存在许多问题，主要有：垄断权力滥用、进入管制过严、对竞争性行业的管制不到位、反不正当竞争效果不理想、相关的法律法规仍存不少盲区、劳动者权益和消费者权益未能得到应有的保护等，由于政府往往难以有效管制企业，导致了管制失效。

根据“管制理论”和“政府管制俘虏理论”，政府在行政垄断、政企不分的情况下，被企业俘虏的程度会更大。政府管制者被假定为纯粹的“经济人”，管制者作为官员的动机固然是寻求职位的升迁，但那也只是实现“个人利益最大化”的一个重要手段。管制者的信息优势和规制部门的监督与管理行业的职能使得监督机构具有相机行事权，管制者在很小的交易成本下，能方便地运用多种手段瓜分垄断利润，并通过管制活动为企业创造垄断利润服务。只要政府管制者所分享的利益不至于影响他的职位和未来，管制者的这种“寻租”和与企业方有关人员的合谋就是值得的。相

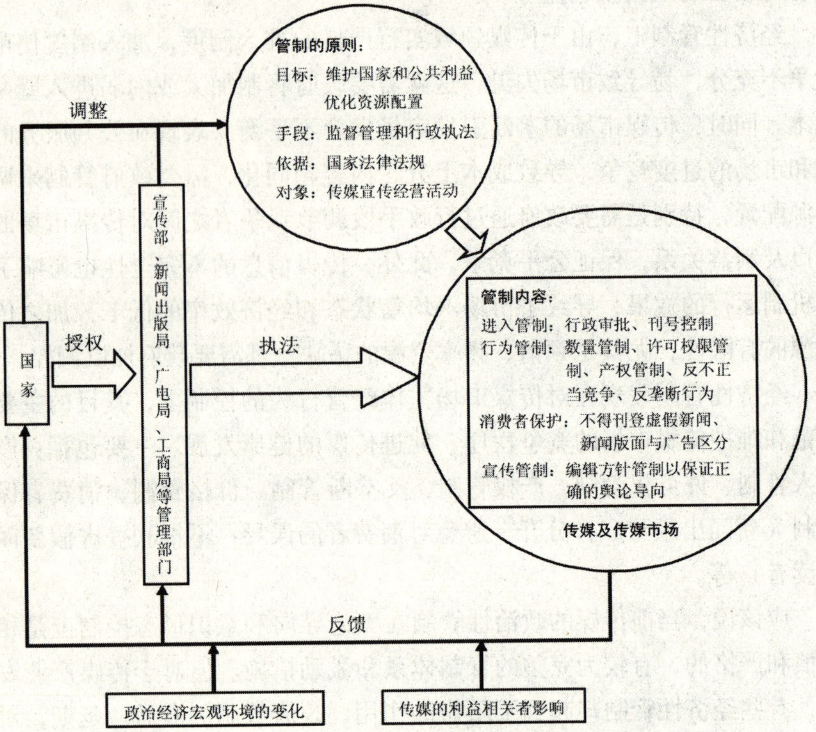


**图 3.1　国家对传媒的管制框架与内容**

反，如果政企分离，那么他们合谋的交易成本就加大，对公众的福利损失就会减少。在政企、事企高度合一的体制下，企业还不是真正意义上的实质性企业，它实质上只是政府机构的一个附属物，企业没有制定经营决策以市场为导向灵活地开展经营活动的自主权，没有追求成本最小化以达到利润最大的动力，由于经营亏损都由政府财政补偿，更不存在什么经营风险，所以企业的低效率是常见的现象。①

我国政府对传媒的强制性管制导致了传媒市场运作效率低下，表现在以下三个方面：

一是传媒市场进入的管制阻碍了传媒市场竞争力的提升。对传媒市场进入的严格管制，促成了寡头垄断的传媒市场形态。按照经济学的基本原理，垄断虽能使垄断厂商获得高额垄断利润，却导致了经济资源的浪费和社会福利的损失。从表象上看，中国传媒都是各地创造利税的大户，但这

① 魏文楷：《中国广播电影电视产业转制问题研究》，载《北方传媒研究》2005 年第 4 期。

种高额利润建立在资源浪费和社会福利损失的基础之上。高额的垄断利润还掩盖了传媒集团在管理上的许多问题，使传媒集团的管理者没有危机感和生存压力。虽然传媒之间也存在一定竞争，但这种竞争的程度无法与完全竞争的企业相比。可以说，对传媒市场进入的管制，降低了中国传媒市场的竞争程度，阻碍了传媒市场竞争力的提升。

二是对价格和数量的管制使传媒难以实行灵活的竞争策略。在经济学理论中，对垄断厂商产品价格和数量的管制，是政府减小垄断所带来的资源浪费和福利损失的主要措施。在中国，政府对传媒产品价格和数量的管制，却是计划经济模式在传媒业继续延续的结果。这种僵化的行政管制手段，不但不能像经济学理论描述的那样减小垄断带来的消极影响，反而限制了传媒进行市场营销的灵活性。

三是对传媒产权的管制使传媒集团在融资渠道上受到很大限制，也阻碍了现代企业制度的建立。传媒资产是全民所有制的界定，使社会资本难以进入传媒业，这种管制使传媒集团在融资渠道上受到很大限制。对传媒产权的管制限制了投资主体的多元化，无法形成利益制衡机制。国有资产投资主体的缺位，使传媒资产的委托代理机制无法建立，激励和约束机制十分薄弱。①

## 二、以化解管制弊端为重：传媒治理对政府管制的部分替代

政府对传媒实施管制，对于确保政治稳定、提高传媒绩效都具有一定的积极作用。但是，另一方面，加强政府管制只能解决传媒的合规经营，解决不了传媒的赢利，解决不了传媒的激励，也解决不了传媒的发展，而这些问题正是中国传媒集团目前面临的重要问题。这就需要对传媒治理进行创新，化解管制弊端，实现对政府管制的部分替代，这也是传媒治理应担负的重要职责。

### 1. 合理配置传媒控制权，化解管制主体不明导致的政企同盟现象

管制主体理论上应包括三个独立主体，即进行管制的立法机构、具体实行这种管制的行政性机构、被管制的对象。在我国传媒市场，政企不分、政资不分是一种普遍现象。这不仅表现在政府一方，也表现在传媒一

① 常永新：《传媒集团公司治理》，中国传媒大学出版社 2006 年版，第 66 页。

方市场主体地位不明确。政府出资设立传媒，政府是出资者也是经营者，同时又是管理者。也就是说，政府身兼三职：裁判员、教练员和运动员。[①]在这种情况下，政府不仅是传媒市场绝大多数管制的制定者，同时也拥有配置一切传媒资源的权力，甚至直接参与媒体的经济行为。管制主体的多重角色，对传媒市场的影响是巨大的。首先，行政部门同时又兼任行业的管制者，决定了它不可能站在中立的立场上平等对待所有的市场参与者，新的市场进入者或者非国有性质很可能受到歧视；其次，这种政企同盟一旦形成，便完全有可能在立法和执法过程中藐视消费者利益集团，置他们的合法权益于不顾；最后，政企同盟在滥用其行政职权的同时，将使受管制行业的资源配置效率下降。[②]

在这种情况下，通过对传媒治理进行创新，明确划分股东会（国家）、董事会和经理层各自的权力、责任和利益，就能形成三者之间权力制衡关系，政府就能够对自身角色进行定位，最终保证传媒制度的有效和运行。此时，政府作为资本所有者的代表，行使出资人权力，履行出资人职责，以股东的身份依法对传媒进行管控。传媒的出资人所有权归出资者（政府）拥有，而法人财产权则归传媒法人（即董事会）拥有，政府和董事会在法律上成为两个对等的权利主体，政府不能对传媒的法人财产随意支配，也不能随意干涉传媒的经营权，只能通过董事会来影响传媒行为，而传媒依法享有对法人财产的占有、使用、收益和处分权，可以以独立的财产对自己的经营活动负责，解放了传媒的生产力，消除了传媒现有的体制性弊端。

2. 重构传媒内部治理机制，化解强制性管制导致的传媒市场运作效率低下

强制性的政府管制给中国传媒的发展带来不少问题和障碍，且政府管制是需要成本的，如果管制的成本大于市场竞争的成本，那么管制就得不偿失。要解决这些问题，取决于传媒能否建立一个良好的治理结构。一个良好的治理结构可以发挥部分替代政府管制的作用。[③] 比如，传媒治理建立了董事会、监事会和执行层之间制约与平衡的治理机制，提高了传媒自

---

① 刘洁、金秋：《论新闻报业市场化进程中政府行为的双重属性》，载《新闻与传播研究》2001年第2期。

② 强月新：《我国传媒市场运行机制研究》，武汉大学博士论文，2004年，第95页。

③ 卢昌崇：《企业治理结构》，东北财经大学出版社1999年版。

我驱动、自我约束的能力，使其自觉地服从和服务于社会价值和经济利益最大化的目标。传媒治理建立的业绩评价机制，优胜劣汰能上能下的用人制度，按需设岗、以岗定薪、业绩挂钩的薪酬制度，都最大限度地调动了员工的积极性，从而化解了强制性管制导致的传媒市场运作效率低下。

3. 强化外部治理，化解以行政管理代替管制的弊端

管制和行政管理是有区别的。管制是通过规章制度来约束国家和相关产业的关系，运用法律手段来干预微观经济主体的市场行为，是一种和现代市场经济相适应的机制，是以尊重市场规律为前提的，所以管制者和被管制者之间保持一种相对独立的关系，即使被管制者属于国家所有，但是经营权和所有权也是分离的；而行政管理则恰好相反，它以国家行政权的强制性、单方性和优益性为基础，以服从国家意志为目的，多采用国家直接从事经营活动的性质，所以，所有权和控制权合二为一，其对象是基于国家政府的权威而被动地服从和接受。这种管制模式容易出现监管过程中的不科学性和随意性，容易导致不按市场规制办事的情况出现。比如摊派发行就是典型的行政管理，报刊的主管、主办部门凭借自己手中的行政权力强迫征订报刊，是一种不正当的竞争行为，不仅影响传媒竞争的公平性，而且极易孳生腐败，是权力寻租在报刊发行上的体现。

长期以来，政府对传媒的管制，还是习惯于计划经济时代的行政管理为主，而不是按市场经济规律办。“中国对新闻传媒的社会调控，既有法律的，又有行政的，但更主要是通过中共中央宣传部的一系列文件，各种由党中央颁布的决议和决定，中央领导人的讲话与指示对新闻传媒实行统一调控。这些文件、决议、决定、讲话、指示成为指导中国新闻传媒运作的主要法律依据和指导方针。”①

这就要求规范传媒的外部治理，以化解以行政管理代替管制的弊端，通过深化传媒体制改革，推行产权改革，实现“政企分开”、“政事分开”、“管办分开”，突破现阶段传媒发展的瓶颈，改革进入管制、完善行为管制、建立退出管制。改革进入管制，就是要对目前严格限制的少数进入许可和一般性限制的多家进入许可进行逐步改革，采取放松管制的审批准入许可，使传媒的竞争性压力增加。完善行为管制，首先是要逐步取消价格管制和数量管制，并在此基础上改进传媒产权管制，防止传媒市场的不正

① 童兵主编：《中西新闻比较论纲》，新华出版社1999年版，第176页。

当竞争行为出现。建立退出管制，就是走出传媒“只生不死”的怪圈，真正建立“优胜劣汰”的市场淘汰机制。[①]

## 第五节　现代产权理论

### 一、产权理论：市场主体必须拥有明晰的产权和法人治理结构

1. 产权及产权明晰

新制度经济学创始人科斯认为：“产权是一种通过社会强制而实现的对某种经济物品的多种用途进行选择的权利。”魏杰把产权解释为“财产权利”，他认为：财产权利有多种形式，如物权（包括所有权）、债权、股权、知识产权，其中物权即所有权是一切其他财产权利的基础。[②] 也就是说，产权是财产所有权和从所有权衍生出来的其他财产权构成的财产权系统的统称。而财产所有权是一种民事权利，“是指所有人依法对自己的财产享有占有、使用、收益和处分的权利”。[③] 从法律的观点看，一组完备的产权通常包括：（1）使用权，在法律允许的范围内自由使用资源的权利；（2）收益权，在不损害他人的条件下可以享受从占有资源中获得的各种收益；（3）让渡权，可以将占有权出售或转让给别人。

十六届三中全会通过了《中共中央关于完善社会主义市场经济体制若干问题的决定》，第六条指出：“产权是所有制的核心和主要内容，包括物权、债权、股权和知识产权等各类财产权。建立归属清晰、权责明确、保护严格、流转顺畅的现代产权制度，有利于维护公有财产权，巩固公有制经济的主体地位；有利于保护私有财产权，促进非公有制经济发展；有利于各类资本的流动和重组，推动混合所有制经济发展；有利于增强企业和公众创业创新的动力，形成良好的信用基础和市场秩序。这是完善基本经济制度的内在要求，是构建现代企业制度的重要基础。”对现代产权制度

① 强月新：《我国传媒市场运行机制研究》，武汉大学博士论文，2004年，第110页。

② 魏杰：《现代产权制度辨析》，首都经济贸易大学出版社2000年版，第7页。

③ 《民法通则》第71条。

的涵义给予了比较准确的表述。

在现代市场经济中，产权是一切市场经济主体进行资源组合和利用的基础，从市场经济运行的角度而言，产权不仅仅局限于所有权，产权的改革也不仅仅限于所有制的改造，它更多强调的是对市场主体应有权利的法律界定。合理的产权制度要求：产权责任明晰化、产权主体独立化、产权结构多元化、产权运作资本化、产权交易市场化。其中首要的是产权明晰。

产权明晰有两层含义：一是产权的归属关系清楚，即财产归谁所有、谁是资产的所有者或谁拥有财产的所有权；二是在财产所有权主体明确的前提下，产权实现过程中不同权利主体之间的责权利关系清楚。①

2. 明晰的产权是传媒成为市场主体的基石

市场经济体制必须以市场主体为基本要素。广义的市场主体是指进入市场参加商品或劳务交易活动，依法享有经济权利、承担经济义务的社会组织和个人，包括投资主体、经营主体和消费主体。狭义的市场主体，特指经营主体，即依法从事生产经营活动，以营利为目的的经济组织和个人。②

市场主体必须拥有独立的产权。市场交易的实质是权利的交换，要使价格机制运转起来，交易双方必须对所要交换的产品拥有明晰的产权。产权独立是市场主体获得独立地位的财产基础，也是平等的市场契约关系赖以存在的基础。市场经济的基本规律是价值规律，市场交换的基本原则是等价交换，市场主体在市场上只有拥有独立的产权，具有平等的权利和义务，才能实现主体间的交换行为。

如果产权模糊不清，则市场交易达成的可能性就会降低，或者所需的交易费用将非常高，乃至高到使交易的进行不再达到有利的程度，这势必阻碍资源的合理流动，市场配置资源的功能也无法正常发挥。构建有效的产权制度是传媒市场正常运行的客观要求。有效的产权制度不仅决定市场机制得以发挥作用，而且是节约市场交易费用的根本途径，并且对于市场经济秩序的确立至关重要。③

明晰传媒产权即明确传媒应该拥有的财产使用权和支配权，实现所有

① 魏杰：《现代产权制度辨析》，首都经济贸易大学出版社2000年版，第7页。

② 沈秀英、陈茂同、胡伟主编：《经济法概论》，武汉理工大学出版社2004年版，第59页。

③ 常永新：《传媒集团公司治理》，中国传媒大学出版社2006年版，第72页。

权和经营权的适当分离，通过出资者所有权和企业法人财产权的清晰界定，增强国有产权代表的职责，强化产权约束，并在此基础上，划清国家与企业在利益分配和决策上的权益，从而充分发挥产权的各项功能，促进传媒行为的合理化。否则，传媒还是政府行政机构的附属物，没有法人财产权，不能成为自主经营、自负盈亏的市场主体。明晰的产权有助于人们在交易时形成合理的预期，使公平、自由的市场交易成为可能，并可以提高资源配置的效率。

3. 市场主体必须构建完善的法人治理结构

长期以来，由于我国传媒业产权主体缺位，造成产权虚置，尽管传媒的产权主体是国家，但由于没有具体的部门管理传媒的国有资产，传媒的产权实际处于虚置状态，使得传媒难以在市场经济中发展壮大。因此，传媒改革首先是产权改革，产权改革首先是明晰传媒产权。

只有产权归属清晰，才能形成有一个明确的资产所有者的企业法人财产权，从而使企业成为享有民事权利、承担民事责任的法人实体，企业也才能以其全部财产，依法自主经营、自负盈亏，对出资者承担资产保值增值的责任。而产权的顺畅流转，不仅有利于企业依据自身实际和市场需要灵活开展资本运营，提高企业效益，而且有利于推进不同性质资本之间的收购、兼并、相互参股，实现投资主体多元化，形成良好的企业财产组织形式和规范的法人治理结构，真正建立起适应市场经济要求的管理体制和运行机制。

我们也不能简单地认为只要产权明晰，就具备了市场主体的资格，传媒明晰产权，转制成企业只是具备了成为市场主体的必要条件，是否能成为市场主体还要看以后的改革，即能否建立和完善传媒治理结构。现代企业需要制度化、规范化的治理结构，否则企业就不可能形成有序而高效的日常管理、明确而执著的目标追求和科学而系统的长远筹划。现代法人企业通过规范内部组织制度，使企业的权力机构、监督机构、决策和执行机构之间相互独立、权责明确，形成合作与制约关系，从而既保证了出资者、经营者、生产者的积极性，又使其行为受到规范和约束。①

因此，市场主体必须构建完善的治理结构，符合现代企业制度要求的治理结构既要充分保障主体对各项权利的行使，又要对权利的行使进行必

① 史忠健：《国有企业治理结构》，北京大学出版社2002年版，第28页。

要的监督约束，从而形成决策权、执行权和监督权之间的制衡。

只有完善的治理结构，才能有效地解决传媒的委托—代理问题，才能规范所有者与经营者的权力和职责，对传媒资源进行合理配置，对传媒人才进行有效开发和激励，从而形成科学的决策机制、制衡机制、激励机制。

## 二、以明晰产权为先：建立传媒现代产权制度

现代产权制度具有明晰的产权关系，它以法人财产为基础，以出资者原始所有权、法人产权和经营权相互分离为特征，并以股东会、董事会、执行机构作为法人治理结构来确定所有者、法人、经营者和职工之间的权力、责任和利益关系。①

我国现有的传媒产权制度总体来说是不完善的，主要体现在：一是产权归属不清，国家资产主要通过管理者行使所有权，并且出资人由多个部门承担，使得管资产与管人、管事等环节相脱节，各个部门只有权力和利益，没有责任与风险，更没有人或机构对国有资产真正负责；二是产权主体过于单一，传媒主要依靠国家财政投入，社会资本对传媒的投融资缺乏；三是产权制度构建不完全，传媒过多地受制于行政干预。当前，就是要建立以明晰产权为突破口的现代传媒产权制度。

首先，要实现资本所有权和企业经营权的分离，国有资本出资人机构受政府委托，作为股东行使出资人权利，履行出资人职责，传媒转制后应实行国有资产授权经营，明晰传媒产权，使传媒拥有法人财产权，出资人机构不得越权干预传媒的经营业务，传媒面向市场，自负盈亏，成为独立的市场主体。

其次，要实现国有资产的管理机构和行政管理部门职能分开，使行使公共权力的部门不再承担出资人职责，行政管理部门不能过度干预国有资产的管理，国有资本出资人机构集中统一行使国家所有权。

第三，要实现针对不同类型的传媒国有资产进行分类管理。传媒国有资产分布在事业单位、国有独资公司、股份制公司、上市公司等多种类型的法人实体中，必须结合文化体制改革的需要，对不同的法人实体实行不

---

① 卢娟：《构建产权制度：我国文化体制改革的再选择》，中央文化管理干部学院文化发展研究所，《文化发展论坛2005年度文集》，文化艺术出版社2006年版，第83页。

同的管理办法，让不同的国有资产发挥不同的作用，以提高国有资产的利用效率。

第四，要建立对国有传媒资产的监管机制。一方面国有资本出资人机构要建立一套对国有传媒资本的监管机制，实现国有资产的保值增值目标，把产权责任落到实处；另一方面要建立一套政府和社会对国有传媒资本的监督机制。[①]

① 王晓刚：《文化体制改革研究》，中央党校博士论文，2007年，第99页。

# 第四章　传媒治理模式的制度变迁及治理缺陷

## ——传媒治理的制度分析

制度经济学认为，制度首先是制度环境，即“一系列用来确定生产、交换与分配基础的政治制度与法律规则”，制度本身能够对体制产生结构性影响，各种利益主体通过制度性活动最终改变了原有的制度，这个制度的“投入—产出”过程，称之为制度变迁。而制度创新则是创新者为获得追加利益而对现行制度进行的变革，它是在既定的秩序和规范性行为准则下，制度供给主体为解决制度供给不足，从而扩大制度供给以获取潜在收益的行为。①

在中国，传媒改革历来可以看作政治体制改革的一部分，是一场以人为设计和干预为主导的制度变迁和制度创新的过程，不是伴随传媒发展应运而生的自发演变。中国传媒制度变迁在总体上是由国家作为制度主体进行制度选择和制度变革，国家扮演着制度决定者的角色，是制度供给的主要来源。在这种情况下，传媒必将遵循路径依赖的规律，在政府的主导下进行渐进式的制度变迁，研究中国传媒治理必须首先分析中国传媒赖以生存的制度环境，在制度环境的约束下，中国传媒治理呈现其独特的变迁形式。为此，借鉴制度经济学理论，总结梳理改革开放以来我国传媒改革在转型期制度变迁的历史轨迹与发展前景，对于正确把握传媒治理改革的总体方向及理解传媒治理的制度变迁十分必要。

① R. H. 科斯、A. A. 阿尔钦：《财产权利与制度变迁——产权学派与新制度学派译文集》，上海三联书店 1994 年版，第 275 ~320 页。

# 第一节　转型期中国传媒体制改革的制度变迁

## ——传媒制度环境分析①

改革开放以来，中国处于计划经济向市场经济转轨的转型期，传媒管理机构迫于经济压力在强化政治控制的同时，以最大限度的宽容为传媒改革提供有限空间，传媒从党的舆论工具、政府的宣传部门转型为党营准信息产业，并向文化产业过渡，转型意味着一切制度处于变化之中，一切都有存在的合理性，一切都未获得最终的合法性，不合法的行为能够以制度的形式合法化，合法的制度也会以不合法的方式进行。在这种情形下，处于转型期的传媒既要服从市场规律，又要服从官方意志，政府控制与市场动力之间的博弈导致了传媒转型期制度变迁的失衡，构成了传媒独特的制度环境。

## 一、制度变迁推进次序：宪政框架内的阶段式变迁

在制度变迁理论中，"路径依赖"是相当重要的概念，即一个国家一旦选择了某种制度，无论这种制度是好是坏，就会沿着这一制度走下去，产生对该制度的路径依赖，除非有重要的外生变量影响或有突发性重大事件发生。纵观20多年来我国传媒改革，具有较强的"路径依赖"性，都是在传媒特有的宪政框架内进行。

在中国，传媒历来是党的喉舌和工具，中国的基本宪政框架决定了中国的传媒是特殊的行业，这个行业有着特殊的权力，它们是"国家行政部门赋予的权力"。② 中国的传媒制度更是独特的媒介制度，即"一元体制，二元运作"。一元体制就是指媒介为国家所有，我国传媒业单位是事业单位，所谓事业单位最重要的特征就是置于国家机关直接领导之下；二元运作就是既要承担事业单位的义务，又要像企业那样进行市场运作。"这种

---

① 周劲：《转型期中国传媒制度变迁的经济学分析》，载《现代传播》2005年第1期，大人复印资料《新闻与传播》2005年第5期转载。

② 新闻出版署《关于严格禁止买卖书号、刊号、版号等若干问题的规定》。

体制下的媒介既要完成现行政治结构所要求完成的意识形态宣传任务，又要通过广告等市场经营收入支撑媒介的再生产。简言之，用国家所有制赋予的政治优势在市场上获取经济收入，又用市场上赚取的经济收入完成意识形态领域需要完成的政治任务。”① 这就是我国传媒所特有的宪政框架。

以报业改革为例，从制度变迁的主体、内容、方式、受益者四个关键因素的角度考察，我国传媒制度呈现阶段式变迁的特征，大致可分为四个阶段，四个阶段的划分尽管是以时间为顺序，但时间的界线并不明确，主要是根据传媒改革制度变迁的主要内容和主体在该阶段发挥的主要作用而定，各阶段的变迁有相当的重叠和延伸，这也反映出我国传媒在“政治—市场”的双重制约和激励下变迁路径的反复和曲折。

第一阶段：政府主导、以经营分配环节为突破口的“财政成本拉动型”的企业化改革。

开始于1978年，《人民日报》等中央级报刊联合要求实行“事业单位，企业化管理”，接着，解放日报刊登广告，洛阳日报自办发行，“靠吃皇粮”的报社踏上了“自主经营、自负盈亏、自我积累、自我发展”的企业化之路。这种报业经营体制的变迁是在外部环境的市场化压力下，政府财政负担加重而引发的。学者屠忠俊指出：就媒体的经营管理体制而言，中国的媒体正在从“接受国家机关领导，以国家预算拨款为活动资金来源，不进行成本核算，不上缴利润和税金”的事业化管理转向“在生产经营活动中，有收入抵偿支出，实现尽可能大的利润，从而得以向国家缴纳税金”的企业化管理。

第二阶段：由下而上、以新闻采编环节为突破口的“经济效益推动型”的市场化改革。

开始于20世纪80年代末，由于报业市场竞争的激烈，报纸要将读者的注意力销售给广告商，必须要有吸引读者眼球的当家产品，提高报纸质量成为当务之急，报业经营名正言顺地回归主题——新闻采编服务于经营分配，即通过提高报纸的可读性来增强报社的核心竞争力，以争夺庞大的市场利润。这一阶段报社从以传者为中心过渡到以受者为中心，引发了中国传播业的第一次“平民化革命”。这一阶段先由传媒主导，再由政府规范，九十年代晚报、都市报的成功，就是经营分配制度和新闻采编制度相

① 胡正荣：《媒介寻租、产业整合与媒介资本化过程》，载《媒介研究——媒介公共政策与制度创新》2004年第1期。

互促进、共同革新的结果，这种革新乃至促进了中国现代报业雏形的形成。党委机关报一统天下的报业旧格局不复存在，取而代之的是以面向受众为第一出发点，以传播信息为报纸本质的多元化报业新体系。

第三阶段：创新集团推动、以产业组织环节为突破口的“行政力量控制型”的产业化改革。

开始于90年代中后期，以调整报业结构、组建报业集团为主要方式，由于党委机关报兼办子报，为其带来丰厚的广告收入，在预期制度变迁带来的外在利润大于预期成本后，这些党委机关报积极谋划组建报业集团，开始自觉面对市场竞争，以集团公司的形式在市场中寻找更好的位置。学者张裕亮指出：“组建报业集团，不仅报社自身具备强烈诱因，作为报社所有者的国家在评估其外在利润远高于预期成本后，同样乐见其成，扮演了创新集团的角色。在此种上下共谋的情形下，报业集团组建过程极为快速”。与此同时，报业结构调整成为报业管理改革的重中之重，学者喻国明指出：党和政府一直在就如何掌控日益膨胀的传媒业进行着努力，“治散”、“治滥”的关键是要解决“尾大不掉”的问题。而以传媒集团为“龙头”统辖规模较小的众多传媒，则是以“分级管理”的方式解决“守土有责”问题的基本选择。这是在行政力量的控制下进行的传媒产业化和集约化。

第四阶段：上下合谋、以培育市场主体为突破口的“政治与资本合作型”的资本化改革。

2003年12月31日，国务院颁发了《文化体制改革试点中支持文化产业发展的规定》和《文化体制改革试点中经营性文化事业单位转制为企业的规定》两个重要文件，意味着我国传媒体制改革已经过渡到“培育新型市场主体、完善投融资体制”的核心发展阶段，接着，国务院及各部委相继推出了《外商投资图书、报纸、期刊分销企业管理办法》、《关于促进广播影视产业发展的意见》、《电影企业经营资格准入暂行规定》、《中外合资、合作广播电视节目制作经营企业管理暂行规定》等一系列规定，主题均是放松资本准入。这一阶段的改革改变了我国传媒产业投资主体单一的现状，推动传媒产业的资产结构由一元化向多元化转变，使我国传媒产业逐步形成以市场为主导，产权明晰、产业完整、产业结构合理、国有为主、多种经济成分共同发展的产业格局。它不同于以往任何蜻蜓点水式的变革，而是一场真正的改革，渐渐逼近了传统媒介体制的坚硬核心。尤其是当前推进的文化体制改革，实行政企分开、政事分开、管办分开，转变政府职能，首先在宏观层面建立了一个开放、统一、公正、有效的市场规则，变行政管理为市场管理；其次明晰传媒产权，培育传媒真正成为自主经营、自负盈亏的市场主体，在微观层面激活传媒活力，走公司化之路，健全传媒的法人治理结构。

在新型市场主体确立之后，作为市场要素的资本就能按市场经济的要求实现生产要素的流动，由法律规范的传媒投融资体制将解决传媒的资本之渴，预示着我国传媒改革正在实现涅槃。转制将是中国报业乃至整个中国传媒业最深刻的一场体制变革，不仅将激活国有文化事业单位大量的存量文化资源潜力，还将激发目前市场中大量存在的民营文化产业的增量实力，从而极大地推动我国文化产业的跨越式发展。① 第四阶段的改革是一个以培育市场主体为根本特征的重新制度化过程，这是政治力量与资本力量的博弈、政府管理机构与传媒的博弈、传媒利益集团与其他利益集团的博弈，政治力量欲借助资本力量继续进行资本化后的政治控制，加强其政治统治的合法性；资本力量也欲成为传媒重组的主要力量，借助政治力量的保护获得更加丰厚的资本回报，这是政治与资本的首次合作。

## 二、制度变迁模式选择："供给主导型"的渐进式改革

中国改革历来走的是渐进式改革之路，按制度经济学理论，渐进式制度变迁是一种演进式的分步走制度变迁方式，具有在时间、速度和次序选择上的渐进特征。这与俄罗斯的激进式改革不同。俄罗斯的激进式改革又叫"休克疗法"，走的是快节奏整体改革道路，试图毕其功于一役。实践证明这一改革思路表面上看似乎成本较低，其实后遗症很大。中国的改革显然并不希望引起社会的大动荡，在整体稳定的前提下，注重改革的时机和策略。改革选择从边缘突破，从那些容易做、最容易见成效的事情下手。

传媒改革也是这样，由于传媒的特殊地位，为了维护传媒和社会的稳定，转型期的中国传媒改革采取的是一种在维护传媒既得利益的前提下进行妥协式、过渡式的供给主导型制度变迁，"供给主导型制度变迁是在一定的宪法秩序和行为的伦理道德规范下，权力中心提供新的制度安排的能

① 谢耘耕：《文化投融资体制改革的两个突破》，载《新闻记者》2004 年第 2 期。

力和意愿是决定制度变迁的主导因素，而这种能力和意愿主要决定于一个社会的各既得利益集团的权力结构或力量的对比。”①

学者杨瑞龙提出的“供给主导型制度变迁方式”渐进式改革，指出这种改革的特征一是增量改革，二是试验推广，三是非激进改革。②

“增量改革”是在原有体制基本不动的前提下，靠对新增资源、新开辟领域实行全新方式的运作，靠增值达到改革的目的。纵观20多年来的传媒改革，我们可以看到它始终是增量改革，从企业化、市场化到产业化、资本化，都是着眼于在增量配置上引入市场机制。这种“增量改革”的特征还体现在较长的时间内新旧体制的双轨并存，这样既可利用旧制度提供的保护和便利，又可使新制度提供的许诺得以实施。以报业的人事制度改革为例，相当多的报社在推行全员聘用制时，都不约而同的实行了“老人老办法、新人新办法”，老员工是事业编制，而新招聘的员工则实行人事代理制。采用保证既得利益、调节增量的边际调整手段，在确保效率的前提下使传媒健康协调发展，符合我国渐进式改革的总体要求。

可以说，近年来我国传媒改革的成功很大程度上应归功于“增量”改革。但是，把改革重心放在“增量”扩张方面，并不意味着“存量”改革可以无止境地拖延下去。从“边缘”突破、“增量”改革入手，完全是一种策略考虑，并不是只求“增量”扩张，不求“存量”突破，只发展“新区”，把“老城”建设置之一边。事实上，只要时机成熟，“存量”改革必然要动。比如正在进行的文化体制改革就把改革的着重点放在了“存量”上。

我们还可以看到，传媒改革总是先在创新集团中试行，然后由国家进行试验推广，这种“试验推广”的局部性改革方式在某种程度上降低了改革风险，保证了整个改革过程的可控制性和稳健性，但也有局限性，尤其在“经验推广”阶段，由于政府过多地关注改革成功的传媒，一旦以行政力量强制大多数传媒按照同样的方式进行改革时，对那些不具备创新条件的传媒来说，旧的利益矛盾未解决，又增添了新矛盾，反而加大了转轨的成本和难度，最终也会影响政策的权威性。

渐进式改革是非激进式，改革尽量采取成本最小的方式，使各个利益主体的福利水平不降低（至少是相当时期内不变）。我们可以看到，传媒

① 卢现祥：《新制度经济学》，武汉大学出版社2004年版，第159页。

② 杨瑞龙、杨其静：《阶梯式的渐进制度变迁模式》，载《经济研究》2000年第1期。

的改革存在着三个利益主体：一是以上级主管部门为代表的政府，二是传媒单位的领导者，三是大量“经济人”类型的普通职工。在这三个利益主体中寻找成本最小的改革路径，让三者都满意，是改革者的主要制度变迁思路。

要让党委政府满意，改革成本最小的路径是在维持旧有的行政控制下，又不必向传媒投入资金，让传媒实现自给自足，并发展壮大。因而中国传媒制度改革是将传媒限制在行政体制内，允许传媒利用所掌握的公共物品进行创收。

对传媒单位的领导者而言，成本最小的路径是在维持公共机构运转的前提下，完成党的宣传任务和实现利润最大化。政府在改革中为传媒提供了税收上的优惠，党报在订阅上还能得到公费的支持，而市场的专营权则让传媒面临的竞争远远低于非传媒行业，这些优势都可以转化为现实的经济利益。在20多年的传媒改革中，政府没有取消传媒的这些优势，传媒反而争取到更大的利益空间，符合传媒领导者的利益。

职工初始处于被动地位，对于他们而言，改革成本最小的路径是在维持和扩大原有经济收入和地位的基础上容纳新的机制，从改革的实践看，只要全身心投入到工作中，职工的收入和地位在逐步提高，据有关调查，传媒工作者在各行业中属于高收入阶层，他们往往也成为改革的推动者。

在传媒制度变迁的四个阶段中，中国传媒始终强调党的领导，强调国家行政指导的必要性，这种方针使传媒发展得到国家强有力的政治保护和稳定的经济收入，从内部持续供给的正激励机制角度看，是供给主导型的标准案例。我们也应当看到，供给主导型改革最终成功还必须取决于存量改革——深化政治体制改革，实现产权明晰化目标，使政治秩序有利于形成有效率的生产结构，从而实现制度变迁方式和体制模式的双重转换。①因而第四阶段改革要取得成功，还要进一步走向深入。

## 三、制度变迁主体选择：诱致性变迁和强制性变迁相结合

制度经济学认为，制度行为包含着制度选择和制度变革两种行为，当个人或集团作为行为主体采取制度行为进行制度选择和制度变革时，就成

---

① 杨晓民、周翼虎：《中国单位制度》，中国经济出版社1999年版，第325页。

为“制度行为主体”，简称为“制度主体”。新制度经济学根据制度变迁中制度主体的差异将制度变迁分为“诱致性制度变迁”和“强制性制度变迁”，其中以“初级行为团体”自发行动为特征的制度变迁称为“诱致性制度变迁”，而以国家的自觉行动和强制性推进为特征的制度变迁称为“强制性制度变迁”。[①] 前者主要以经济上的成本收益比较为其制度选择和制度变革的出发点，并以超过制度变迁成本的最大收益为目标函数，而后者既考虑经济收益（即产出最大化），又考虑非经济收益（统治者的最大稳定和政党利益的最大化等，制度经济学中将此称为“政府的租金最大化”），强制性制度变迁中，只有当产出最大化与租金最大化的综合收益大于成本的时候，制度变迁才会发生。[②]

中国传媒改革的制度变迁在总体上是由国家作为制度主体进行制度选择和制度变革，国家在制度变迁的路径选择、制度变迁推进的次序与时机的权衡中起到决定性作用，扮演着“制度决定者”的角色，是制度供给的主要来源。但是中国传媒制度变迁又表现出相当的诱致性特征，呈现出强制性制度变迁和诱致性制度变迁相互渗透的现象。[③] 在传媒制度改革之初，我国选择的是“自上而下”的供给主导型制度变迁方式，权力中心凭借行政命令与利益刺激，在一个金字塔形行政系统内自上而下地规划、组织与实施制度变迁，其目的是通过制度创新使新制度安排的收益大于成本。随着放权让利改革的深入，传媒拥有了一定的经营自主权，能够通过生产经营活动参与国民收入的形成和分配，利益独立化的微观主体地位初步形成，他们有较强的利益动机和行为，一旦认识到新制度安排具有潜在收益时，就会利用下放的权力实施制度创新，又形成了“自下而上”的诱致性制度变迁，构成了中国传媒体制转轨的一个重要特色。

考察我国传媒改革20多年的制度变迁，创新集团[④]起到功不可没的作用，如果在原有制度安排下出现了不能获取的外在利润的情况，现有制度中的某些个人或集团就会自发地考虑进行制度变迁，用新的制度安排代替

---

① 张曙光：《论制度均衡和制度变革》，载《经济研究》1992年第6期。

② R. H. 科斯、A. A. 阿尔钦等：《财产权利与制度变迁——产权学派与新制度学派译文集》，上海三联书店1991年版，第371~403页。

③ 王曙光：《转轨经济的路径选择：渐进式变迁与激进主义》，经济学家网站，www. jjxj. com. cn.

④ 程虹、窦梅：《制度变迁阶段的周期理论》，载《武汉大学学报》（第240期）1999年第1期。

现有制度安排，以获得外在利润。以报业为例，从 1978 年《人民日报》等中央级报刊主动打报告要求实行“事业单位、企业化管理”开始，到后来的恢复广告、自办发行、增张扩版、创办、组建报业集团，以至于吸收业外资本等，都有创新集团自发性带头突破现有制度。例如，解放日报在 1979 年率先刊登文革后大陆第一则广告；洛阳日报在 1985 年率先走上自办发行道路；广州日报于 1987 年首先扩版并于 1996 年获准组建了第一个报业集团；1999 年第一支媒体股“电广实业”上市；以《新京报》为试点的传媒集团跨区域合作办报；及至文化体制改革，同样采取了创新集团探索突破的形式。因此，有学者说“推动我国 20 年新闻改革进程的始终是新闻界自身的实践。”①

传媒创新集团在担负风险的情况下采取了制度变革，其他传媒则在有利可图下纷纷跟进。这是一种由个人或一群人，在响应获利机会时自发倡导、组织和实行，是一种诱致性的制度变迁。然而，“诱致性的制度变迁必须由某种在原有制度安排下无法得到的获利机会引起。在自发的制度安排、尤其是正式的制度安排变迁中，往往也需要用政府的行动来促进变迁过程。”② 而国家在评估创新集团采行的制度变革对其带来的收益大于所需成本后，则加以同意、承认甚至鼓励。创新集团采取的每项制度变革，事实上都是在获得国家的同意后，从而取得重大的进展。③

对这种“诱致性变革和强制性变革相结合”的中国传媒制度的变迁特色，学者潘忠党称之为“上下合谋”。这种创新得到了各个利益主体的推动，尽管改革对传媒与政府之间的利益格局作了适度的调整，但总体而言是皆大欢喜。

## 四、制度变迁路径选择：依照成本高低进行的连续边际调整

新制度经济学认为，制度变迁是一个渐进性的连续的演变过程，是通过制度在边际上的不断调整而实现的。“这种制度的变迁首先发生在旧有

① 童浩麟、秦傅：《新闻改革：实践与实际》，载《新闻战线》1998 年第 11 期。

② 林毅夫：《关于制度变迁的经济学理论：诱致性变迁与强制性变迁》，《财产权利与制度变迁》，上海三联书店 1996 年版。

③ 张裕亮：《大陆报业经营制度改革——制度变迁理论的观点》，《中国大陆研究》第 45 卷第 6 期。

体制危机最严重、机会成本最低和收益最高的场合，因为旧有体制的危机使得这种场合的交易很容易达成，重新签约的交易成本较低。”[①] 纵观传媒四个阶段的改革，完全是遵循“成本最小化”的原则，按旧体制中各个制度层面危机的高低，逐步递进改革。而且，边际性调整使每一次改革的深度都会达到而且也仅仅达到边际收益等于边际成本的那一点。[②]

第一阶段的经营分配制度改革发生在传媒改革初期，此时的传媒存在着劳动力市场缺位、资金不足等问题，强大的资金是一切改革的根本保证，它能有效地调整各个利益集团的关系，没有丰厚的收入，很难在旧体制内产生新的制度变迁。以往“财政补贴、公费订阅”的经济核算方式，使得报纸的供给者和需求者都是政府自身，这实际上取消了报纸的名义价格，而缺乏价格，就无从反映稀缺性，也就根本不可能评估不同报纸生产的成本和收益。[③] 巨大的财政补贴、沉重的财政压力是第一阶段改革中危机最重的制度层面，“把传媒推向市场，走产业化道路是摆脱困境的唯一选择，因为，对传媒而言，有一个巨大的不需什么额外投入就能获得丰厚利润的广告市场。”“一方面政府不堪财政重负，把传媒推向市场，另一方面是传媒怀抱金山而不能开掘，就自己想走向市场，这个时候，解决矛盾的办法就十分明了——改革：把传媒从经营上推向市场。”[④] 于是政府自然出台了企业化管理的自收自支、财政包干的财务政策，这种政策可以随时收回，具有极大的灵活性，政府不会损失什么，是一种成本最小的制度供给，理应首先采取。

随着第一阶段制度创新效用的逐渐显现，一些报社拥有了资源控制权和配置权，具备了制度创新能力，他们通过对国家所有的存量资本的运用，获得增量收益（主要是广告收入），但此时以传者为中心的旧体制束缚了传媒的发展，成为旧体制中危机最重的层面，导致了传媒“重新签约”的努力。换言之，报社具有了独立的利益目标和行为能力，便利用下放的有限控制权和决策权捕捉潜在的制度收益，自然产生了第二阶段的制度供给。

---

① 王跃生：《不同改革方式下的改革成本与收益的再讨论》，载《经济研究》1997 年第 3 期。

② 张裕亮：《大陆报业经营制度改革——制度变迁理论的观点》，载《中国大陆研究》第 45 卷第 6 期。

③ 陈戈、储小平：《现代中国报业制度变迁的一个理论解说》，汕头大学硕士论文，2002 年。

④ 孙旭培：《中国新闻改革》，人民出版社 2004 年版，第 51 页。

第二阶段的市场化改革促使传媒进一步扩大经营规模，实现产业多元化，自然催生了第三阶段的改革。按照经济学原理，高度分散的市场资源在市场竞争中受到利益的驱使，最终会走向规模经济的集约化发展道路，这种集约化表现为传媒的集团化整合。但是，中国传媒集团的组建是国家的政策使它们走到了一起，俗称“拉郎配”，这种“拉郎配”表现出强烈的计划配置特色。“与西方传媒集团的组建主要是由会计师、律师、审计师运作大不相同，中国传媒集团是政府全权运作，连资产评估、债权转移等极为重要的问题都忽略而过，考虑的重点通常是权利的再分配和利益的重组，而不是资产和其他资源的重组。”① 加大了集团经营整合的难度，提升了整合成本，却难以产生整合效益，造成这一阶段的改革在传媒制度各层面中创新成本最高。

以2003年的报刊治理整顿为例，全国纳入这次治理的党政部门报刊共有1452种，其中停办的有677种，划转的有302种，实行管办分离的有310种，改为免费赠阅的94种。改革牵动了几万报人的切身利益，这次改革取消了行业报和县级报纸，将我国传统的四级办报模式转变为三级办报，推出了报刊淘汰机制，提出了“管办分离”的报刊体制新思路，而禁止摊派发行和报刊划转，更是让权力退出报刊市场，加快了报刊产业化的进程。传媒产业和高科技产业一样，都属于大投入、高产出的产业，需要资本市场的巨额投入和专业化的经营管理，因此传媒业与资本的“联姻”催生了第四阶段的改革，这一改革是我国传媒制度的涅槃，逼近了传统媒介体制的坚硬核心，难度最大，因而成为传媒制度改革后期的攻坚战。

此外，中国传媒市场的封闭性以及来自非市场因素的影响，也使边际调整成为唯一可行的制度创新方式。这种制度创新并没有剥夺利益集团的既得利益，只是通过双轨制运行逐步改变了部分传媒既得利益的实现方式；这种制度创新是一个实验的过程，同时也是一个走走停停的学习过程。②“边际调整使媒体的制度改革进退有据，不致全军覆没。而制度变迁的报酬递增的特性又使得媒体的制度创新呈现出一浪接一浪的连绵之势。”③

---

① 陶鹤山：《中国传媒集团化中的政府行为分析》，郑保卫主编：《论媒介经济与媒介集团化发展》，中国人民大学出版社2003年版，第255～256页。

② 张维迎、易纲：《中国渐进式改革的历史视角》，转引自景维民主编：《从计划到市场的过渡》，南开大学出版社2003年版，第47～49页。

③ 陈怀林：《试析中国媒体制度的渐进改革》，载《新闻学研究》第62期。

从传媒制度环境的分析，我们可以看出，传媒治理改革必将在传媒现有的宪政框架内依照治理改革成本的高低进行连续的边际调整，将遵循路径依赖规律，实行诱致性变迁和强制性变迁相结合的供给主导型的渐进式改革，从而从宏观上确定了传媒治理改革应遵循的原则，传媒治理改革只有顺应传媒制度变迁的规律，才能选择出制度成本最低的改革方案。在制度环境的约束下，传媒治理改革呈现其独特的规律，制度环境分析为我们理解传媒治理模式的变迁提供了理论依据。

## 第二节　传媒治理模式的制度变迁

### 一、计划经济时期传媒行政型治理模式

新中国成立后到20世纪70年代末，社会结构十分单一，国家政权威力无处不在，各级社会组织高度政治化。从中央到地方，从单位到个人，无不处在国家政权的控制之下。各种社会资源被牢固地控制在国家政权手中，政治、经济及文化资源全在国家掌控之下。新闻媒体作为意识形态机器的组成部分，理所当然地被紧紧地控制在国家政权手中。媒体作为党和国家的“喉舌”，其政治宣传功能被强调到无以复加的地步。这一时期的媒体几乎是清一色的宣传性媒体。媒体是行政机关来定位的，意识形态属性君临一切，媒体的其他功能，如信息传播、文化娱乐严重萎缩。在超强的政治宣传功能面前，媒体功能结构单一。[1]

在这一时期，传媒的治理模式非常单一，即单纯行政型治理模式，传媒的运转资金由财政拨给，报纸由政府下文件发行，没有广告发行，传媒只是单一地执行党的宣传指令。作为被动接受政府指令的行政附属物，即党和政府的喉舌，处于党和政府从宏观到微观的严密控制下，传媒领导由上级任命，人财物由党政部门分配并提供保障。政府对传媒实行严格的行政控制，不是因为“市场失效”，而是源自意识形态的需要，国家只有充分控制传媒的剩余，不给传媒较多的自主权，才能实现传媒所承担的政治

① 张涛甫：《当代社会转型与中国传媒业改革》，载《复旦学报》（社会科学版）2005年第4期。

功能。即政府完全控制传媒的剩余索取权和控制权，传媒成为行政机构的附属物。“带有军事共产主义色彩的一元多层的刚性控制，是我国现行新闻体制的基本特征”①。

因此，计划经济时期传媒的治理结构是政府科层制结构，治理制度是典型的行政层级制，治理中枢是超强的政治控制。其特点是以国家行政机构为逻辑起点和归属，由行政机构和行政机制构成，具有高度政治化的色彩，形成命令—服从式的单向关系。

命令—服从式的行政控制格局把政府的外部行政权力从外部带到了传媒内部，造成行政权力代替了财产权利，权力关系代替了权利关系，权力代替了契约，传媒充斥了不平等的行政控制和官场色彩，产生传媒高昂的治理成本。传媒的内部治理体系则通过行政型管理来维系，内部治理模式是机关式的模式，几乎没有分权和制衡机制，造成传媒内部人控制与行政外部人控制并存的局面。

## 二、改革开放至九十年代中期传媒半行政型治理模式

改革开放后，传媒实行“事业单位、企业化管理”，采取的是政府单边主导的半行政化治理结构，治理模式属于半行政型治理模式，它最大的特点就是政事不分，政企不分。

在这一时期，党委会或编委会是传媒的决策机构，党委书记通常兼任总编辑，是传媒的事业法人代表，对传媒的采编、经营、管理负总责，具体则由各个副总编辑分管，传媒增设了广告部和发行部，中层干部仍由宣传部任命和管辖。

在这种半行政型治理模式中，国家作为国有资产的代表者，作为传媒的管理者，不仅拥有对传媒国有资产的所有权，同时还掌握着传媒的宣传控制权和国有资产的经营权。这种三权不分强化了政事不分，从而使政府作为传媒管理者的职能与国有资产所有者的职能并存，传媒管理的行政职能与传媒治理的经济职能合一，导致传媒治理的半行政化。（见图 4.1）②

改革开放后，虽然国家在经营和管理层面赋予传媒更多的权限，如经营的控制权很大程度下放至报社自身，报社实行“自主经营、自负盈亏”，

① 喻国明：《中国新闻业透视》，河南人民出版社 1993 年版，第 98 页。

② 李维安：《对计划经济制度下企业治理制度的考察》，《三田商学研究》（日本）1996 年第 39 卷 2 号。

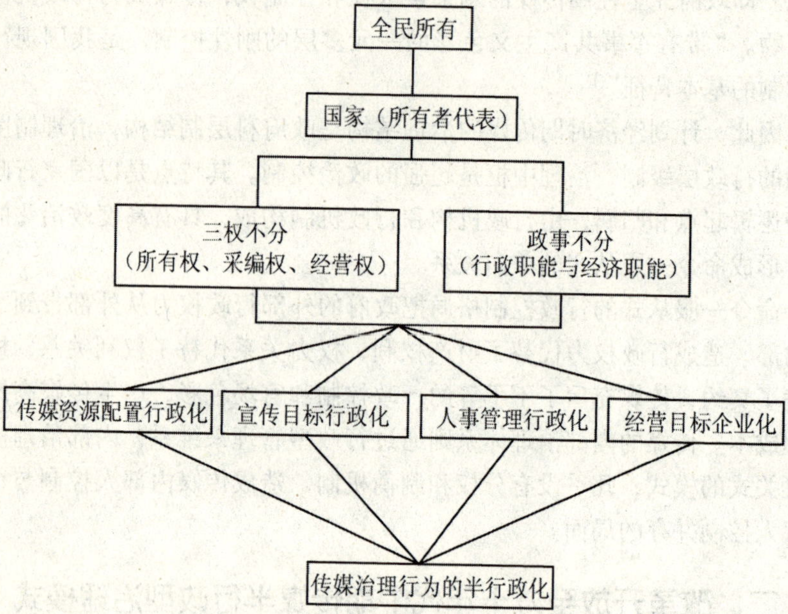


**图 4.1　传媒半行政型治理模式的治理特征**

报社的部分剩余控制权和剩余索取权也从政府转移给企业内部的经营者和员工。这类似于国有企业改革初级阶段的利润留存、扩大自主权等“放权让利”政策（“放权”是允许企业经营者根据市场信息自主决策，“让利”是允许企业成员占有企业的部分剩余）①。但这种改革并没有触及行政型治理模式的实质，没有触及传媒的产权制度、组织制度和管理制度。

## 三、集团化时期传媒事业型治理模式

90 年代中后期，中国传媒进入集团化、产业化发展阶段，不少传媒按照现代法人制度的要求设计了内部的组织机构。采用最多的治理结构和领导体制一是实行社长领导下的总编辑、总经理负责制，二是实行党委领导下的分工负责制，这两种模式均实行直线指挥系统与职能系统分离，采编系统与经营系统相互独立，被称为“一架马车，两只轮子”，从本质上讲，集团化时期传媒治理仍是典型的事业化治理模式。

① 陶志峰：《中国报业规制问题研究》，复旦大学出版社 2004 年版，第 102 页。

1. 社长领导下总编辑、总经理负责制的治理模式

社长领导下的总编辑、总经理负责制被很多省级报业集团所采用，集团最高领导层为社委会，社长是集团的法人代表，社委会是报社各项事务的最高决策机构和权力机关，社长负责集团的总体工作，全面领导和监督报社编辑部门、经营部门和行政后勤部门，社长既要办好党报党刊，又要确保国有资产保值增值。

总编辑和总经理在社长的领导下，分别负责集团中的采编系统和经营系统。总编辑负责召集编委会会议，具体组织实施编委会的决策，主持报社的日常采编事务，总经理负责集团的经营事务，使采编、经营两大业务能够相对独立协调发展。主报和子报子刊的编委会负责各自的采编工作，经营部门承担整个集团的广告、发行职责，集团职能部室承担相应的行政职责。

在采编系统内，集团往往打破原有的部门界限，建立新闻中心与专版中心两大机构，实现新闻资源共享。在这一模式中，集团一级决策层是社委会、二级决策层是编委会和经委会，监督层是集团纪委监察系统和职工代表大会，执行层是集团职能部门、各采编中心、经营部门的负责人。（见图4.2）

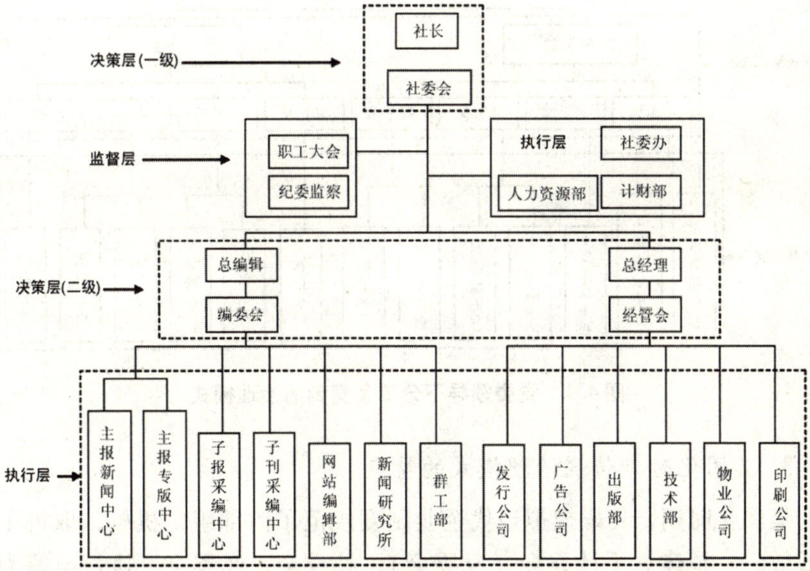


**图4.2　社长领导下总编辑、总经理负责制的治理模式**

2. 党委领导下分工负责制的治理模式

党委领导下的分工负责制是大部分地市级报业集团采取的组织领导模式，在这一模式下，党委是报业集团的最高决策机构和权力机关，党委成员由市委任命，在集团里，党委书记、社长、总编辑往往由一人兼任，负责集团的总体工作，副社长分管经营、副总编分管采编，副书记兼任纪委书记分管党务、人事和纪检、群团。

集团采编和经营分开，党报和子报分别成立各自的采编中心，各报的广告、发行等业务均成立相应的经营部门或公司来完成，集团办公室、政工部、财务部、监察室作为职能部门，承担整个集团相关行政职责。在这一模式中，党委会是一级决策层，编委会、经委会是二级决策层，纪委监察系统是监督层，各职能部门和各采编中心、经营部门等是执行层。（见图 4.3）

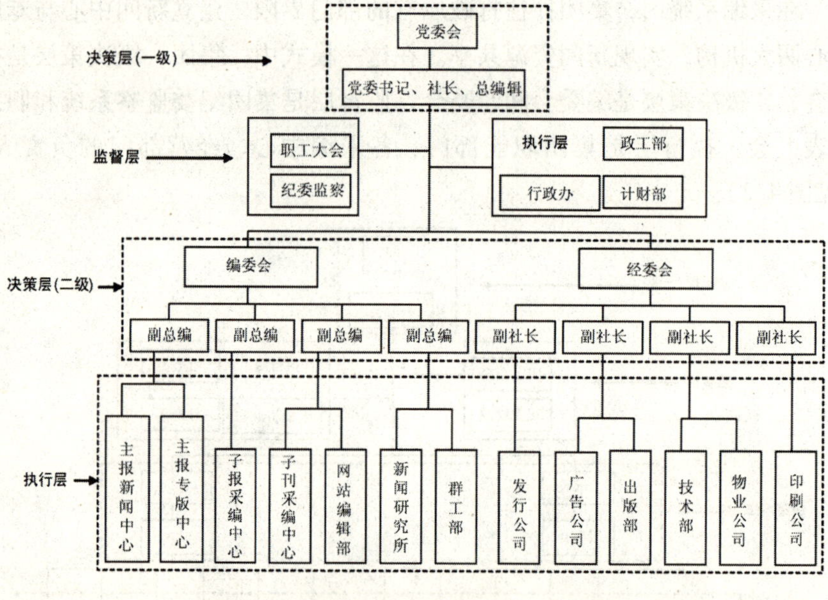


图 4.3　党委领导下分工负责制的治理模式

3. 集团化时期传媒治理模式的特点

集团化时期，传媒模拟现代企业制度规范了内部组织机构，取得了一定成效。一是建立了社委会（党委会）、编委会、经委会、执行层等为基本框架的组织结构，实行了决策层、执行层互相制约的治理模式。二是始终把党对报业集团的领导放在核心地位，切实保证报纸的舆论导向和社会效益。三是改变了以往重编采、轻经营的领导体制，将采编和经营进行了分离，实行采编、经营两条线的治理，有利于实现“政治家办报，企业家经营”的治理目标，保证了报业集团在坚持社会效益为主的前提下兼顾经济效益。

但是集团仍然充当着母报和子报的中介角色，它对母报的一个重大作用就在于调配子报的利润。这种制度设计使母报对子报在经济上的依赖性越来越强，是“子报走市场，机关报守阵地”思想的体现，实际上没有把机关报当作报业市场竞争的主体，而是通过集团化的形式使机关报以最小的代价获得最大的回报。报办集团不但无益于机关报的长远发展，也不利于子报子刊的导向把握和健康成长。对于子报子刊而言，集团往往只是被当作政治风险的挡箭牌。①

这一时期的传媒治理模式具有浓厚的行政事业特色，管理层级增加，代理成本、寻租成本和由此造成的效率损失成本也随之增加，传媒的监督机制极不健全。同时，在传媒产权制度没有进行根本性改革的前提下，这种集团化的传媒并没有市场主体地位，只是一个“翻牌公司”，搭建的传媒治理“外壳”只是徒有其表，其资本结构单一，市场高度垄断，仍为行政化治理，政府不仅拥有对传媒国有资产的所有权，同时还掌握着传媒的宣传控制权和国有资产的经营权。

**案例 4.1：哈尔滨日报报业集团公司治理模式的创新**

自 1995 开始，哈尔滨日报报业集团进行了一系列的综合配套改革，并取得了中国报业（经营管理）创新奖。1999 年哈尔滨日报报业集团成立，哈报集团是由母公司、子公司和参股公司组成，母公司是哈尔滨日报报业集团有限责任公司，是经市政府批准的国有独资公司，注册资本 2.63 亿元，全部由哈尔滨日报社投资，母公司经哈尔滨日报社授权，是授权范围内国有资产产权运营主体，依法享有法人财产权；子公司包括：报达集团有限公司、报达印务有限公司、报达东风广告公司、报达连锁店有限公司等。集团是以报业为主体的多种经营的经济联合体，以“政治家办报、企业化管理、市场化经营、社会化服务”为指导，健全

① 范以锦：《南方报业战略》，南方日报出版社 2005 年版，第 233～234 页。

了以权力机构、决策机构、监督机构、执行机构为基本框架的治理结构。

哈报集团的权力机构是市委市政府，市委政府委托宣传部门、市国资委对集团进行管理，对集团国有资产授权经营，集团党组作为市委派出机构，是报业集团的核心领导，党组成员全部进入社委会。哈报集团的决策机构分为：一级决策层是社委会，对新闻出版和经营管理的重大事项进行决策；二级决策层是编委会和经委会，分别决策协调、实施采编业务日常工作和经营管理一般业务；各实体为独立决策层。

在执行层上，实施了社长领导下的总编辑、总经理负责制：

一是社委会领导下的社长负责制。社委会是集团最高决策机构，相当于企业集团的董事会和事业单位的理事会，成员为集团党组成员和1至2名职工代表，社长是集团总裁。

二是社长领导下的总编辑、总经理负责制。社长统领全局，统一协调；总编辑领导编委会工作，总经理领导经委会工作，各司其职。采编业务由集团编委会决策、实施，其组成人员有总编辑、副总编辑、各子报总编辑、总编室主任等；经营管理业务由集团经管会决策、实施，其组成人员有总经理、副总经理、各经营实体、职能部门主要负责人。

监督机构主体包括：市委宣传部门负责舆论导向，国资委以派驻财务总监的方式进行国有资产管理，职工代表大会进行员工利益监督，纪委监察系统进行党风党纪及全面监督。（见图4.4）

## 四、传媒治理模式制度变迁的“政治”逻辑及绩效分析

### 1. 传媒治理模式制度变迁的“政治”逻辑及其困境

前文已经阐述，中国的政治体制决定了中国的传媒是特殊的行业，它不是单纯追求利润最大化的企业，而是一个具有意识形态性质的事业单位，具有经济组织与公共事业双重属性，其内生于赖以存在的政治环境和经济环境，受到事业单位产权模糊和行政控制的国家框架所左右，在特殊的约束条件下产生了传媒特殊的利益最大化选择。

鉴于传媒性质的定位，中国传媒治理长期以来遵循的是“政治控制至上”的逻辑，简称“政治”逻辑，在这种逻辑下，政府处于绝对的先动优

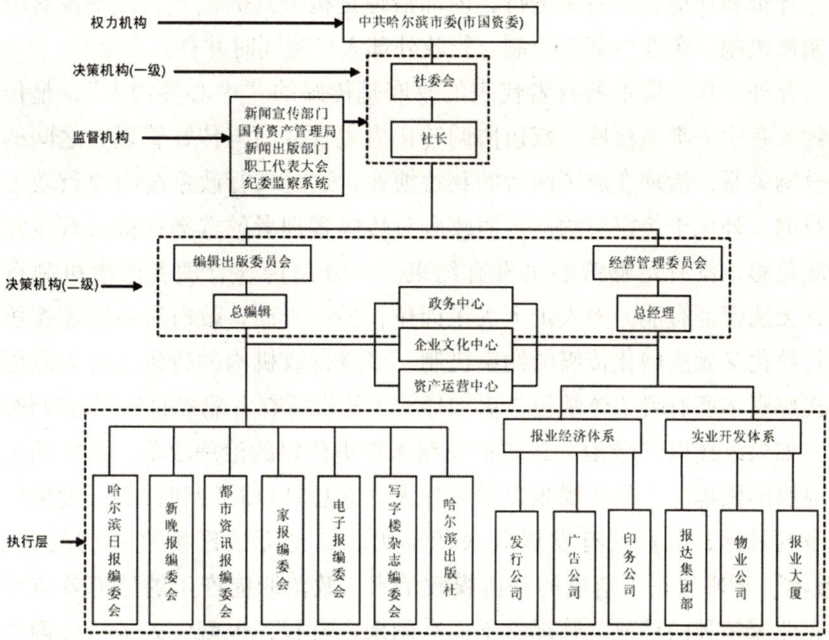


**图 4.4　哈尔滨日报报业集团的治理结构**

势地位，作为治理主体行使所有者的职能，政府委派官员管理传媒并掌握传媒的所有控制权，从而形成干部任用的政治化、选拔的政治化、管理和考核的政治化，追求的是传媒的政治利益。

传媒多年的改革只是单纯地改进政府对传媒的控制和激励，而不是试图建立一个符合现实约束条件的科学的治理结构。虽然改革让传媒享有较大的利润支配权，但这只是国家为调动传媒积极性作出的一种被动姿态和无奈选择，传媒享有的剩余控制权既不是各方利益主体谈判的结果，更未在法律上得到确认，只是一种行政性契约。

总之，追求政治利益最大化，政府处于绝对的先动优势地位，唯一的政府控制权威，典型的委托代理关系，这些都充分表明了传媒治理"政治"逻辑的思路。"政治"逻辑下传媒治理是行政化的思路，传媒治理的行政化带来的是"内部治理外部化、外部治理内部化"，政府外部治理的行政权力从外部带到了传媒内部，造成行政权力代替了财产权利，权力关系代替了权利关系，权力代替了契约，传媒充斥了不平等的行政控制和官场色彩，产生传媒高昂的治理成本。传媒的内部治理则是建立在传媒事业单位的制度之上，通过行政型管理来维系，通过各级党委政府对传媒的监督、评价和任免管理者来进行，内部治理是机关式的模式，几乎没有分权和制衡机制。企业内部人控制与行政外部人控制同时并存。

此外，作为资本所有者代表的政府是传媒的“中心签约人”，是传媒契约关系中的唯一权威，双边协调转化为主管部门与传媒管理者之间的利益分割关系，治理变成了两者的利益博弈，这是在行政系统内以行政方式进行的，外化于传媒契约体。而政府对传媒管理者的选择评价具有较强的行政色彩，没有足够激励也没有约束。一方面传媒管理者产生机制行政化，无法保证有能力的人走上决策岗位；另一方面，政府对传媒监控机制的行政化又无法硬化传媒的约束机制。多级行政机构的行政代理关系形成了传媒资本所有者主体缺位，更加导致了传媒所有者配置的外部行政化。

如果继续以“政治”逻辑的思路来推进传媒的治理改革，必将面临难以克服的困境。一是传媒难以发展壮大，它总是以政治利益的最大化作为自身的目标，也就没有发展壮大的动力。二是无法产生真正的经营家，“政治”逻辑思路下造就的是传媒政治家，政治职能产生的外部效应桎梏了企业家精神的释放，管理者不拥有剩余占有权，也就失去了持续创新的动力。三是无法解决行政干预下的内部人控制现象，在“政治”逻辑下，只有单向权威而无多边制衡，只有内部控制而无外部约束，只有行政权的控制而无所有权的约束，只有行政官员的任命机制而无企业家的筛选机制，必然导致传媒控制权配置的失范，产生行政干预下的内部人控制现象。

2. 传媒治理模式制度变迁的绩效分析

从经济学的角度看，传媒治理的制度变迁使传媒在既定的经济技术和制度环境下，以尽可能低的治理成本取得了尽可能大的治理收益，从而对传媒绩效产生较大的影响。为了分析简便我们假设传媒只有两类人在参与，政府和传媒人，政府拥有物质资本，而传媒人拥有人力资本，传媒人作为意识形态领域的生产者，利用物质资本和人力资本生产的产品具有两种属性，政治产品和经济产品，政府的目标函数是传媒完成党的宣传任务，关注传媒产品的政治属性；传媒人的目标函数是生存发展提高自身的福利待遇，更关注传媒产品的经济属性。

在计划经济时期，传媒是被动接受政府指令的行政附属物，政府对传媒实行行政治理，政府和传媒有各自不同的目标函数，我们把两种产品产出的各种可能组合用图中的生产可能性边界表示，在生产可能性边界为ABCD时，B点和C点分别是政府和传媒人的最优绩效选择，政府达到的效用是Ⅰ政无差异曲线，传媒人达到的效用是Ⅰ传无差异曲线。由于政府和传媒人必须在互相冲突的目标下达到统一，所以最终的均衡点只能在两条无差异曲线和生产可能性边界这三条曲线的交叉点 E 处，此时，政府的效用是无差异曲线Ⅱ政，传媒人的效用是无差异曲线Ⅱ传，其绩效评价均低于各自的最优点。(见图 4.5)

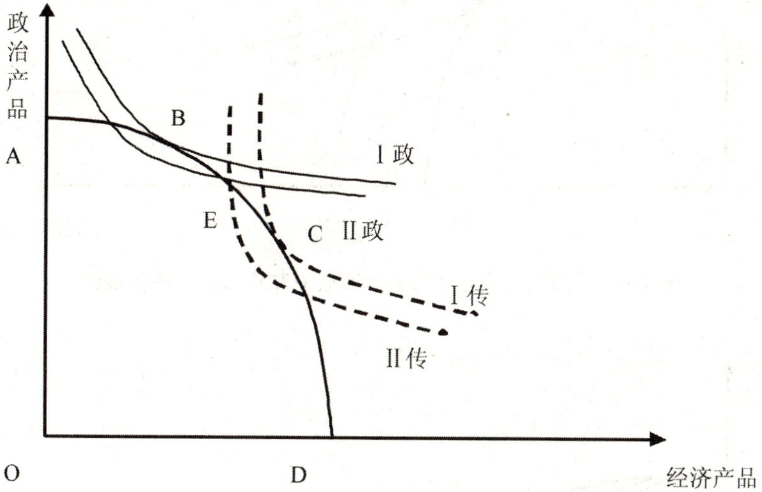


图 4.5　传媒治理计划经济时期政府和传媒的无差异曲线

事业单位企业化管理的改革使传媒开始重视经营工作，重视新闻产品的经济属性，也改善了传媒的内部治理，调动了传媒人的积极性，使传媒人潜在的人力资本价值开始激活，生产可能性边界向右扩展至 AB1C1D1，政府无差异曲线Ⅲ政与传媒人无差异曲线Ⅲ传开始接近，二者的最优点分别为 B1、C1，冲突逐渐减少，政府和传媒的一致性提高，传媒治理的效率进一步提高。(见图 4.6)

今后，传媒治理需要进一步完善，使政府和传媒人的目标函数在一定的约束条件下趋于一致，从而实现激励相容，只要传媒经济效益好，传媒的报酬福利就会进一步提高，因而传媒人更为重视传媒产品的经济属性，对政府而言，只有经济效益好的传媒才能实现更好的社会效益，两者的目标函数不断趋于一致，生产的可能性边界扩至 AE2D2，政府和传媒人的无差异曲线合并为Ⅳ政传，最优点为 E2（见图 4.7），传媒绩效处在最好的位置。[1]

---

① 孙宁华:《国有企业治理结构创新的制度经济学分析》，载《上海经济研究》1998 年第 6 期。

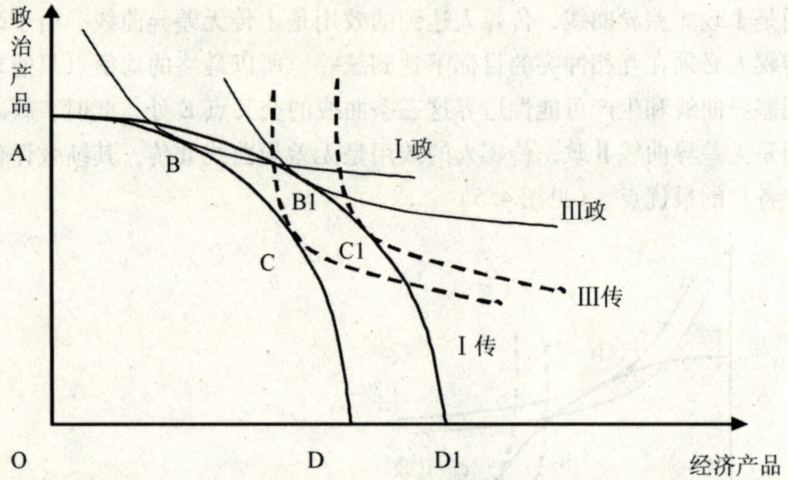


**图 4.6 传媒治理企业化管理时期政府和传媒的无差异曲线**

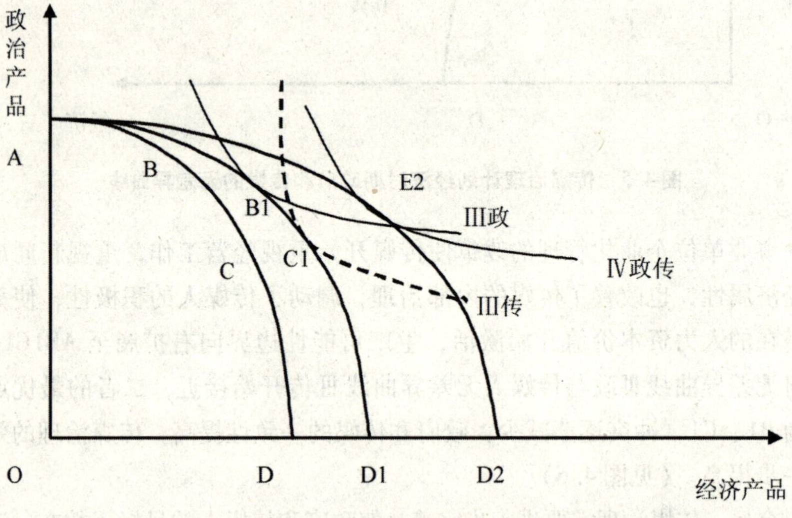


**图 4.7 传媒治理实现的政府和传媒无差异曲线融合**

由上述分析可以看出，传媒治理可以让政府和传媒人的目标函数在一定的约束条件下趋于一致，传媒治理带来的绩效不仅使传媒股东在经济上的效用（剩余）最大化，而且让传媒的社会效益最大化，从而带来传媒全体签约人（治理主体）效用总和（共同剩余）最大化。

## 第三节　当前传媒治理的制度缺陷及弊端分析

### 一、传媒产权缺失的弊端

1. 产权不清导致传媒难以发展壮大

传媒是事业单位，事业单位的投入来源于国家（主办单位）拨款，导致了国家和传媒之间的关系不是以产权为纽带形成的互为约束关系，而是一种行政上下级的软约束关系，造成委托者与代理者对产权责权利的不明确。传媒资产归国家所有，传媒的所有权是明确的，但国家没有对传媒国有资产授权经营，也没有专门的机构对传媒的国有资产进行监管和考核，对于传媒个体而言，传媒的法人财产权又是模糊的。

长期以来，国家对传媒实行严格的控制，但这只是对宣传导向的控制，对国有资产却没有实行严格的管理。传媒的直接领导是各级宣传部门，宣传部门代表国家对传媒的舆论导向进行控制，但却从不考核利润指标和经济指标，传媒主办主管单位均为党政部门、群众团体，本身对国有资产就没有合法的所有权、支配权和经营权，更谈不上对传媒进行资产管理。政府部门中的新闻出版管理机构，其工作范围也没有国有资产管理，传媒实际处于产权管理残缺的地位，造成经济学上的“所有者缺位”现象，从而形成了传媒的产权不清。产权的缺失使传媒只生不死，产权不清使传媒产权无法正常流动，更无法通过资本运营实现传媒资产的优化配置和产权重组，导致传媒难以发展壮大。此外，传媒业产权结构单一，一直属于单一的国有性质，产权交易无从谈起，而产权结构的多元化是最基本的产权制度安排。只有允许产权结构多元化，才能为企业融入资金。

2. 产权不清导致所有者的激励和约束难以实施

传媒作为事业单位，国家不但拥有传媒的所有权，还拥有传媒的法人财产权和经营权，传媒没有经营自主权。2005 年修订的《出版管理条例》，第十五条新规定了出版单位须建立法人制度，是出版体制上的一个重大进步。法人，统指事业法人和企业法人，但条例规定出版单位取得法人资格后，“以其全部法人财产，独立承担法律责任”，而不是“独立行使法定权利”，正是因为传媒无法独立行使法人财产权利。

由于无法独立行使法人财产权利，上级主办、主管部门有权决定报刊的设立、撤销、合并、重组以及改变宗旨等重大事项，只要认为需要，干预报刊的经营，包括决定报刊自有资金的投向等等，都是顺理成章的事情。① 因而，传媒决策受到各种因素的干扰，决策过程复杂、缓慢。

传媒面临着与改革初期国有企业相似的产权困境：在市场力量和政治力量的双重“拉力”下，既需要摆脱行政控制、按照市场规律要求实行企业化经营，又无法真正按照市场竞争的需要进行产权改革，建立多元化、社会化的产权结构和现代企业制度。② 产权制度的缺失，也使得传媒经营者丧失经营积极性，小富即安，不思进取，权力放给传媒时，所有者就很难实施有效监督。

3. 产权不清导致的管理弊端

当前，传媒普遍存在“国企病”现象，由于传媒产权不清，导致所有权的虚位，出资人的缺失使传媒资产所有者与经营者的权利和义务关系不明确，为传媒内部人控制提供了机会，经营者没有有效的监督制约，导致“内部人控制”这种“转制病”在不少传媒单位不同程度地存在。

传媒管理体制看似是由多个部门分别行使国家所有权，但结果是干预过多，管理效率低下，限制了传媒的活力。由于政府监控手段和能力的不足，传媒经常出现短期行为，如关联交易，转移投资，恶性举债，员工福利最大化，私分国有资产等现象。传媒管理者难有动力去关心传媒的长期发展，以确保国有资产的保值增值，相反，他们往往会利用手中的控制权，放任新闻寻租行为甚至同流合污。

**案例 4.2：鄂东晚报社的新闻寻租事件③**

湖北省黄冈市地处经济不发达的革命老区，全市只有《黄冈日报》及其子报《鄂东晚报》两家报纸。和很多地市级都市报一样，由于地域的局限，日发行量仅一万份的《鄂东晚报》，在全国并没有多少知名度和影响力。然而，2004 年 11 月 22 日，《中

① 魏永征：《新闻传播法教程》，中国人民大学出版社 2002 年版，第 309 页。
② 张志安：《对传媒经营腐败的动因及防范分析》，http：//www. cjr. com. cn.
③ 肖峰：《从“新闻寻租”看媒体运行的体制之痛》，载《新闻知识》2005 年第 10 期。

国新闻周刊》一篇题为《媒体腐败食物链调查：一份晚报的新闻敲诈路线图》的批评报道，却在一夜之间将《鄂东晚报》推到了社会舆论的最前沿。

据《中国新闻周刊》报道：出于创收的冲动，自2003年以来，《鄂东晚报》报社内部达成以曝光当事方丑闻的方式强拉广告的默契，形成了一条报社领导—记者—受要挟单位的“媒体腐败食物链”。

2003年2月，《鄂东晚报》主张“创收第一”的新领导上台伊始，恰逢教育部大力整治中小学乱收费。湖北省教育局等部门也联合下文，明确省内各地区的收费项目和标准，在“规定收费”与“乱收费”之间划出了清晰的界线。2月中旬，黄冈市黄梅县有6名校长因触线被先后撤职。整治乱收费的文件甫一公布，鄂东晚报社马上全体动员，部署了一次绝无仅有的“以打击乱收费促报纸创收”的特别行动。先在《鄂东晚报》的头版和二版专门刊登了严禁学校乱收费的相关文件及新闻，其中包括黄冈地区各学校具体的收费项目和标准，以及有关校长因乱收费而被撤职的新闻报道。然后十几名记者同时出发，带上这天的《鄂东晚报》和一叠空白发票奔赴各自的“战场”。各组到达目的地后，接下来的操作程序大同小异：先找宾馆住下，然后确定目标学校，分头采访、收集证据，回宾馆迅速写好稿子，再电话通知学校校长过来看稿子，讨价还价，成交后给发票卷款走人。按报社规定，每上交1万元记者们即可当场提成2500元。十数天内，报社共“创收”近20万。

面对公开曝光的威胁，几乎所有的校长都选择了花钱消灾。据《鄂东晚报》记者粗略统计，2003年一年报社从学校敲诈所得的款额有100万之多，这些学校的付出，或是换得正面宣传，或是成为晚报《教育导刊》的理事单位。

在《鄂东晚报编辑部2004年部室创收规划》中规定，2004年全年创收总任务为190万，各部门人员每人上交的任务量不等，普通记者为2万，老总的任务量为5万，超过部分与报社四六分成。在进行此类创收活动时，报社领导通常会给予通力协作。记者写了一篇名为“某所长安排公安厅警官寻欢”的稿子，心领神会的老总在发稿签上写了如下审处意见："此问题性质十分严重，中央对公安队伍建设抓得很紧，一再强调从严治警，此件可在报纸上公开发表，同时以本报内参形式报中央政法委、公安部及江西省公安厅铁路局等单位"。当事人看到稿子和这样"醒目"的发稿签后，不敢怠慢，连忙交了3000元息事宁人。

《鄂东晚报》利用舆论监督搞创收一事被《中国新闻周刊》曝光后，省委宣传部、省新闻出版局高度重视，对《鄂东晚报》下发了《违规警告通知书》，要求《鄂东晚报》进行为期3个月的集中整顿。

## 二、传媒内部治理的制度缺陷及弊端分析①

1. 剩余索取权与控制权的错位

按照现代企业理论，委托人因出资而对企业行为承担一定的风险，因承担风险而对企业经营者具有监督权。由于传媒的所有者是国家，作为国家权力执行机构的政府对传媒实施所有权控制，由于政府追求的目标是多元的，由政府对传媒实施所有权约束，既会强化政企不分现象，又会面临廉价投票权难题。

长期以来，传媒实行的是多头管理、行业所属、部门所有、条块分割的四级办报、四级办台体制，多头管理产生多种行政目标，造成了传媒的政企不分。国家长期以来一直采取扶持传媒的政策，在税收上采取大幅度减免的手段，② 放弃了作为社会管理者征收税收的权利；同时，传媒向上

---

① 周劲：《我国传媒治理的理论渊源与创新》，载《武汉大学学报》（人文科学版）2006年第2期。

② 1993年国家税务总局发出通知，对出版业只征收增值税，不再征收营业税。中共和民主党派各级机关报刊，各级政府、人大、政协、军事部门和工、青、妇组织（后来又增加新华社）的机关报刊，还免征增值税。同年财政部也发出通知，规定宣传文化企业（包括企业和企业化管理的事业）统一实行33%的所得税税率。对宣传文化企业免征能源交通重点建设基金和预算调节基金。从1993年至1997年宣传文化企业上缴的所得税返还宣传文化部门，用于支持宣传文化部门的发展。1994年，经国务院批准，财政部和税务总局联合发布《关于继续对宣传文化单位实行财税优惠政策的规定》，继续对宣传文化单位实行财税优惠政策；规定上述享受优惠的单位实行新税制后增加的税负如增值税，采取先征税后退税的办法；固定资产投资方向调节税，对省以上电台、电视台及其传输转发系统适用零税率，对全国定点出版社和报社、杂志社适用5%税率；对拨付事业费的宣传文化单位免征房产税、车船使用税和土地使用税等。

最直接负责的是各级宣传部门，国有资产保值增值不是对传媒组织领导层的最直接约束，国家对传媒没有考核其利润指标和经济指标，放弃了作为传媒所有者享受剩余索取权的权利。

比如，国家在财政预算上给予传媒特殊的优越政策，2005 年 6 月 28 日审计署审计长李金华在第十届全国人大常委会第十六次会议上所作的报告中说，国家广电总局的收支未完全纳入中央预算。财政部对国家广电总局所属的中央电视台、中央人民广播电台实行预算包干的办法，其广告收入作为事业收入，免缴所得税，并分别按 13% 和 10% 的比例上缴广电总局，这种做法不利于加强财政预算管理。

有效率的企业所有权应该是剩余索取权与剩余控制权相统一相匹配，控制权一般表现为监督权和投票权。如果剩余索取权与剩余控制权不统一，监督就缺乏动力，投票权也会变得“廉价”。在所有者不享有剩余索取权的情况下，一些不具有经营才能的人就可以通过贿赂拥有投票权的人来取得经营者的位置，却又不承担经营风险，这势必导致企业效率的下降。①

因此，传媒管理者经常牺牲传媒所有者的利益追求自己的利益最大化，并由此引发剩余控制权与剩余索取权的分离，享有控制权的人不承担经营风险，也就难以对传媒经营的不良后果负实质性责任。比如，传媒造成的国有资产流失，相关责任无法认定；传媒造成经营失误，最多只是影响个人的升迁，其资产损失的后果却由所有者国家承担。由于传媒管理者只能享受控制权收益（这种控制权又不可以交易），没有合法的剩余索取权，所以，争夺控制权收益成了传媒经营者追求的主要目标。这种“争夺”是集团内耗问题、集团与主管部门之间寻租活动出现的根源。②

2. 行政干预下的内部人控制

内部人控制是日本著名经济学家青木昌彦提出的，青木昌彦把“内部人控制”定义为：经理人员事实上或依法掌握了控制权，他们的利益在公司战略决策中得到了充分的体现。③“内部人控制”绝不是转轨经济中所特

① 张维迎：《所有制、治理结构及委托代理关系》，载《经济研究》1996 年第 1 期。

② 李兆丰：《新闻改革：超越“边缘突破”——中国传媒集团化进程的制度分析》，载《南方电视学刊》2003 年第 2 期。

③ 杨利：《我国国企公司治理结构中“内部人控制”研究综述》，载《现代管理科学》2003 年第 3 期。

有的现象。在西方市场经济发达国家中，由于企业所有权、经营权的分离而引起的委托—代理关系，出资者与经营者有着不同的利益目标和效用函数，使得现代公司制企业中都不同程度存在有“内部人控制”的倾向。因此，“内部人控制”是现代公司制企业所有权和经营权分离的必然结果，其趋势是内生的。①

长期以来，我国传媒大都未能设置一整套有效的内控架构，内部治理十分简单，传媒大多是社长、总编辑、党委书记一人兼任，缺少必要的监督机制。所有者与经营者的目标不一致，传媒经营者的权利相对较大，容易出现“内部人控制”现象。传媒的内部人控制现象不仅来源于产权约束的弱化，还来源于传媒本身的行政性授权方式和行政性权力运作方式所形成的政事不分、政企不分。这种控制是“行政干预下的内部人控制”，正因为政府对传媒干预过多，传媒才会向政府隐瞒或虚报信息，而政府与传媒之间的代理链过长及政府的非现场决策，都使这种隐瞒和控制成为可能。加之传媒国有资产“所有者缺位”现象的存在，使传媒对国有资产的无明确界定权利变成无限制权利，造成了行政干预下的内部人控制。

费方域认为，国企改革过程中出现的内部人控制，主要表现在：（1）过分的在职消费；（2）信息披露不规范，报喜不报忧，对重大经营活动不作解释；（3）短期行为，只考虑眼前的成绩地位和利益；（4）过度投资和耗用资产，不用白不用，用了也白用，国资投放出现低效率；（5）工资、奖金、福利增长过快，侵占利润；（6）转移国有资产；（7）不分红或少分红，大量拖欠债务，甚至严重亏损。②

现实中，传媒内部人控制往往表现为过度的在职消费、用传媒的公信力过度提高小团体的福利待遇、只注重眼前利益忽视传媒的长远发展、利用所拥有的控制权侵占国有资产等。如浙江某日报社应当地市委市政府要求进行股份制改造，通过清产核资，确定总资产为2075万元，仅将其中223万元定为国有资产，其依据是国家累计投资150万元，按同期银行利率计付利息共计223万元，其余1852万元定为集体资产，佐证了地方政府出于自身利益强化国有企业的内部人控制。③

---

① 熊文、蔡莉等：《委托代理关系中内部人控制和败德问题及相应治理结构的分析》，载《工业技术经济》2003年第3期。

② 费方域：《控制内部人控制——国企改革中的治理机制研究》，载《经济研究》1996年第6期。

③ 宋建武：《中国报业内部人控制现象》，载《传媒经济参考》2005年第3期。

再如传媒大量的短期行为，内部人控制了利润分配权，利润不投入，大幅度提高工资待遇，利用公款吃喝、娱乐、旅游，兴建标志性办公大楼，为个人捞取政治资本。如一家省会城市的广播电视机构，拟成立一个集广播、电视、音像出版和报纸经营于一身的多媒体集团，尚未正式挂牌，便决定集资7亿兴建广电中心。一家地市级广播电视机构原已有一个2万多平方米的广电中心，但觉得不够“智能”，遂又斥资数亿新建了一个约3万平方米的广电大厦（其中包括一个1000平方米的演播大厅和6个中、小型演播室），最后竟拼凑了一个占地100亩、建筑面积达8万平方米的“广电城”。①

3. 激励监督机制的缺乏

由于传媒领导人被界定为国家干部，他们的考核、级别、待遇与政府公务员相同，他们是经济人，追求自身的利益最大化，在缺乏有效监督的前提下，产生逆向选择和道德风险，他们的主要责任是完成上级的行政命令，大多陷入官本位情结而不能自拔，其工作的底线是宣传不出错、工资能发出，最大的目标是获取上级的满意，往往以牺牲传媒长期发展为代价，通过追逐短、平、快的手段以获得仕途上的高升。

同时，在现有制度下，传媒管理层又无法像企业高管一样，获得满意的酬劳，当传媒获得相当赢利后，其本人也只能拿工资，激励机制相当缺乏。传媒管理者只能靠纯粹的道德约束或“凭良心办事”，他们无法拿到与其贡献相匹配的经济报酬，对传媒资产只拥有暂时的支配权，对于传媒的营利，一方面考虑的是如何尽快使用掉，另一方面则是如何才能装进自己的腰包。传媒效率来自于有效的监督及代理人能够自律，对传媒实施内部有效监督的是员工，传媒员工身处传媒内部，只要待遇搞得好，他们不会全力监督领导。因此，缺乏内部监督机制往往造成传媒管理者自己监督的局面。

此外，由于传媒的事业单位性质，所遵循的民主集中制原则要求集体决策、集体负责。而现实中由于传媒内部治理缺乏监督和约束，两者结合的后果是传媒最高领导常常以集体名义作出决策，从而使自己不用承担决策后果。“更严重的是，由于不对称信息及约束软化，一味地采取放权式激励造成了现有经营者的权利无约束，独裁决策下的不稳定性和主观随意

① 陆地、黄泓、万珂：《中国电视产业大整合》，载《新闻记者》2001年第1期。

性在所难免，企业内腐败也难以根除。"[1] 可以说，在这样的领导体制下，传媒监督机制缺乏造成的低效率是内生的。

**案例 4.3：监督和激励机制缺失导致的黎元江案件[2]**

在中国传媒业，黎元江一度曾是声名显赫、叱咤风云的"明星"人物。不到 40 岁就被提拔为《广州日报》总编辑，属厅局级干部，开中国媒体圈年少居高位之先例。黎元江上任后，锐意进取，一扫《广州日报》采编上不求创新、经营上连年亏损的作风，提出要把《广州日报》办成群众喜爱的报纸，要扭亏为盈创造利润。黎元江调整了过去采访与编辑脱节的局面，按照国际惯例建立了"大编辑中心"，保证了一半以上的版面"当夜即拼"，大大提高了稿件的时效性。《广州日报》在黎元江的强力管理下突飞猛进，1994 年 12 月 8 日，新华社播发了中国报业协会的消息，公布《广州日报》广告收入为全国之最。

在他的领导下，1996 年 1 月 15 日，广州日报组建报业集团的申请获批，这是中国第一家获批的报业集团。集团组建后，黎元江为促使《广州日报》吸引更多读者，大力扩版。《广州日报》由原来的 10 万份发行量、3 千多万的固定资产，发展成为 163 万份的发行量，40 亿总资产的巨型报业集团，其发行量在中国（包括港、澳、台地区）排第二，仅次于《人民日报》。

黎元江的出色表现使他荣登中共广州市委常委、宣传部长的宝座，接替他在广州日报报业集团位子的是原副总编辑何向芹。黎元江离开广州日报报业集团后，其铁腕统治所维系的报社管理体制开始出现瓦解的迹象，积怨已久的员工不断向上级机关反映报业集团存在的贪污腐败情况。最先倒下的是广州日报报业集团广告处处长陶建，陶建的被拘对广州日报报业集团一年 14 亿的广告收入是一个重大打击。2002 年 1 月，何向芹因涉嫌从广州日报集团的房地产、装修和广告业务中收取回扣被"双规"，此事引发广州日报报业集团大地震。2002 年 6 月 3 日，黎元江被中共广东省纪委"双规"。黎元江被"双规"的原因是伙同何向芹从广

---

① 杨瑞龙等：《论转轨时期国有企业治理结构创新战略的选择》，载《经济理论与经济管理》1997 年第 6 期。

② 常永新：《传媒集团公司治理》，中国传媒大学出版社 2006 年版，第 2 ~4 页。

州日报集团的各项业务中收取回扣，将大笔赃款汇到海外的私人银行户头中。2002 年 6 月底，广州日报报业集团副社长凌近铿和集团印刷中心总经理何兆仪也遭“双规”，这两人分别掌管广州日报报业集团的财务和印刷材料采购工作，向来被视为是黎元江的心腹。

黎元江在掌控广州日报社十多年的时间内，收受他人财物 33 万元、美元 1.9 万元、港币 1 万元，最后因“严重的贪污受贿腐败行为”判处有期徒刑 12 年，并处罚金 10 万元人民币。①“黎元江贪污受贿腐败案”令中国的媒体圈震惊，成了中国传媒业一大丑闻。

为什么黎元江能权倾一时惟我独大？为什么黎元江能毫无顾忌地挥霍公款？为什么黎元江能明目张胆地收受贿赂？谁来监督这个广州日报的“No. 1”？显然，黎元江案的背后有着深刻的制度性原因——虽然广州日报报业集团是国内第一家传媒集团，但它并没能按照现代企业制度建立起规范的治理结构及治理机制，特别是，报社领导层权力过大，但却没有相应的监督机构与约束机制。假使广州日报报业集团有健全的监督机制、有完善的财务制度、有严格的审计程序、有科学的考核方法，黎元江的悲剧应该不会发生。可以说，监督机制的无力甚至缺失是导致黎元江贪污腐败的根本制度原因。

## 三、传媒外部治理的制度缺陷及弊端分析

### 1. 政府相机监控的低效率

对政府来说，由于传媒的层层代理关系，政府中具体管理传媒的人并不享有剩余索取权，这个权力最终归国家所有，加之严重的信息不对称往往导致监督失败。因而，不但传媒的直接委托人没有动力和能力去监督传媒，各层委托人反而会被俘虏，与代理人结成利益共同体，造成了政府“廉价投票权”现象，使政府的有效监控难以到位。

政府的监控手段也是行政化的，利用职位、党纪及荣誉等来控制经营

① 《广州媒体圈的“大哥大”——悲剧传媒人黎元江》，《21 世纪人才报》，2003 年 4 月 29 日。

者，程序也简单明了，是上下级之间的对话及命令服从关系。由于信息不对称，政府往往依据传媒的汇报来判断传媒的业绩，一个常见的例子是，传媒采用加大提成和高成本扩版的方法提高广告量，广告总量是成倍增长了，但每年的利润额却在下降，此时，传媒管理者向政府汇报的是广告总量的上涨，而政府不了解全面情况还发来了贺信。这样，代理人操纵信息，导致了政府的相机治理失灵。同时，政府在国家所有权承担无限责任的前提下无法行使“用脚投票”，对于传媒更难以采取破产策略，更加剧了传媒监控低效率的状况。

此外，传媒多头管理重复建设，造成了传媒有多个“婆婆”管，但又没有一个“婆婆”管资产。从国家级讲，中央宣传部门负责宣传内容和舆论导向，新闻出版署负责报刊和音像图书的出版管理，广电总局负责广播电影电视事业的管理，教育部负责教育电视管理，外宣办（国务院新闻办）负责对外宣传和互联网宣传管理，文化部负责文化艺术娱乐业管理，信息产业部、国家工商行政管理局等负责相关产业的行政管理。省、地、县也大致参照上述模式按行政区划多头管理，在各自的区域和系统内办报办台，实行大而全、小而全的“准封闭式”发展和管理。[①] 这种多头管理、重复建设造成了传媒业多层格局与资源浪费，同时使传媒成为政府的附属机构，产生了多种目标需求，一些重要的控制目标，如国有资产的保值增值反而无人管理。

**案例 4.4：难以监控的报纸虚假发行量**

2005 年 3 月 17 日《中国新闻出版报》报道：“报刊界普遍存在虚报发行量的现象，一些发行量仅有数千份的报刊号称数万份，发行数万份的号称几十万份。我国在这方面一直处于无序状态，是新闻出版业管理工作中的一个空白。”

事实上，报业虚报发行量的行为直接违反了有关法律。首先违反《广告法》，《中华人民共和国广告法》第三十条规定：“广告发布者向广告主、广告经营者提供的媒介覆盖率、收视率、发行量等资料应当真实。”发行量等数据是广告主、广告公司购买广告的重要依据，报刊社与广告主、广告公司签订合同时，如果

① 孙正一、农秋蓓、柳婷婷：《我国新闻媒体资本运营情况初探》，载《新闻记者》2001 年第 5 期。

提供的有关数据是假的，会导致广告主或广告公司作出影响自身利益的错误的广告投放决定。所以，故意提供虚假信息而获利实质上是一种商业欺诈行为，应该承担相应的法律责任。

其次违反《统计法》，新闻出版总署计财司依据《统计法》和自己的职能要求，对报业的基本经营情况进行统计汇总，相应的被统计单位应该积极予以配合，不得虚报、瞒报、伪造、篡改等。但在每年的新闻出版基本情况统计过程中，自觉遵守《统计法》的报刊社甚少。中国报业也从未听说过报社因虚报统计数据而承担法律责任的案例。因此，这些法律对报社的约束还仅只停留在法律文本的意义上。[1]

此外，一些报社雇佣调查公司出具对自己有利的发行量报告，借以欺骗广告客户，广州市两家报纸曾各刊载对自己有利的报告，称自己的报纸是本市发行量最大的报纸。还有一些报社宁愿让报纸直接进回收站，也不降低印刷量。更有一些报社规定任何人不得向外透露本报的发行量，一旦发现轻者处罚，重者开除，把报纸的发行量设为最高机密。《金陵晚报》记者秦健[2]在2003年底实地采访新街口发报现场和某废品收购站时发现了南京某报的惊人内幕。那家报社刚从印刷流水线上下来的成捆新报纸装上卡车送到废品收购站，以每吨一千五百元的价格出售，然后再拉到浙江的造纸厂化成纸浆。秦健报道说，这是黑心报贩大量套购惹的祸，因为每份报纸当废纸卖能挣到两角以上，而批销价每份低于两角，所以批销还不如当作废纸卖合算。

尽管报社虚报发行量违法违纪，但由于报社"内部人控制"现象的存在，以及有关部门工作不到位，使政府的监控难以到位，属于典型的政府相机监控的低效率。

2. 传媒市场治理的缺失

(1) 传媒市场的行政性垄断

长期以来，我国传媒处于非竞争环境中，尤其在改革开放前，传媒作为政治宣传工具而存在，几乎不存在传媒市场，也无市场治理可言。改革

① 陶志峰：《中国报业规制问题研究》，复旦大学出版社2004年版，第156页。
② 《金陵晚报》，2003年12月11日。

开放后，“事业单位、企业化管理”的实行，政府对传媒市场干预和管制减少，传媒可以介入市场，通过广告、发行等途径获取经济收入，传媒市场才逐渐形成。

所谓传媒市场，实际是传媒、传媒的受众和传媒的广告商之间所有关系的总和，也就是指传媒产品从供给者到达需求者之间的各种经济活动关系的集合。构成传媒市场的主体包括：①作为传媒产品消费者的公众；②作为传媒产品供给者的各个传媒机构；③传媒的广告商。而传媒产品作为传媒市场的交易与传播对象，则是传媒市场的客体。传媒市场的主体与客体共同构成传媒市场的基本要素。[①] 一个完整的市场体系，既包括最终产品市场，又包含要素市场，即生产资料市场、资金市场、劳动力市场、技术市场和信息市场，还包括对作为市场行为主体的企业的资产进行交易的资产市场，即股票交易市场、股权转让市场、产权交易市场、资产经营市场等。[②]

我国的传媒市场是行政性垄断市场，这种垄断首先表现为行政性垄断的特征，传媒市场依靠行政的力量按“条”、“块”方式形成了市场垄断，在“条”上表现为行业垄断，归口管理；在“块”上表现为地区垄断，属地管理，造成传媒的行政壁垒和市场壁垒，使传媒跨地区经营无法进行。

传媒的这种行政性垄断具有“支配—边缘”型的结构特点，即由一家支配性厂商占有很大的市场份额，同时又存在许多边缘性厂商，尽管为数众多但所占份额不大。其次表现为自然垄断的行业属性，传媒生产具有规模经济的特征，它的规模效益需要在一个巨额设备投资、大量产品生产和营销，以及巨大的受众基础上，才能充分体现出来。如有线电视网络就具有规模经济效益，一个地区只能有一个网络才不致浪费资源，从用户方面看，加入供应网的用户越多，则用户的服务性也越好；从生产者角度来看，用户越多固定成本就越容易分散到每一需求上，服务价格才能越低，两方面都能取得规模效益。报纸投递网络也是如此，订户越多，网络的使用效率才越大。

**案例4.5：跨地区发展的重重阻力[③]**

1999年初，《南方都市报》跨地域扩张，挺进深圳市场，年

① 强月新、邓敏：《传媒市场特征的经济学分析》，载《现代传播》2004年第4期。

② 秦光荣：《实现竞争性国有企业资产商品化的难点及对策》，载《求索》1996年第3期。

③ 陶志峰：《中国报业规制问题研究》，复旦大学出版社2004年版，第79页。

初的时候只有几千份，半年后达到了4万份的销量，成为外来报纸中发行量最大的报纸。然而，从广州到深圳如此短距离的跨区域扩张，困难重重。《南方都市报》自己爆出在深圳市场遭到的不公正制裁——“南都被禁发事件”和“南都广告客户被制裁”事件。2001年5月，《南方都市报》以大篇幅刊登报道，指责《深圳特区报》与《深圳商报》、深圳市报刊发行局勒令市内1000多个报刊亭停售《南方都市报》。2003年5月22日，《南方都市报》发表题为《深圳报业集团制裁本报广告客户》的报道，称市场有传言表明“（企业）向南方都市报投放广告即被该集团（深圳报业集团）列入黑名单进行制裁并以批评报道相威胁。”

与此相似，珠三角的一些市发文禁止《广州日报》在本地的发行，甚至禁止《广州日报》记者在本地的采访。安徽某市禁止江苏的《扬子晚报》来安徽发行。2001年《辽宁日报》和《河北日报》都曾想到本省异地创办新报纸，但都遭到了当地的抵制。2001年，某省委机关报将一张子报改为晨报，考虑到省城已经有了类似的报纸，市场已经饱和，想到经济条件还好的一个地级市去办，刚进入筹备期，就遭到该地级市强烈抵抗，该地级市有关部门又是写信，又是上访，惊动了该省领导。为稳定大局，省领导找到省报的社长劝导社长“不要到人家地盘上抢饭吃”，省报于是停止了去该地级市发展的计划。另一省委机关报想到下面某市办一张都市报，也遭到周围两市领导的抵制，计划被搁置了几年，最后不了了之。某知名晚报曾尝试推出省内地方版，结果省里13个地市的26家日报晚报联合上告到中宣部。《中国青年报》曾经找某省青年报，意图兼并，该报社的领导同意了，但团省委领导不同意。《中国青年报》又找到另一省的青年报和团省委，报社和团委都同意了，但是遭省委领导否决。《中国青年报》连找四省，皆以失败告终。《羊城晚报》想搞“粤东版”、深圳一家报社想入资《河南商报》，均由于当地主管部门不同意未获成功。

（2）传媒市场治理的缺失

由于我国的传媒市场是一个垄断市场，它既有计划经济体制下国家垄断的特点，依靠行政组织和行政手段来推动垄断的形成和运作，又融进了市场经济体制下市场垄断的某些成分，依托目前尚不完善的市场机制来操纵垄断。[1] 传媒的很多市场行为是在行政撮合下进行的，导致了传媒市场治理机制的缺失，传媒业也形成了森严的行政壁垒和区域市场壁垒，传媒资源无法通过市场实现优化配置。

从资本市场上看，由于传媒的产权不明晰，传媒的资本市场还没有形成，投资传媒的渠道不明朗，投资风险很大。国有资本的剩余占有权不能转让，政府代理人就无法通过资本市场和控制权市场实现对管理者的间接监督，使政府无法行使“用脚投票”的权利。而目前已存在的传媒上市公司，国家“一股独大”，国有股股东操纵公司的一切，董事、监事全由国有股股东一人委派，难以形成约束和制衡关系。

从人力资源市场上看，事业单位的管理体制，传媒管理层的选拔、考核和任命与行政官员一样，行政任命导致外部没有经理人市场，使传媒的经理人选择评介机制大大削弱，更谈不上建立有效的经营者选择机制、激励机制和约束机制，使传媒难以发展壮大。

从产品市场上看，全国统一开放的传媒市场尚未形成，各级传媒分属不同政府或行业部门，享有特殊的保护政策，效益不好的有政府补贴，亏损的也不会被市场所淘汰，造成传媒市场竞争的无序、产品数量的过剩和结构失调。同时，不充分的市场竞争削弱了传媒产品市场竞争机制作为外部治理机制的基础性作用。

**案例 4.6：市场治理缺失造成的传媒市场过度竞争**

由于市场治理的缺失，无序竞争已经使许多报纸陷入了经营困境。为了搞促销，有的报社搭进了全年的利润。我们首先看一下南京市场的报业大战。

1999 年 5 月 9 日，《江苏商报》以当时南京报业的最低价——两角一份，打进南京早报市场，点燃南京报业价格战的导火索；同年 9 月，《人民日报》下属《市场报》主办的《江南市场报》改名为《江南时报》，以两角一份的价格，跟进《江苏商报》的号角，正式拉开了价格大战的序幕；10 月，新华社江苏分社下属的《现代经济报》扩版并更名为《现代快报》，4 开 16 版

---

[1] 常永新：《我国传媒产业政府管制的探索性研究》，《中国东西部传媒经济发展研讨会论文集》，2003 年。

的报纸仅以一角钱面世，价格战进一步升级。12月8日，《新华日报》旗下的《每日桥报》以彩印大报的形式出现，不仅以每份1角的价格酬宾，而且在买《每日桥报》时还能获赠一份《服务导报》。南京报业价格战开始白热化。

年底，《南京日报》推出买《南京日报》送《金陵晚报》的政策。如果单订2000年的《金陵晚报》则等于免费，144元订报费可全额返还或者返还同等值的牛奶、矿泉水等实物。至此，除了《扬子晚报》外，南京综合性报纸全面开始了价格战。

2000年2月，在江苏省新闻工作者协会的主持之下，南京地区部分报纸就调整报纸零售价格达成协议：自2000年3月1日起，4开16版或对开8版报纸的最低零售价调整至3角，同时在报纸发行或零售中不得采取“买一送一”等其他变相降价方式。

2000年3月，《现代快报》、《江苏商报》市场零售价仍然保持在每份0.20元，君子协议被撕毁。

2001年2月21日，江苏省委宣传部、省新闻出版局和江苏省廉政办公室联合下发了关于进一步规范南京地区报纸价格的紧急通知：自2001年2月26日起，南京地区报纸（4开16版或对开8版）每份最低零售价为0.30元；自2月26日起，各报纸不再实行相互搭售、“酬宾”、“优惠”等变相降价销售方式；违者将视情况给予警告、停刊整顿等处罚，并追究报社领导责任。由于行政力量的介入，南京报业价格战暂告终结。①

报业大战不止发生在南京，武汉、成都、郑州、广州、西安等几乎各大省会城市都发生了报业低价恶性竞争的案例。2005年新闻出版总署组织力量，对南京、成都、西安、大连、哈尔滨等10个报业市场相对活跃的城市进行了调查之后认为，报刊发行秩序混乱的现象相当普遍，手段“五花八门”。主要表现为：一是低价倾销。在一些城市，几十个版面、成本两三元的报纸售价仅0.5元，甚至只卖0.3元、0.1元；有的报社采用订一赠一、加版不加价等方式，变相降价；二是赠品促销。从送米送面、送酒送茶，发展到送钱送券、送车送房，赠品价码越来越高；三是发布

① 张小争：《南京报业：跨世纪的决战》，新传播资讯网，2003年3月11日。

虚假信息。为吸引读者和广告客户，一些报纸在发行量上大做文章，自我吹嘘、肆意夸大，甚至在报纸上公开刊登虚报的发行量，误导读者和广告客户。①

3. 传媒政府治理（管制）的缺失

出于传媒的双重属性，即传媒既有意识形态属性又有产业属性，对传媒的管制既是一种公共事业管制，又是一种产业经济管制，传媒管制目标的双重性，造成了传媒管制实施的两难，管制既要确保党在意识形态领域的统治地位，又要在不触及产权的前提下谋求传媒在经济上的独立，自我发展、自负盈亏；管制既要维护国有媒体的垄断地位，又要运用市场机制推进媒体集约化、规模化；管制既要为党和政府服务又要维护公共利益，加重了政府管制的实施难度。

同时，传媒管制的制度与法规不够健全。我国有关传媒的法律法规不但数量少，而且内容包含面窄，法律效力等级低，对新闻媒体的禁止性规范和义务性规范比较多，而授权性规范则相对薄弱。目前管制依据的条例大都是主管部门的规章，或至多是法规，其法律效力不高，严肃性、权威性不够，甚至不少领域还是法律法规的空白点。

法律法规制度在众多外部治理主体中最具强制执行力，但我国传媒的各种法律法规政策还有许多不完善之处，现有的许多行业政策还都只是宏观性的指导意见，缺乏可操作性，而且，对于执行情况也难以实施有效的监督和考核。这种情况导致了传媒经营者行为的不确定性，道德风险和逆向选择等代理问题在法律法规不完备和不清晰的条件下会愈加突出。

比如在政治性管制上，新闻宣传工作始终是党的工作的一部分，党发布了一系列指导新闻宣传工作的决议、决定、指示、通知等“红头文件”，下达一定阶段传媒重点该报道什么，不该报道什么，传媒必须无条件服从。这些红头文件是党的新闻宣传政策的具体体现。“红头文件”具有强制性和权威性，然而却无法做到依法管制，管制的长期效果较差。“党的新闻宣传政策有其自己的优势，其果断性和灵活性，立竿见影的执行效果，也非常适合党的领导方式。不过过分依赖政策治理，把政策抬到不适当的高度，对管理效能、社会心理和法制建设都会产生负面影响。政策的灵活性应急性与稳定的法律相比，呈现出短期效应，需要不断激活，管理

① 袁晞等：《价格拼杀反思，报纸发行期待干戈化玉帛》，《人民日报》，2005年9月12日。

成本的增加就必不可少。比如关于报刊治散治滥等问题，党和政府几乎每隔几年就要出台类似的政策进行治理就是明证。”①

在经济性管制上，同样徘徊在政策与法规管理之间，近年来几乎所有对于传媒产业产生重大影响的都是政策文件，如中办国办 17 号文件、19 号文件、21 号文件，缺乏相应的法律法规支持，因而改革进度时慢时快，有的甚至是进一退二，如关于传媒产业的对外合资与业务合作问题等等。应该说靠政策调控、以政府集权管理为特点的传媒管制体系已经很难发挥长效作用。

在文化体制改革的前提下，政府的管制更需要从强制性管制向激励性管制转变，从政策管制向法治管制转变，从单纯的意识形态管制转向意识形态管制和产业管制并存。在管制对象的再造上，塑造新型的传媒市场主体，在管制主体的再造上打造一个问责型的政府，在管制的程序上实现传媒分类分层治理，从而实现传媒管制的创新。

① 陈建云：《中国当代新闻传播法制史论》，山东人民出版社 2005 年版。

# 第五章　传媒治理的中外比较分析

国外新闻事业至今已发展300多年，西方国家在报刊领域一直实行自由竞争的私有化经营模式，报纸除少数政党报纸外，绝大多数为私营；广播电视则是三种所有制形式，以美国为代表的私有化商业运作模式，以西欧、日本为代表的公私并举的双轨制运作模式，少数欧洲国家和大部分发展中国家实行的是有限商业运作的国有模式。不同类型的新闻组织在治理结构上也采取不同的模式，吸收并借鉴国外传媒治理的经验，对当前我国新闻体制改革大有裨益。

## 第一节　西方传媒的内部治理

西方传媒中，私营的商业新闻组织以营利为目的，经营收入为其资金来源，对股东负责，在经济上和政治上都独立于政府。公营的公共新闻组织是不以营利为目的的非商业机构，资金主要来自于法定的广播电视收视费，其宗旨在于为公共利益服务和向公众提供社会教育。公共新闻组织既不属于私人，也不属于政府，而属于全体公民。在保障言论相对自由和独立的同时，注重对社会公众负有责任；既不受政府的直接干预和控制，又免除了市场对广播电视的压力。公共新闻组织不是一种受政府补助的商业活动，也不是半商业半公益的结合，而是一种不可或缺的公益服务。[①] 国营的政府新闻组织，其所有权完全属于国有，其他任何组织不得投资或参

① 魏永征、张咏华、林琳：《西方传媒的法制、管理和自律》，中国人民大学出版社2003年版，第25页。

股；受政府直接控制，资金主要来源于政府直接拨款；以宣传政府的重大理论、方针、政策为其主要职责，是政府控制、稳定政局和社会的工具。①

## 一、西方私营传媒集团的治理模式

在西方私营传媒集团中，报纸绝大多数实行股份制经营模式，其特点是：报社的注册资本由股份所构成，以其全部资产对报社的债务承担有限责任。股份制经营的报社可分为两种情况：一是私人股份制报社，即报社股权由私人控制，如美国《纽约时报》公司，由苏兹伯格家族控制，股票并不公开上市；二是公共股份制报社，即报社的股票公开上市，任何人都可以成为报社的股东。

在内部的治理结构上大都采取发行人之下的经营与编辑两分离式的治理结构。发行人就是报纸的主办者，即报社的法人代表，当然通常也是报纸的最高长官或大老板，称作 publisher，中文通译为“发行人”，也有译作“出版人”的。股份制报社的最高权力机构是全体股东大会，股东大会选举产生报社的董事会，并委托董事会决定经营方针。董事会聘任总经理具体负责报社的经营业务，聘任总编辑具体负责报社的编辑业务。总编辑和总经理是报社经营权的具体实施者。其法人治理结构如下：

1. 股东大会

从理论上讲，股东大会是传媒集团的最高权力机构，代表股东行使剩余索取权和剩余控制权。美国传媒集团的股东非常分散，而且相当一部分股东只有少量股份，其实施治理的成本很高，存在着“搭便车”的问题，在很大程度上导致了投资者对企业的监控不力，股东成为“不在的所有者”，以“用脚投票”代替了“用手投票”。

2. 董事会

董事会是股东大会的常设机构，由股东通过股东大会选举董事而组成。公司的性质不同，董事会的作用也就不同。由于美国股东大会的“形骸化”，分散的广大股东对董事会寄予厚望，所以美国传媒集团的股东更注重通过董事会来发挥公司治理的作用。美国传媒集团为了更好地完成董事会的职权，更加注意董事会成员的构成和董事会内部的管理。

① 周波：《公共管理模式下中国新闻组织的定位与重构》，硕士学位论文，吉林大学，2004年。

公司股东可通过“用手投票”选举或罢免公司董事等手段维护其利益，上市公司的股东还可通过“用脚投票”，抛售公司股票使股价下降，对经理层形成无形的市场压力。如美国在线并购时代华纳后，没有实现对股民承诺的网络新媒体的增长利润，股价大幅下跌，市值大大缩水，董事会、经理层不断调整，更换了首席执行官。近年来，英美等国家引入独立董事参加公司决策和经营管理，加强监督，保护小股东的合法利益。但是随着公司所有权的集中，董事和经理层等内部人控制公司、侵害小股东利益的情形时有发生。

3. 高级执行官

董事会为了集中精力搞好重大决策，往往雇请专门的经营管理人员负责日常决策，这些人通常被称为高级执行官。在美国，最高级别的行政官叫做首席执行官。在多数情况下，首席执行官是由董事长兼任的。即使不是由董事长兼任，担任此职的人也一定是公司的常务董事或公司董事长的继承人。此外，公司还设有其他一些行政职务，如首席财务官等。在总裁以下，各公司还常常设有多名负责具体业务的副总裁，这些副总裁一般都负责公司的一个重要业务分部，或者是作为公司董事长和首席执行官的代表担任重要子公司的董事长兼首席执行官。由于首席执行官是作为公司董事会的委托人而产生，授予他何种权利、多大权利以及在何种情况下授予，是由各公司董事会决定的。首席执行官的设立，体现了公司经营权的进一步集中。英美公司对公司经理人员的激励方式与德日公司有不同之处。英美公司中经理人员的年薪较高，而且大多实行股票期权制度，其目的是激励经理人员在公司经营中具有长期的经营行为，从而保证股东的长期利益。

4. 审计监督机构

美国企业中没有监事会，审计监督职能由公司聘请专门的审计师事务所承担，主要负责审计年度财务报告。公司内部虽然也设有审计委员会，但其主要职能是协助董事会或总公司监督子公司的财务状况。美国是一个证券市场非常发达的国家，股票交易在很大程度上依赖于信息的正当披露，公司自设审计机构难免在信息披露的客观公正方面有所偏差，所以美国很早就出现了由独立会计师承办的审计事务所，由企业聘请去对企业经营状况进行独立审计并发布审计报告，以示公正。美国公司每年的财务报告书都附有审计事务所主管审计师签发的审计报告。美国政府的审计机构也在每年定期或不定期地对公司的经营状况进行审计，并对审计事务所的任职资格进行审查。这种审计和审查既杜绝了公司的偷税漏税行为，又在很大程度上保证了信息披露的客观公正。①

**案例5.1：美国报社的内部治理结构②**

美国日报的最高长官是发行人，通常由报社老板兼任，如纽约时报集团公司董事长苏兹伯格就兼任集团首席执行官和《纽约时报》发行人。少数报社的发行人由老板选聘，但也会占有较多股份，如《纽约邮报》的发行人就不是老板，而是该报老板默多克聘任的。发行人一般并不过问报社具体事务，日常全面工作由发行人之下的第二号人物——总裁（小型日报称总经理）负责，但总裁负责的主要是行政和经营管理，基本无权过问编辑部事务。总编辑通常兼任副总裁，直接向发行人负责，无须向总裁报告工作，因此总编辑可视作报社的准二号人物。在很多报社，社论版主编与总编辑平级，也直接向发行人报告而不受总编辑节制，以体现评论的独立性（不受新闻和广告业务影响）。

和中国的报社一样，美国报社内的机构分为两大块：一块是行政和经营管理，另一块是编辑部。报纸除广告以外一切与内容相关的事务，归编辑部管理，其余归属行政经营方面管理。行政经营方面由总裁负责，设副总裁若干，通常兼任各方面主管，有的兼任部主任。典型的行政经营部门有：广告部、发行部、财务部、计划发展部、人事部、对外关系部（有的称公关部）、印刷厂、总务部。

编辑部由总编辑负责，再分为两块，一大块是新闻编辑部，一小块是社论评论部。社论评论部下设社论版和评论版，各由一名主编负责。很多情况下，社论评论部的总负责就是社论版主编。社论版日常最高业务管理机构是社论委员会，由主编和主要评论家组成，负责确定社论或重要评论的选题。新闻编辑部由总编辑负责，设执行总编、副总编、助理总编若干。新闻编辑部统统采取分类制，并实行采编合一，即将同类的编辑记者置入一个

① 常永新：《传媒集团公司治理》，中国传媒大学出版社2006年版，第113页。

② 辜晓进：《美国日报的组织结构》，载《新闻记者》2002年第6期。

部门，不设单独的记者部。新闻编辑部通常设本市新闻部、版面编辑部（负责版面设计和具体稿件文字修改）、国内部、国际部、经济部、艺术与娱乐部、体育部、副刊部（负责各类专版）、星期天刊部、摄影部（通常包括美术组）、网络部（负责本报互联网站）、图书馆（或称图书资料中心，负责图书资料保存、查询和业务研究）、各记者站。上述部门中，以本市新闻部、体育部、副刊部和星期天刊部较为庞大。

## 二、西方公共新闻组织治理模式

公共新闻组织有英国广播公司BBC、加拿大广播公司CBC、美国公共广播公司CPB、日本广播协会NHK、澳大利亚广播公司ABC等。它的最高权力机构是理事会，由社会各界的代表组成，具有广泛的代表性，具有较大的独立性。公营的公共新闻组织是不以营利为目的的非商业机构，其宗旨在于为公共利益服务和向公众提供社会教育。公共新闻组织既不属于私人，也不属于政府，而属于全体公民。在保障言论相对自由和独立的同时，注重对社会公众负有责任；既不受政府的直接干预和控制，又免除了市场对广播电视的压力。

理事会是国外公共新闻组织的最高决策机构，它是由具有社会影响的民间组织及联邦议会各政党的代表组成，负责监督执行电视台的方针，决定章程，决定电视台财政收支的预算、决算；向管理委员会推荐社长人选，对电视台节目安排提出建议，并对某些重大问题做出最后决定。管理委员会是国外公共新闻组织的监督机构，它是由社会民间团体和企业业务人员共同组成，其职权是任命社长、与社长签订工作合同；审查年度预决算和年度工作报告；监督节目内容。社长是整个企业的责任领导，对内领导整个业务，有权选择各业务部门经理，对外则全权代表传媒企业。

**案例5.2：英国BBC的组织治理模式**

英国BBC是国有社会公营型广播电视的典范。BBC是依据“皇家宪章”特许经营广播电视的公共企业，在法理上独立于国会和政府，自20世纪20年代以来，英国政府很少凭自己的意愿组建BBC理事会，干涉BBC的日常工作。一旦政府与BBC发生尖锐冲突，国会有权干预，以维护宪章所规定的BBC社会公营原则。BBC 理事会只是个战略决策和预算监控机构，它在选定 BBC 总经理后，让他全权处理事务。[①] 其法人治理结构如下：

1. 理事会（Board of Governors）

BBC 最高领导机构为理事会，它代表英国国民决定 BBC 所有的重要问题，对包括节目在内的全部业务活动负责。理事会由 12 名理事组成，由英国政府遗产继承委员会任命，除理事会主席、副主席外，还要求包括苏格兰、威尔士、北爱尔兰民族理事，理事会任命总经理、副总经理等。理事是财政、教育、文化、外交、社会工作各方面的专家，由国王征求枢密院意见后任命。理事会主席在每一个会计年度结束后需要向内务大臣提出包括业务和决算情况的年度报告，由内务大臣提交议会审议。

2. 经营管理委员会（Board of Management）

公司的执行机构为经营管理委员会，其委员由总经理、副总经理和 11 个大部的部长以及英国广播公司环球电视总公司总经理顾问等 16 人共同组成。总经理为日常业务最高负责人，由理事会任命，任期一般为 5 年。

3. 总经理是 BBC 的责任领导，对内领导整个电视台业务，有权选择电视台各业务部门经理，对外则全权代表 BBC。

BBC 治理模式的优势是：国家可以在宏观上调控监督，使传媒业务符合国家的总体需要；同时，作为自主经营的机构，具有相对的独立性，可以避免过多的行政干预，业务上较有活力。理事会有各方面的代表参加，经费大多来自受众缴纳的视听费，便于接受观众监督，对受众的服务意识随之增强，但是这种模式也有行政化倾向，经营活力相对不强。[②]

BBC 的公司治理模式如图 5.1[③] 所示：

## 三、西方传媒的行业自律

经过 300 多年的发展，西方新闻传媒业的自律从理念到实践都已经发

---

① 金冠军、郑涵：《当代西方公共广播电视体制的基本类型》，载《国际新闻界》2002 年第 2 期。

② 常永新：《传媒集团公司治理》，中国传媒大学出版社 2006 年版，第 117 页。

③ 黄升民、丁俊杰：《中国广电媒介集团化研究》，中国物价出版社 2001 年版。

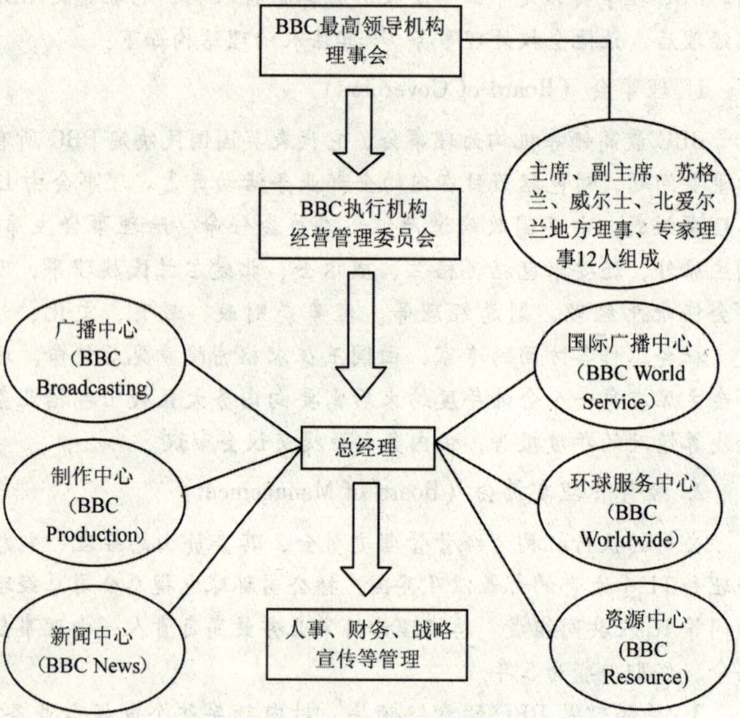


**图5.1 BBC公司治理模式**

展得相当完善。西方新闻组织自律的指导思想以社会责任论为理论支撑，核心是职业道德规范的构建与实践。综观西方各国新闻组织职业道德的内容，共同点有以下几条：1. 新闻要真实、客观、公正，发现错误及时更正。2. 维护国家安全与司法公正，不得破坏种族关系与宗教关系，不得鼓励骚乱。3. 以正当方式从事本职工作，不受贿、不剽窃，保持职业秘密。许多国家还规定，新闻从业人员不得从事商业、广告活动。4. 尊重他人名誉与隐私，不诽谤中伤他人。5. 不伤风害俗，注意保护青少年及易受伤害者（如儿童、无辜的罪犯亲属和朋友、性骚扰的受害者和住院的病人等）。①

西方职业道德规范的落实主要由新闻自律组织来实施。1953年建立的英国报业总评议会，因其体制完善和成效显著而著称于世，成为许多国家和地区仿效的典范。

① 张国良主编：《新闻媒介与社会》，上海人民出版社2001年版，第242页。

西方新闻自律组织一般只受理违反职业道德的投诉，不受理违法案件。其基本职能是对新闻组织的表现进行评议，并对一些违反新闻道德的案件作出不具有法律效力的裁决。就其权力而言，大多数只有裁决权而没有处罚权，只有日本等少数国家的新闻自律组织既有裁决权又有处罚权。就人员组成看，多数国家由新闻界和其他社会各界代表共同组成，有些国家只有新闻界代表而无其他社会各界代表，也有些国家只有社会各界代表而无新闻界代表。此外，在美国的一些新闻组织内部，设有意见调查员，他们是受众和社区的代表，充当新闻组织和受众之间的桥梁，促进新闻组织与公众间的建设性对话，负责收集受众对新闻组织的意见，进行调查，有时也进行调解。①

## 第二节　西方传媒的外部治理

### 一、政府治理的依法与放松

1. 依法监管

西方国家的新闻管制主要通过法律手段进行，针对媒介传播活动都建立了相当完备的法律条文，明确规定了保护新闻组织的自由和权利，同时限制新闻组织滥用自由和权利，在确保国家利益、公众利益不受侵害的前提下，鼓励新闻组织满足公众需要，促进国家和社会的发展。法律还规定了对某些限制或禁止的内容的传播，如：名誉诽谤、侵犯隐私、淫秽色情、国家机密、虚假广告、外国人在本国的政治宣传等。此外，媒介经济活动也是政府控制的内容，除经济管理普遍适用的法规外，还有新闻业中不正当交易方面的规定之类的专门法。② 监管部门则隶属于政府或议会，或者是独立的管理机构，它们依据法律的规定对新闻组织实行监督和管理，并且以间接管理为主，很少进行直接干预。

西方国家对广播电视领域实行比报刊领域严格得多的管理。印刷媒介

---

① 周波：《公共管理模式下中国新闻组织的定位与重构》，硕士学位论文，吉林大学，2004年。

② 田萱：《中西传媒管理主体及其职能的比较》，载《新闻知识》2005年第11期。

的开设主要实行登记制，而广播电视则不然，由于无线电频率是属于公众所有的公共稀缺资源，任何电台、电视台都只能拥有暂时的使用权，而非所有权，因此，西方各国普遍以许可证制度为核心，对传播内容实行监管，以保障公共利益不受侵害。虽然极少发生收回执照的事件，但这一制度迫使电台、电视台的经营者谨慎行事。由于儿童对于广播电视的易接触性，西方国家普遍通过法律作出限制性规定，努力减少色情、暴力内容对未成年人造成伤害。①

比如，美国国会下设联邦通信委员会（FCC）、公共广播公司（CPB）、广播管理委员会（BBG）三个机构，分别管理国有广播电视和私有广播电视以及对外广播。（见图5.2）②

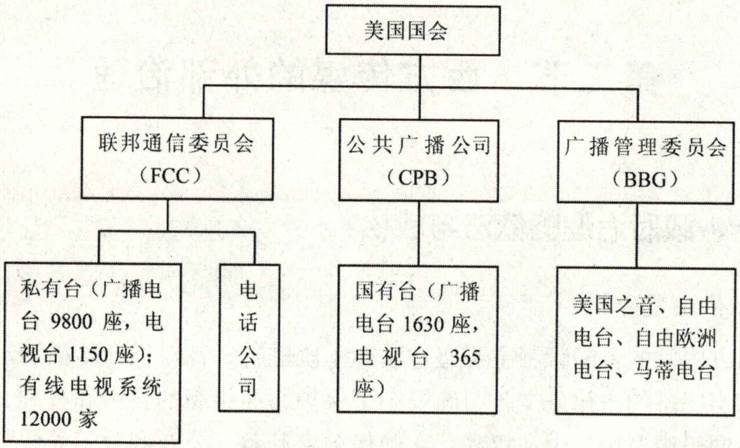


**图5.2　美国广播电视政府管制体系**

联邦通信委员会管理包括广播电视在内的电子通信业务。联邦通信委员会有权向各类电台、电视台颁发、更新营业执照，有权决定电台的发射频率、功率和位置，还有权对电台的设备进行检查，对其信号进行监听。对违反相应规定的电台、电视台，联邦通信委员会可以对其进行罚款直至吊销其营业执照。

① 周波：《公共管理模式下中国新闻组织的定位与重构》，硕士学位论文，吉林大学，2004年。

② 陈晓宁：《广播电视新媒体政策法规研究》，中国法制出版社2001年版。

2. 放松管制

20世纪80年代以来，由于数字通讯技术的广泛应用，全球化浪潮的影响，国外传媒集团开始迈出本国走向全球，各国不再坚持对媒体市场化、垄断化的限制，而是采取更适合市场需求、鼓励传媒兼并兼营和跨国运作的新政策，出现了对传媒业放松管制的趋势。这一政策性的改变，是为了大幅度地吸引私有资本进入信息传媒产业，增强本国传播业的实力。

1996年美国国会大幅度修改了1934年的《电信法》，其主要内容有：一是打破传媒间壁垒，允许不同传媒市场的相互渗透；二是放宽了对电视公司拥有电视台数量和电视覆盖率的规定；三是放宽传媒所有制的限制，推动电信产业和传媒产业的整合重组，“拆除了通信领域中的柏林墙”，从而引发国际传媒产业集团与电信集团的新一轮兼并收购热潮；四是改革了执照更新程序，几乎取消了审核程序，变成自动更换。以上这些措施的最终目的是鼓励或允许超大型、跨传媒、跨所有制的传媒集团出现，以增强本国传媒业的整体竞争力。①

受美国放松传媒规制的影响，80年代以后，西欧各国先后开始了广播电视业的私有化。西欧电视业的私有化历程是以议会、政府对电视业的管制放松为起点，以立法和总统命令的形式逐步实现。德国在1987年联邦各州达成改组广播事业的全国协议，规定了公共台和私营台并存的格局，随即便出现私营的电台、电视台。意大利在1990年由议会通过《公共和私人的广播电视体制之规定》即223法，正式承认私人拥有从事广播电视的权利。与此同时，在私有化浪潮鼓舞下，英国私营电视台——独立联盟和日本的四家私营电视台实力大增。②

3. 独立运作

西方新闻组织大多数独立于政府之外，受法律的保护而不是受来自政府的任意干预，对法律负责而不是对政府负责，政府无权干涉电台、电视台的独立经营和节目编排，新闻组织与其他企业一样享有自主权。即使是为数不多的国有新闻组织，如法国的国有新闻组织，政府的控制也趋向由直接控制转向间接控制，主要形式表现为国家进行资本经营，以公益法人

---

① 张志：《论西方广电传媒业的公共规制》，载《国际新闻界》2003年第5期。

② 李良荣：《西方媒体变革20年》，转引自《李良荣自选集》，复旦大学出版社2004年版，第214页。

的身份出现。

比如依据美国宪法，美国政府不能对传媒集团发出政策性指令，传媒机构的所有制形式、经营管理、人事安排等都由传媒企业自行决定，不受政府的行政干预。政府主要通过两种手段对传媒施行影响和控制：一是和传媒建立各种各样的联系，在潜移默化中发挥影响作用；二是通过司法手段，制定一系列法律条文和规章制度来约束传媒的行为，使传媒在信息传播的整个过程中都要受到法律的调节。英国一般也不直接干涉传媒的行为，而是通过发布新闻、左右舆论的办法对传媒施行控制，政府还通过经济杠杆来控制传媒。在传媒立法方面，除了诽谤法、版权法等法律和规定外，对报纸和通讯社都没有特殊的立法。

政府对传媒的控制主要通过资本市场进行，以新加坡为例，新加坡报业控股公司是以利润最大化为目标的上市公司，尽管是企业控股，但从未发生过舆论导向错误，也没有刊登与国家意志不符的新闻。主要是新加坡以立法规定，任何个人和机构在报刊公司中的股份不得超过3%，外国资本不得超过49%，这就排除了私人或家族资本对报刊的控制，限制了国外资本对报刊的影响。还规定报业公司的董事必须是新加坡公民，个人或机构不得超过5%的股份；股份分管理股和普通股两种，管理股占总股份的1%，只发给部长批准的新加坡公民和机构，普通股可上市交易，管理股由政府控制，以1票相当于普通股若干票，便于保持对媒介的宏观控制和阻止被某些“不受欢迎”的资本兼并。在委任和开除董事和员工的投票表决中，每份管理股拥有200票的表决权。

## 二、社会治理的监督与制约

西方传媒处在社会监督之下，受到社会各种力量合力的制约。

一是社会公众运用法律对新闻组织进行监督。主要表现为公众对新闻组织的司法诉讼，亦或称为“媒介官司”。正是由于大量发生的公民或法人对新闻组织及其从业人员的法律行为，构成了社会各方面对新闻组织及其从业人员的整体监督。而无论新闻组织是胜诉还是败诉，都有利于促进新闻组织依法规范运作和社会的进步。

二是民间传媒监督组织进行监督。民间传媒监督组织是西方公民社会的一种反映，这种来自于新闻组织以外的民间组织成为西方监督新闻组织的一种重要力量。它们不相信仅仅要求新闻组织自我规范和控制即能维护新闻自由的传统理论，转而积极地进行媒介的批判和监督，鼓励公众的介入和参与。这些组织所关注的内容十分广泛，并各有侧重。

如成立于1986年，总部位于美国纽约市的FAIR（Fairness & Accuracy In Reporting）相信独立批判的媒介是发扬民主的必要条件，它秉持美国宪法第一修正案的精神，维护媒介言论的多样性，监督媒介是否边缘化了公共利益、少数族群的声音及异议的观点。FAIR监督全国性的新闻组织，包括报纸、杂志、电视与广播等，并定期提出调研报告，公布在所创办的杂志、广播和网络上。FAIR开展大众化的媒介教育，并经常主动出击，组织大众共同对媒介偏误进行讨伐，并与地方性的媒介监督组织建立了相互支持的联系。在持续地挑战新闻内容的偏差与检查的努力中，FAIR一直保持与全国的新闻从业人员的沟通与对话，建议新闻工作者如何去扩展、改进并促进媒介议题的多元化。①

三是社会中介力量（介于政府与企业间的组织）进行监督。作为政府管理媒体的补充，社会中介组织在西方媒介管理中担当着重要角色，担负着推进补偿性的社会正义或社会公平，确保媒介的公平竞争和多种声音的作用。比如美国发行稽核局（ABC）就是核实各报刊发行量的真实性、维护广告主利益的非营利组织，其职能已扩展到认证商业展览的观众人次和互联网站的访问人次等等。再如美国广播电视工作者协会，之前成立的国家广播协会，主要是通过制定颁布行业应遵守的准则管理媒介活动，它们在推动行业新理念的实施过程中起了很好的作用。西欧各国也普遍成立了类似的组织，1963年还成立了国际发行量核查局，使全球均可分享它的资讯，如法国的全法报业联盟、巴黎新闻公会、地方日报公会、省级日报公会、新闻期刊联盟等报刊组织，其任务是维护所属成员的合法利益，代表报界向政府机构、广告界等开展工作。

## 三、市场治理的并购与重组②

公司制的现代企业制度是西方传媒集团有效的组织形式，作为独立法人的传媒集团在成熟的市场体制下，通过资本市场实现资本运营，通过产品市场进行竞争，利用流动的经理人市场选拔经营者，同时这些市场要素

① 周波：《公共管理模式下中国新闻组织的定位与重构》，硕士学位论文，吉林大学，2004年。
② 常永新：《传媒集团公司治理》，中国传媒大学出版社2006年版，第130～133页。

通过对传媒集团经营管理信息的反馈达到对传媒集团的外部治理功能。

在市场治理中，以证券市场为依托的控制权竞争机制发挥着重要作用，传媒业并购重组十分活跃。所谓并购，就是兼并和收购的简称，它既包括企业或实体间的兼并和收购，也具有联合、接管等含义。传媒并购指媒体企业或实体间的兼并和收购、联合和接管，它是一种通过转移媒体企业所有权或控制权的方式实现资本扩张和业务发展的手段，是媒体资本运营的重要方式。

比如1996年，美国对《1934年电信法》修改后的一年内，就发生了以下的并购事件：默多克新闻集团以30亿美元购买了新世界通信集团的全部股权，成为美国最大的拥有22个连锁电视台的业主；美国西部公司以108亿美元获得美国第三大有线电视公司——大陆有线电视公司的控制权；芝加哥论坛公司以11.3亿美元买下复兴通信公司，因而成为拥有16家电视台的大公司，其节目可以进入美国三分之一的家庭；甘尼特公司以17亿美元买下多媒体娱乐公司；达拉斯的贝洛公司以15亿美元买下普洛维斯日报公司，从而拥有16家电视台和1个有线网以及两家报纸；钱勒斯广播公司以3.65亿美元从科尔法克斯公司买下12家广播电台。

2000年1月10日，美国在线与时代华纳合并，涉及资金1840亿美元。2000年3月13日，美国两大报业集团时代—镜报公司和论坛报公司宣布实行合并，成为美国第三大报业集团，拥有11种报纸，总发行量将达到360万份。

虽然美国传媒业的并购活动并非都是恶意收购，其中许多并购是双方平等协商而达成的善意收购，但从整体上讲，这些并购活动是以发达完善的证券市场为依托的。首先是证券市场为传媒集团控制权的配置提供了相对准确的价格定位，有利于并购者发现并购对象，并有利于并购双方在价格上达成一致；其次发达的证券市场造就了控制权配置主体，即并购者可以通过证券市场筹集到实施并购活动所需的巨额资本投入；再次证券市场上投资传媒集团等中介机构的职能多元化方便了传媒集团并购活动，推动了传媒集团控制权的重新配置。

传媒集团一旦被收购，其董事会将被改组，其经营者将失去职位与信誉，失掉对传媒集团的控制权。由于担心被并购，传媒集团的经营者们就会尽心竭力地为股东利益而工作。由于存在被兼并的风险，公司经理人员就会尽力经营自己的公司，使公司保持良好的业绩，以使公司股票价格保持在较高的水平而不易被收购，形成了兼并、接管机制对公司经理人的约束。

## 第三节 国外传媒治理对我国的启示

### 一、传媒治理的构建必须适应我国的制度环境

从各国实践来看，公司治理模式受经济、政治、社会文化、历史传统等多种因素的影响，并没有一个标准模式。德国、日本和美国作为三个具有代表性的国家，其所有权结构和公司治理制度具有较大的差异：美国以经营者控制为特征，高度依赖资本市场和外部治理，所有权集中度较低；德国以银行控股和职工参与控制为特征，对外部资本市场的依赖很弱，从而导致了所有权的高度集中；日本以债权人“相机治理”和法人交叉持股为特征，侧重于内部治理。不过，尽管德日美三国所有权结构和公司治理制度各不相同，但他们却在20世纪80年代共同成为世界三大经济强国。[①]为什么德日美三国公司治理制度安排各不相同，却取得了相同的绩效呢？原因主要在于治理结构的制度安排适应了各自的制度环境。

因此，国外公司治理与制度环境相适应，必然是一种目标的创新，也就是说只有与特定制度环境高度契合的公司治理模式才是最有效的。我们不但不能把国外的某些经验和做法不加分析地拿来为我所用，而且要按照我国传媒制度环境的要求，进行特定的制度目标创新，以达到特定制度环境下的特定制度均衡。

国外三种类型新闻组织并存发展的制度安排，实际上是设计了三种新闻组织提供公共品、实现公共利益的机制。国营新闻组织是政府提供公共品、维护公共利益的机制；公营新闻组织是社会提供公共品、维护公共利益的机制；商业新闻组织是个人提供公共品、维护公共利益的机制。这种三种机制并存的制度设计在实践中表现出了其设计的合理性，从而不断化解矛盾，消除弊端，促进发展。[②]

---

① 刘汉民：《所有制、制度环境与公司治理效率》，经济学家网站，www. jjxj. com.

② 周波：《公共管理模式下中国新闻组织的定位与重构》，硕士学位论文，吉林大学，2004年。

由于我国传媒的特殊性，传媒治理的设计就要吸取国外三种治理结构制度安排的优点，按照我国的国情进行构建。青木昌彦和金滢基曾告诫说：“离开一个国家的发展阶段以及其制度与习俗的历史，而去评判每种公司治理模式的优点以及对转轨经济的适用性，是没有什么意义的。在设计转轨经济的公司治理的时候，经济学家必须具体地确定每种公司治理模式（或是不同的模式的结合）的运作所需的特定条件，这些条件在转轨经济中能否得到，以及实现这些条件的最有效率的途径。”这就要求我国传媒治理的构建不仅要在追求效率的前提下，与外在制度环境相吻合，与传媒“政治人”、“经济人”的双重假设相吻合，而且要选择治理成本最低的制度安排。

## 二、公司制传媒具有较强的制度优势

许多国家除保留极少数单一国有股东的传媒以外，将绝大多数传媒改组为股份公司或有限责任公司，采取了公司制传媒产权制度，这一制度变迁表明公司制传媒具有制度上的优势。根据美国 FAS - FAX 出版统计局的统计，美国发行量较大的报业公司是：甘奈特、奈特里德、前进出版、时代—镜报、纽约时报、道琼斯、新闻集团等。这些传媒集团目前都是通过公司制来进行管理的。①

公司制传媒产权制度具有以下特征：财产主体多元化、治理结构法人化、产权具有可转让性、经营责任有限化等。公司制传媒集团的这些特征是对传统传媒集团产权主体单一性、产权占有的不可分离性、产权不可转让性、经营责任无限性等特征的替代与创新。财产主体多元化是传媒集团资本金充足的前提与保证，从而促进传媒集团资产规模的增长；治理结构法人化提高了传媒集团决策水平，并有助于形成良好的激励监督机制，有助于职业传媒经理人市场形成；产权的可转让性既保护了资本所有者的利益，也有利于通过市场机制增强对传媒集团的约束作用等等。

总之，公司制传媒的产权制度特征适应了市场化、生产社会化发展的客观需要，因而具有很强的制度优势。在大多国家传媒集团公司化（股份化）改革以后，公司制传媒集团产权制度日益成为主导的传媒集团产权

---

① 潘玉鹏：《西方报业集团的形成及其主要特征》，http：//www. woxie. com，2003 年 2 月 14 日。

制度。[1]

## 三、传媒管制的法制与独立

任何形式的公司治理都必须通过法律加以固化否则该制度就因缺乏强制实施的基础而不能得到有效实行，传媒治理也是如此，比如法律要在初始的权利分配中，明确传媒产权，将传媒治理的各种权利在传媒各方进行最适宜的分配，使权利配置能产生最大的效用；同时，要尽可能地维持治理的秩序，保证权利交易能顺利进行，对传媒各方的责权利进行科学安排，以便通过市场交易纠正法律对权利的不当配置，维护资源最优配置的市场规定性。此外，从法律角度考虑公司治理，不但要考虑法律制度的完备性，而且要考虑法律的执行效率和可行性。

通过对国外管制的研究，我们可以看出，西方国家普遍以立法的形式保护公民和新闻组织的权利，监管部门隶属于政府或议会，或者是独立的管理机构，其职权范围和管制程序都通过法律得到了充分的授权和限定，主要是保护市场公平竞争，合理分配与配置资源，保护用户利益与国家利益。它们有充分的经费来源，保证了管制机构依法实施和执行中的公平、公正，它同时还具有准立法、行政和司法权。

同时，政府都是从国家利益出发，高度重视传媒产业发展，特别是涉及到国家安全方面，通过各种手段保护本国的传媒产业，努力使其在国际上有更大的影响力；政府与传媒之间的分工都是明确的，政府的主要职能是制定政策、制定发展战略、公共服务，主要通过经济手段、法律手段干预传媒产业，不过多使用直接的行政手段；政府管理部门无论其名称如何，管辖范围怎样，但其管理职能都比较清晰，部门与部门之间的分工与协作做得比较好。

独立管制机构的权力由国会授予，法律规定独立规制机构可同时行使立法权、行政权和司法权。它在行使立法权方面主要有在国家总体法律规定之下制定行政法规、制定标准和提出立法建议等三种形式；在具体的事件处理上，它也有准司法的裁决权力，可以批准和禁止某些行为。国外管制机构依据法律的规定对新闻组织实行监督和管理，并且以间接管理为主，很少进行直接干预。而管制主要通过制定和修改与传媒相关的法律政

---

① 常永新：《传媒集团公司治理》，中国传媒大学出版社2006年版，第95页。

策来进行，其管制有两个趋向，一是管制政策上逐步放松管理，二是管制机构集中。

对于传播内容，国外各国都在加强监管，比如涉及新闻的法律都规定：新闻媒介不得以任何形式危害国家安全。这包括：不得煽动以武力及其他非法手段推翻政府，破坏国家制度和社会秩序；不得泄露国家机密；不得煽动宗教、民族对立等等。英国制订有“公务机密条例”，严禁新闻媒介泄露有关国家安全的机密。在法国，如果新闻媒介刊载政府认为危害国家安全的消息，政府有权没收报纸、取消广播电视节目，甚至可以逮捕有关记者、编辑。澳大利亚、新西兰等国几乎所有有关国家安全的新闻，都须经有关部门的部长亲自签字同意才能发表。①

① 李良荣：《西方新闻事业概论》，复旦大学出版社 1997 年版，第 236～237 页。

# 第六章　文化体制改革下传媒治理的创新探索
## ——传媒治理的现实发展分析

如果说当前进行的文化体制改革是一种制度环境创新，那么传媒治理就是一种内生于制度环境的制度安排。制度环境对传媒治理的影响表现在对传媒治理的制度安排上，不同的制度环境演化出不同的制度安排，同一种制度安排在不同的制度环境下会有不同的效率表现。文化体制改革下的制度环境创新决定了传媒治理的创新方向，本章是立足于传媒当前改革实践的现实发展分析。

## 第一节　文化体制改革下的传媒转制改革

文化体制改革是继经济体制改革、政治体制改革、教育体制改革、科技体制改革和卫生体制改革之后，中央的又一重大决策。文化是一个国家的“软实力”，是一个民族的灵魂，是综合国力的重要组成部分，同时也代表着一个国家和民族的文明程度、发展水平与高度。深化文化体制改革，加快文化事业和文化产业发展，是加快社会主义现代化建设的内在要求，是提升我国综合国力的迫切需要，是实现经济、政治、文化和社会协调发展，构建社会主义和谐社会的重要内容。

## 一、文化体制改革的目标及历史回顾

1. 文化体制改革的历程

2002年，党的十六大报告第一次将文化分成文化事业（公益性文化事业）和文化产业，提出要积极发展文化事业和文化产业。2003年6月，中央召开全国文化体制改革试点工作会议，对文化体制改革试点工作进行部署，确定9个地区和35个宣传文化单位进行试点，其中新闻出版单位就有21家，占了近2/3。2003年10月，十六届三中全会通过的《中共中央关于完善社会主义市场经济体制若干问题的决定》，将文化体制改革纳入完善社会主义市场经济体制总体目标。

2006年1月12日，中共中央、国务院发出《关于深化文化体制改革的若干意见》（以下简称《意见》）。《意见》要求，推进文化事业单位改革，要根据现有文化事业单位的性质和功能，区别对待、分类指导，明确不同的改革要求。新闻媒体要坚持正确的舆论导向，始终确保党和人民喉舌的性质。要优化组织结构，整合内部资源，转变经营方式。要深化文化事业单位的内部改革，推进人事、收入分配和社会保障制度改革，按照政事分开的原则，事业单位和行政机关不得相互混岗。

重塑文化市场主体，是推进文化体制改革的重点和难点。《意见》要求，深化文化企业改革，要规范国有文化事业单位的转制。要重塑文化市场主体，按照现代企业制度的要求，加快推进国有文化企业的公司制改造，完善法人治理结构。符合上市条件的，经批准可申请上市。转制为企业的出版社、报刊社、文化产品进出口公司等，要坚持国有独资或国有绝对控股，实行特许经营或许可证经营。这是首次允许转制为企业的出版社、报刊社、文化产品进出口公司等，可以吸收部分社会资本，进行投资主体多元化的股份制改革。

2006年3月14日，第十届全国人民代表大会批准颁发了《第十一个五年规划纲要》，再次强调深化文化体制改革：

“建立党委领导、政府管理、行业自律、企事业单位依法运营的文化管理体制和富有活力的文化产品生产经营机制。改进对公共文化单位的扶持方式，促其增强活力、改善服务。推进经营性文化事业单位转制，努力形成一批坚持社会主义先进文化方向，有较强自主创新能力、市场竞争能力的文化企业和企业集团。完善文化产业政策，促进民族文化产业发展，引导和规范非公有制经济进入文化产业，形成以公有制为主体、多种所有制共同发展的文化产业格局和民族文化为主体、吸收外来有益文化的文化市场格局。加强文化市场综合执法和对互联网的管理，坚持扫黄打非，营造扶持健康文化、改造落后文化、抵制腐朽文化的社会环境，积极倡导企业文化建设。①

2006年3月底，中央召开深化文化体制改革工作会议。提出以发展为主题，以改革为动力，以体制机制创新为重点，以创造更多更好适应人民群众需求的精神文化产品为目标，深入推进文化体制改革，解放和发展文化生产力，促进公益性文化事业全面繁荣和文化产业快速发展。以此为标志，文化体制改革全面展开，文化事业的改革与发展进入新的阶段。

2007年10月，胡锦涛同志在十七大报告中指出：当今时代，文化越来越成为民族凝聚力和创造力的重要源泉、越来越成为综合国力竞争的重要因素，丰富精神文化生活越来越成为我国人民的热切愿望。在时代的高起点上推动文化内容形式、体制机制、传播手段创新，解放和发展文化生产力，是繁荣文化的必由之路。在报告中，总书记还分别阐述了推进我国文化大发展大繁荣的四项基本措施，其中一项是以改革创新为动力，以发展文化产业为突破口，增强文化发展活力。

2. 文化体制改革的目标

新闻出版署署长柳斌杰在《中国出版》2006年第3期撰文《解放和发展文化生产力》，提出了文化体制改革的五大目标：

一是创新文化宏观管理体制。在计划经济条件下形成的文化体制，最大的问题是党、政、企、事混在一起，宏观、中观、微观没有区别，不党不政不企不事，管理不顺，职责不清。体制改革首先要创新管理体制，突破旧的管理模式。一是建立党委领导、政府管理、行业自律、企事业单位依法运营的文化管理体制，明确党委、政府、行业协会、企事业单位各自的任务和职责。二是转变政府职能，加快政企分开、政资分开、政事分开、政府与市场中介组织分开，实现由办文化向管文化的转变。三是完善宏观调控体系，在投资、准入、监管、考核、评估、奖惩、退出、市场、布局等环节上建立应对机制和政策规范，实现有效调节。四是制定文化企

① 《中华人民共和国国民经济和社会发展第十一个五年规划纲要》，《人民日报》，2006年3月17日。

业、文化事业公开、明确的运行规则。扶持公益文化事业、发展文化产业。五是分类制定文化体制改革的实施办法和政策措施，完善文化综合执法体制。

二是重塑文化市场主体。建立文化市场必须要有市场主体，这个主体只能是文化企业，文化企业也是文化产业的基础，因此，第一步就要推动各类经营性事业单位转制为企业，清产核资、明确产权，出资人到位，资产经营责任制落实。转制后的文化企业，要按照现代企业制度的要求加快公司制改造，完善法人治理结构。有条件的可加快产权制度改革，进行股份制改造，实行投资主体多元化，符合条件的可以申请上市。

三是健全现代文化市场体系。打破条块分割、地区封锁、城乡分离、垄断经营的计划分配资源和产品的旧体系，形成全国统一、开放、竞争、有序、健康、繁荣的市场体系。打破计划经济体制留下的按行政级次、行政区划、行政部门分配文化资源和产品的旧框框，建立现代流通组织和跨地区营销网络，让资源向优势企业集中，产品向终端市场流动。

四是深化文化单位的体制改革。党的十六大明确指出，文化按不同性质和功能分为公益性和经营性两种，按不同的要求进行改革。这里分了三种类型：政府兴办的文化事业，如图书馆等“六馆”和社区、农村公共文化设施等，改革的要求是整合文化资源，调整配置方式，加大政府投入，引导社会资金以捐赠、赞助等多种方式投入公益事业，逐步构建公共文化服务体系；政府扶持的文化事业，如党报党刊、电台电视台、政治性公益性出版社、重要社科机构等，改革的要求是转换扶持资金的使用效益，扶持政策和措施与成果评价结合，要保证完成国家确定的任务；经营性的文化单位，改革的要求是创新体制、转换体制，面向市场、壮大实力，就是首先要转制，通过清产核资、明晰产权、资产评估和产权登记，确认出资人，建立资产经营责任制。规模较大的可以实行资产授权经营，变成真正独立的经营主体。转制企业自工商登记之日起，一律实行企业的财政、税收、分配、社会保障、劳动人事制度。

五是形成两个新的格局。首先是充分发挥国有资本在文化领域的主导作用，调动全社会力量积极参与文化建设，形成以公有制为主体、多种所有制共同发展的文化产业格局。其次是积极应用先进科学技术和传播手段，推动内容创新，使原创性文化产品在市场上占重要地位，进一步提升我国文化产品的国际影响力和竞争力，形成以民族文化为主体、吸收外来有益文化，推动中华文化走向世界的文化开放格局。这是解放和发展文化生产力的重要标志。

## 二、传媒转制改革的历程

在文化体制改革的总体要求下，我国传媒体制改革面临着新的形势和新的挑战。新闻出版总署署长柳斌杰在十七大期间接受采访时说，新闻出版业是文化的基础产业和主要传播行业，在文化建设中担当着重要的责任。因此，传媒转制改革在文化体制改革中显得更为重要，党的十六大和十六届四中全会提出构建社会主义和谐社会，而传统新闻出版体制与社会主义市场经济体制和生产力发展水平不相适应，与人民群众日益增长的精神文化需求、全面建设小康社会的目标任务不相适应，与依法治国、加快社会主义法制建设的环境不相适应，诸多因素呼唤加快传媒体制改革，通过体制改革解放和发展传媒生产力。

2001 年 8 月《中央宣传部、国家广电总局、新闻出版总署关于深化新闻出版广播影视业改革的若干意见》（即“17 号”文件）下发，指出新闻出版广播影视业“既有一般行业属性，又有意识形态特殊性，”要求“以结构调整为主线”，“积极推进集团化建设，把集团做大做强”，“实行多媒体兼营”与“实行跨地区经营”等。2002 年 7 月，中央办公厅下发《中共中央办公厅国务院办公厅关于转发〈中央宣传部、新闻出版总署关于进一步加强和改进出版工作的若干意见〉的通知》，即“16 号”文件。“16 号”文件明确指出，出版业改革应“借鉴经济领域改革的成功经验”，“重点培育大型出版集团和发行集团”，“在国有资本控股的前提下，对发行集团和省级新华书店等，实行股份制改造”等等。这两个文件肯定了当时新闻出版业的改革与发展，规范了路径，为转制改革打下了基础。

2003 年是我国文化体制包括新闻出版体制改革总体启动年，依据党的十六大以及党的十六届三中全会关于文化体制改革的重要精神，中央两办于 2003 年配套出台了两个重要文件。一个《中共中央办公厅国务院办公厅转发〈中共中央宣传部、文化部、国家广电总局、新闻出版总署关于文化体制改革试点工作的意见〉的通知》（中办发［2003］21 号），文件对试点工作做出了具体安排，并明确了“坚持和巩固党在意识形态领域的领导地位”的原则，确立了“因地制宜、分类指导、先点后面、统筹兼顾”的工作方针。另一个是《国务院办公厅关于印发文化体制改革试点中支持文化产业发展和经营性文化事业单位转制为企业的两个规定的通知》（国办发［2003］105号），对文化体制改革试点中的转制企业在财政税收、投融资、资产授权经营、社会保障等一系列问题做出相应规定，为试点改革提供良好的政策环境。105号文第9条指出，“党报、党刊、电台、电视台等重要新闻媒体经营部分剥离转制为企业，在确保国家绝对控股的前提下，允许吸收社会资本；国有发行集团、转制为企业的科技类报刊和出版单位，在原国有投资主体控股的前提下，允许吸收国内其他社会资本投资；广播电视传输网络公司在广电系统国有资本控股的前提下，经批准可吸收国有资本和民营资本”。

2003年12月，广电总局下发了《关于促进广播影视产业发展的意见》，对广播影视体制改革及产业发展提出了明确的政策措施。除新闻宣传以外的社会服务类、大众娱乐类节目以及影视剧的制作经营，从现有体制中分离出来组建公司，自主经营、自负盈亏、依法纳税；体育、交通、影视、综艺、音乐、生活、财经、科教等频道频率，经批准可以组建公司，进行频道频率的企业化经营；电台、电视台和广电集团（总台）内部重组或转制为企业的单位，在确保控股的前提下，可吸收国内社会资本进行股份制改造。条件成熟的广播电视节目（包括电视剧）生产营销企业经批准可以上市融资。

2004年7月，全国广播影视局长座谈会召开，会议要求广电系统内的文化体制改革试点单位率先实行“三分开”和“三分离”。“三分开”就是管办分开、政事分开、政企分开。“三分离”就是在广电集团（总台）内部部分频道频率和部分资产实施事业产业分离、所有权与经营权分离和制播分离，这是改革的重点和突破点。在明确频道频率资源属于国家专有资源不得出售、承包、租赁，确保资产所有权、经营控股权、节目终审权和主要干部任免权掌握在总台（集团）的前提下，对于个别经营前景看好的娱乐服务性频道频率，经批准可以实行所有权和经营权分离，组建独资或绝对控股的股份制公司进行企业化经营。

2003年底，新闻出版署也下发了《新闻出版体制改革试点工作实施方案》，对新闻出版试点工作的总体目标、基本要求、主要任务等都做了细致周详的规定，标志着我国传媒业的改革步入了新的阶段。这一年，21家单位分三类进行了改革试点：一是4家党报报业集团，以机制创新、增强活力为主，进行事业、企业两分开的试点，即将主业（党报）与其经营部分相分离，其发行、广告、印刷及传输等经营部分转为企业；二是7家出版集团和4家报社，以体制改革、机制创新为主，进行从事业体制向企业体制转变的试点；三是6家发行集团，作为已经和正在转制的企业，主要以建立现代企业制度、培育新型市场竞争主体为目标，进行股份制改造，加快现代物流、连锁经营系统建设的试点。①

改革以一个又一个“第一”，跨出了具有历史性意义的步伐：2004年4月，中国出版集团经国务院批准更名为中国出版集团公司，成为中国第一家具有企业身份的出版单位；此后不久，新闻出版管理部门分别批复同意中国保险报社转制为股份制企业、中国证券报社整体转制为企业，在报业改革方面迈出了整体转制的第一步；2004年12月，北青传媒股份有限公司在香港联交所挂牌上市，成为内地传媒企业海外首发上市“第一股”。观察家们将这无数个改革的“第一”称之为文化体制改革的“破冰之旅”。

经过两年多的探索，文化体制改革试点工作取得预期成效，为改革向面上推开、向纵深拓展准备了条件。2006年，全国报刊管理工作会议对传媒改革进行了布置，明确提出了继续实行事业体制的报刊和逐步转企改制的报刊下一步改革方针。会议指出：

党报党刊和时政类报刊要继续实行事业体制，改革主要是内部三项制度，即人事制度、分配制度、社会保障制度改革。改革的方针是“增加投入、转换机制、增强活力、改善服务”。这些单位要继续探索宣传与经营“两分开”，可经营性部分从事业体制中剥离出来转制为企业的经营性公司，必须由新闻单位作为出资人和控股方，社会资本不得以广告、发行等公司的名义直接或变相介入宣传编辑业务。

社会生活、文学艺术、科普类报刊社，要逐步转企改制。以“创新体制、转换机制、面向市场、壮大实力”为方针，按照现代企业制度的要求，完善法人治理结构，实行企业的财务、税收、社会保障、劳动人事等制度，着力培育新型的文化市场主体。在转企改制的一定期限内，国家给予财政、税收方面的政策优惠。为了确保国有文化资本的主导地位，对转制为企业的报刊社，要坚持国有独资或国有绝对控股，实行特许经营或许可证管理。②

---

① 李玉梅：《推进新闻出版业全面繁荣和健康发展——新闻出版总署署长石宗源答本报记者问》，《学习时报》，2005年4月18日。

② 《中国新闻出版报》，2006年8月29日。

## 三、传媒转制改革的目标

2006年1月12日，中共中央、国务院发出《关于深化文化体制改革的若干意见》，对传媒体制改革同样提出了新的目标，可以概括为六个更加明确:①

一是更加明确了新闻出版改革的任务。以发展为主题，以改革为动力，以体制机制创新为重点，形成科学有效的宏观管理体制、富有效率的出版生产和服务的微观运行机制，增强出版事业单位的活力，提高出版竞争力；建设现代出版物市场流通体系，更大程度地发挥市场在出版资源配置中的基础性作用；以新的产业格局和开放格局，提升我国出版产品的国际影响力和竞争力。

二是更加明确了新闻出版改革分类指导、区别对待的要求。国家扶持的新闻出版事业单位是党报、党刊、通讯社、重点新闻网站、时政类报刊和人民出版社、盲文出版社、少数民族文字出版社及有公益性出版任务的出版单位。转制为企业的是一般出版社和文化、艺术、生活、科普类等报刊社，以及新华书店、出版物经营机构等。国家免费的义务教育的课本、图书馆公用性出版物、农民读物等由国家兴办或由政府采购，纳入公共文化服务体系。

三是更加明确了新闻出版事业单位改革的要求。确定公益事业单位的，要整合内部资源，转变经营方式，政治性图书、报刊、出版社内的广告、印刷、发行、传输网络、三产等经营部分，要从事业体制中剥离出来，转制为企业，进行市场运作，为主业服务。事业单位人员不得与党政机关人员相互混岗，全面推行聘用制度和岗位管理制度，推进人事、分配和社会保障制度改革，合理调节收入分配，依法参加社会保障，促进人才有序流动。

四是更加明确了新闻出版单位转制的规范。

(1) 转制企业要在清产核资的基础上合理界定产权归属，做好资产评估和产权登记工作。确认出资人身份，明确出资人权利，建立资产经营责任制，确保国有资产保值增值。有条件的可实行资产授权经营，给企业以更大的资产经营权。

---

① 柳斌杰:《解放和发展文化生产力》，载《中国出版》2006年第3期。

（2）转制企业实行工商登记，自登记之日起，实行企业财政、税收、社会保障、劳动人事制度。在一定的期限内给予财政、税收等方面的优惠政策。

（3）转制企业要建立现代企业制度，加快推进新闻出版企业公司制改造，完善法人治理结构、落实自主经营权。

（4）转制企业要加快产权制度改革，推动出版公司股份制改造，实现投资主体多元化，符合条件的可申请上市。

五是更加明确了新闻出版体制改革的相关政策。

（1）完善国有资本有进有退、合理流动的机制，推动出版资本向市场前景好、综合实力强、社会效益高的出版企业集中，发挥国有资本的控制力和带动力。支持大型国有出版企业和出版、报业、发行集团实行跨地区、跨行业兼并重组，鼓励同一地区的新闻出版企业互相参股。以资产为纽带的联合、收购、重组，是培育有实力、有竞争力的大型出版、发行企业集团的快捷途径，政策上要予以支持。

（2）完善行政许可，加快审批改革，推行政务公开，规范程序，减少环节，增强透明度，提高公信力。建立市场准入和退出机制，明确准入资质和条件，严把准入关，通过评估等级、年检、诚信记录和两个效益的考核，淘汰不合格的新闻出版企事业单位，做到生死由业绩和市场决定。

（3）转制为企业的出版社、报刊社、进出口公司等要坚持国有股份制、国有独资或国有绝对控股公司，省以上大型新华书店、书报刊印刷企业要坚持国有控股。出版企业作为独立法人，自主经营，自负盈亏，其经营利润或国有股份的收益为出资人发展主业、扩大企业再生产服务。

（4）事业单位的主管者、出版企业的出资单位要依照法律和规定，切实加强对出版方向、经营状况、资产配置、重大决策、重要干部配备的管理和监督。

（5）赋予有条件的出版企业外贸自营权，鼓励企业扩大出版产品和服务出口，鼓励出版企业以独资、合资或合作方式，在境外兴办、合办出版社、报刊社和发行企业。

（6）重视职工权益保障，做好劳动人事、社会保障的政策衔接，按照新人新办法、老人老办法的原则制定相关政策，妥善安排竞争落聘、无岗位的人员。

六是更加明确了新闻出版体制改革的工作指导。必须建立党委领导、政府支持、宣传部门协调指导、行政主管部门具体实施的工作体制；必须解放思想、实事求是、与时俱进、开拓创新；必须坚持先进文化前进的方向，落实科学发展观，使公益性的新闻出版事业和经营性的新闻出版产业协调发展，一手抓事业发展，一手抓产业壮大，事业和企业都要把社会效益放在第一位，实现两个效益的统一；必须分类指导、区别对待，循序渐进、逐步推开。

## 第二节　文化体制改革下传媒治理的改革探索

### 一、公益性传媒和经营性传媒转制改革的探索

1. 公益性传媒的经营部分转制为企业——部分剥离

从2003年至2005年，不少公益性传媒进行了转制改革试点。2004年8月20日，在大连举行的全国省会城市报纸第二次协作会上，国家新闻出版总署报刊司副司长王国庆说：目前4家试点的报业集团都属于“剥离转制”，所谓“剥离转制”主要是指党报党刊等重要的新闻媒体的事业体制不变，将其经营部分如广告、印刷和发行等剥离出来，转制为企业，面向市场搞好经营，接受集团领导的监督，确保正确的经营方向，同时也为壮大主业服务。即通过循序渐进的方法在事业集团广告、发行、印刷、网络等部门的基础上，分别组建传媒广告、发行物流、印务和网络公司，即在采编权与经营权相分离前提下，将集团的经营部门剥离之后组建企业法人公司，而采编部门即编辑出版业务仍保留在作为事业单位的传媒内部。同时逐步对部分子媒体和部分品牌栏目尝试进行公司化运作。

部分剥离的总原则就是按照文化体制改革的总体要求把事业性传媒集团中的经营性文化产业部分剥离出来，由原有的事业法人转制为企业法人，并在符合国家政策的前提下，力争实现投资主体多元化，建立健全法人治理结构。部分剥离着眼于把先行剥离出来的资产做强做大，这是中国传媒集团在体制改革过程中一种现实而又合理的路径选择，但是这样一种对经营性资产的部分剥离毕竟是不充分的市场化体制改革之路。

**案例 6.1：东南商报等一批传媒经营性资产的剥离转制**

宁波日报报业集团下属东南商报将经营性资产剥离转制，组建公司。他们首先进行国有资产的界定及评估，在与宁波市体改委、市财政局、市国资委沟通协调后，请南开大学专门从事无形资产评估研究的学者提供理论支持，请长期担任国企改制评估工作的专业会计师事务所借鉴国企资产评估经验与参数进行具体评估。接着，集团选定了中国著名的民营企业雅戈尔集团参与投资东南商报的经营业务，新成立的宁波东南商报经营有限公司实行董事会领导下的总经理负责制，全权负责东南商报的广告、发行等相关经营业务。公司总资产 1 亿元人民币，其中宁报集团占 55%、雅戈尔集团公司为 45%，公司下设董事会、监事会等法人治理结构，董事长由宁波日报报业集团党委书记、社长张秉礼担任，副董事长由雅戈尔集团董事长李如成担任。监事会由 3 人组成，双方各 1 人，职工代表 1 人。公司总经理、财务负责人由集团派出，雅戈尔集团派财务监督。在新体制的运行中，公司对采编部门运行成本的投入以信息采编费的形式支付。东南商报仍保留原来的编辑部和编委会，与经营公司平行，在宁报集团党委和编委会的领导下，负责采编任务并对新闻舆论导向进行严格把关。编委会方面的干部任免仍由宁报集团党委按干部管理权限进行，公司不能干预采编业务。①

相同的剥离转制的案例还有：

新华日报报业集团成立江苏九九递送公司，主营国内外报刊批零业务，兼营家政服务、经济信息咨询、日用百货销售、公路运输及车、船、机票代售等业务。长江日报报业集团将发行公司的运输车队拿出来，与湖北省的捷龙客运集团的资源进行整合，组建"快运公司"，在保证送"早报"的同时，借道进入了物流运输市场。②

浙江日报报业集团印务中心是集团下属的事业编制部门，根据集团《关于深化集团经营体制改革的若干意见》的要求，将集团印务中心实行公司化运作，通过多元产权结构，实现产权清

① 殷俊、陈仲侨：《改制：东南商报的做法、实效与思考》，载《当代传播》2005 年第 5 期。
② 罗建华：《在转制中释放生产力——中国报业集团年度观察》，杭州网，2005 年 05 月 11 日。

晰、权责分明，进而建立完善的法人治理结构，通过职工身份转换，将内部人、单位人转为社会人，将身份管理改为岗位管理。配合上述方案，浙报集团印务中心与广厦集团达成了合作的框架性协议，和广厦集团联合组建股份制的印务公司，共同投资建设新的印务基地。[①]

2. 公益性传媒成立集团有限公司——完全剥离

文化体制改革中，部分公益性传媒采取完全剥离的方式，完全剥离与部分剥离的重要区别在于：完全剥离是事业单位性质的传媒集团，成立传媒集团有限公司，接受国有资产的授权经营，将内部产业经营性资产与产业经营型子报子刊（子频道）全部划归到集团有限公司，这些经营性资产和子报子刊整体转制为企业法人。由此整体转制后的子报子刊或者频道“从理论上可以获得包括采编权和经营权在内的完整权利，实现内容生产和经营的统一”[②]；同时集团公司也可以建立内部法人体系和健全法人治理结构，成为按照现代企业制度组建的新型传媒市场主体。部分剥离则将原来经营部分的事业体制转变为企业体制，进行了内部改革，机制创新，进入市场，还没有完成资产的授权经营、结构调整和股份制改造。

完全剥离的目的在于建立传媒集团真正的市场主体地位。完全剥离前，公益性传媒是事业法人，导致市场主体地位的缺失，政府没办法实行授权经营，导致产权的虚置，其内部也无法建立以产权为纽带的组织机构。而完全剥离是在原有事业集团的基础上成立集团公司，政府将资产授权给集团公司运营，从而解决了事业集团不能授权经营的问题。同时，事业集团与集团公司作为整体分别运行，资源统一配置，内部采编与经营分开，有利于统一管理。完全剥离以产权制度为突破口，以资产为纽带形成母子公司的企业法人体系，有利于集团内部法人治理结构的构建，由传统的行政事业型垂直管理模式，转变为扁平管理模式。

文化体制改革以来，有不少传媒集团如“沈阳”、“浙江”、“深圳”、“南方”、“大众”等报业集团，均实行了这种完全剥离，以破解传媒体制改革的难题。但这种整体转制也会有新的矛盾，如部分传媒换了企业名

---

① 浙江省报业协会：《浙江报业改革创新“闪亮点”（上）——推介十八条典型经验》，载《中国报业》2004年第9期。

② 朱学东、高江川：《转制，主体之美》，载《传媒》2004年第3期。

称，多了一个工商企业执照，但内部资本结构、管理机制都没有大的变化，也没有建立相应的法人治理结构。

**案例 6.2：沈阳日报报业集团完全剥离式改革试点**

2004 年 8 月 13 日，沈阳日报报业集团的“集团有限公司”剪彩问世，该公司定性为沈阳日报报业集团投资组建的国有独资有限公司企业法人。章程中明确界定：集团以其出资额为限，对公司承担责任；公司以其全部资产，对公司的债务承担责任。该公司注册资本为 2 亿元人民币，由集团投入的净资产组成。

由于集团公司的成立，集团与公司产生新的分工：集团原体制不变，直接负责沈阳日报、沈阳晚报两家主报的编辑出版工作，对其他报刊实行监管。集团按照现代报业发展的要求，对部分机构设置进行了调整，在《沈阳日报》编辑部，取消了过去相对封闭的与产业部类相对应的部门设置，组建政治新闻、经济新闻、社会新闻等新闻中心，实现了以中心制为基础的扁平化管理。

公司则拥有国有资产经营权，获得集团剥离的 11 个控股企业，其中包括沈阳今报、都市青年报、晚晴报、青年科学杂志、北方热线传媒及 5 家经营性子公司，承担这些企业的经营业务，集团公司在工商管理机关注册。集团母子公司取消行政级别，通过产权纽带联接，各子公司是独立的法人实体，除围绕集团的报刊和资产进行经营外，还可以对外拓展经营业务，扩大了集团的经营空间。

3. 经营性传媒整体转制为企业——整体转制

2004 年 8 月 20 日，在大连举行的全国省会城市报纸第二次协作会上，国家新闻出版总署报刊司副司长王国庆说：北京青年报、中国证券报、中国保险报、重庆电脑报等报社属于“整体转制”。所谓“整体转制”主要是指产业属性强的科技、专业类的报刊等出版单位，经批准可以整体转制为企业，建立现代企业制度，创新运行机制，主动进入市场，通过竞争发展壮大自己。

新闻出版署署长柳斌杰认为新闻出版业转制包括两层含义：第一是指在计划经济体制下新闻出版业的事业体制迈向市场经济的过程中，一部分经营性的事业单位要转制为企业，就是事业单位转为企业，即“事转企”，转制为企业以后，它就是一个市场独立的主体，它归市场来管，在市场主导下来发展，不隶属于任何一个单位，不由任何一个部门来单独管理，是一个单独的市场法人主体。第二就是已经转制为企业体制的新闻出版单位，由单一的国有企业转变为股份制多元化企业体制，就是由单一的国有制转变为股份制，即“独转股”。①

经营性传媒转制前后的单位性质、领导体制、经营理念、资金来源、财务制度、用人机制、分配制度都有了质的变化。如单位性质，转制前传媒为国家事业性质，由国家编制委员会确定；转制后为企业性质，依法由工商机关登记、注册。产权主体，转制前资产由国家投资，国家拥有全部产权；转制后公司的资产由国家、企业和自然人共同投资构成，国家、企业和自然人均分别拥有传媒企业资产的部分产权。再如经营理念，转制前传媒以自身业务领域为基础，以发展宣传事业为目标；转制后，传媒以市场需求和社会、政治需求为目标，并在保证舆论导向正确的前提下以获得利润的最大化为追求。另外，在财务制度、用人机制、分配制度、资金来源等方面，转制后与转制前也将发生显著变化。这种变化将有效地促进经营性传媒机制的转变，增强企业的活力。②

中国的报纸早些年就进行过整体转制的尝试，1998 年，哈尔滨日报报业集团由事业法人转为企业法人，2002 年牡丹江传媒集团集体转制为企业。在文化体制改革中，目前我国整体转制为企业的报社已经有重庆电脑报、中国保险报、中国证券报等。2004 年，新闻出版管理部门分别批复同意中国保险报社转制为股份制企业，中国证券报社整体转制为企业，新华社为唯一出资人，在报业改革方面迈出整体转制的第一步。2006 年初经审核同意，电脑报社又转制为国有全资文化企业，成立重庆电脑报出版有限公司，重庆市科协和西南师范大学分别占有该公司 80% 和 20% 的股份。该公司拥有《电脑报》、《大众网络报》和《电脑迷》的出版权。

**案例 6.3：机电商报社整体转制的改革**

2007 年 9 月底，机电商报社整体转制为企业，成立北京卓众出版有限公司，成为中国农业机械化科学研究院独资设立的国有

① 柳斌杰：《出版单位转制中的六个重要问题》，载《传媒》2004 年第 6 期。

② 魏文楷：《中国广播电影电视产业转制问题研究》，载《北方传媒研究》2005 年第 4 期。

文化企业，拥有《机电商报》、《农业机械》、《汽车与驾驶维修》等一报十刊的出版权。北京卓众出版有限公司的成立是中国报刊业改革进程中的一件大事，标志着一个集报刊主办、出版和经营于一体的独立、完整的市场主体诞生；表明试点单位的转企改制工作按照中央关于深化文化体制改革的精神，正在向纵深推进。

在转制过程中，卓众出版公司一是加强党的领导，建立了内容保障机制，成立党委会以加强党的领导，在内容把关方面试行党委领导下的总编辑负责制，为此公司设立了总编室。总编室除了负责各报刊的定位与质量外，一个重要任务就是把握报刊的内容导向，在涉及重大政策问题的选题方面严格把关。

二是明确了出资主体，卓众出版现有的一报一刊一网是在中国农机院领导下发展起来的，所有的在职办刊人员都是中国农机院的员工，办刊场所也一直设在中国农机院，因此中国农机院就是现在所有报刊的唯一投资方和产权所有方。因为中国农机院本身就已经是一家中央企业，这就彻底解决了出资人主体的问题。成立由中国农机院独资的卓众出版，继续整合、重组部分行业内以及社会优质媒体资源，通过集约化经营做大做强。

三是健全了法人治理结构，卓众出版改制后，成为了一个独立面向市场、具备法人资格的市场主体，并要逐渐建立和完善规范的公司治理和科学合理的决策机制，设立了董事会、监事会，建立董事会领导之下的总经理负责制，严格按照规范化管理的模式设计治理结构，合理进行权责分配，保证公司有效运转。

四是降低改制成本，平稳进行改制，在正式改制之前，卓众出版经过自身努力，已随中国农机院进入中央大型科技企业序列，所有的员工已经是企业身份，实行了企业化的社会保障体系，员工定期缴纳各项社会保险费用，因此转制没有增加更多的负担。同时，卓众出版在改制过程中按规定履行民主程序，改制方案充分听取职工意见，并经职代会讨论通过，保证职工的合法权益。依据劳动法和公司章程，公司与员工进行双向选择，在完全平等的基础上签订劳动合同。改制后，所有进入卓众出版的员工继续按北京市有关规定缴纳各项社会保险费。这些都为卓众出版的顺利转制创造了平稳的过渡环境。①

## 二、改革试点单位创新治理模式的探索

### 1. 公益性传媒的治理模式

在文化体制改革试点单位中，党报党刊和时政类报刊属于公益性传媒，实行事业体制，主要是对人事制度、分配制度、社会保障制度进行改革。这些单位探索了宣传与经营“两分开”的改革路径，经营性部分从事业体制中剥离出来转制为企业。

在改革中，公益性传媒创新了传媒治理模式，建立健全党委领导与法人治理结构相结合的领导体制，按照现代企业制度的运营机制，设置社委会、董事会、监事会、编委会等为基本框架的组织结构，实行决策层、执行层和监督层互相制约的治理模式。

集团党委是集团最高领导与决策机构，实行党委领导下的社长负责制，党委书记、社长是报业集团事业法人代表。报业集团党委书记、社长兼任公司董事长，为集团公司法人代表，集团党委和集团公司董事会往往为一套班子，两块牌子。集团执行层分两条线，一是宣传系统，由编委会和各子报子刊编委会组成，集团编委会是集团党委会新闻宣传决策的执行机构，是集团日常新闻业务工作的领导指挥机构；集团编委会和各媒体编委会是领导和被领导的上下级行政关系，集团编委会的指令通过各媒体编委会贯彻执行，从而形成集团新闻宣传的组织系统。二是经营系统，由集团公司以及各子公司的管理层组成，主要是执行董事会（党委会）的决议，形成了集团经营管理系统的组织系统。

**案例 6.4：山东大众日报报业集团“一社两制”的治理模式**

大众报业集团是以资本为主要联结纽带，以党报为龙头，由一系列子报刊和经济实体组成的多法人联合体，集团的核心为大众日报社和大众报业（集团）有限责任公司。在组建集团时，大众日报社依然保留着事业法人身份，而作为集团母公司的大众报业（集团）有限责任公司，则注册为企业法人。因此，大众报业集团成为事业单位和企业的结合体，“一社两制”的称谓由此

① 刘泽林：《行业类、科技类报刊体制创新的必要性与关键点》，载《传媒》2007 年第 11 期。

而生。

在治理结构上，形成了以党委为龙头的一个管理中心（社委会）和三条垂直的组织指挥系统（党组织系统、宣传业务组织系统、经营业务组织系统）。社委会是集团党委下设的高层行政管理机构，执行党委决议，党委制定了《社委会办公制度》，规定社委会负责协调集团的整体行为，解决一些带有综合性的重大问题。社委会由集团党委书记、董事长兼任主任，总编辑和总经理分别兼任副主任，纪委书记兼任秘书长，从宣传、经管、党群三个系统正处级干部中推选三位能力强、威信高的同志，担任社委会的委员。

集团党委下设集团编委会，理顺党委会—编委会—子媒体编委会—采编部门—采编人员组成的宣传治理系统。集团编委会由集团总编辑、副总编辑和从主报中层、子报刊、网站总编辑中选拔出的三名委员共同组成。各报刊和网站也都建立了编委会。

同时，建立健全董事会和经理层，理顺党委会（董事会）—集团公司经理层—各子公司董事会、经理层—子公司部门—业务人员组成的报业经营治理系统。为了加强党委对经管系统的领导，集团党委会、集团公司董事会是一班人马两个牌子，集团公司的重大事项由党委会以董事会的名义研究决定。两名党委常委兼任集团公司总经理和副总经理，从经管系统中层主管人员中推选两位懂经营、善管理的同志担任副总经理，组成集团公司经理层，执行董事会（党委会）决议，主持集团公司日常经营管理工作。经理层主要研究决策的事项是：制定集团公司董事会决议的落实方案；审定集团经管部门的业务目标和工作计划，审定各子公司的业务目标和执行计划；拟订督导、指挥及支援各经管部门、子公司和经管协调组织完成工作目标的措施；定期分析经管方面的倾向性的重大问题，及时研究指导性意见，改进管理；评估经管人员的工作表现，等等①。

党报集团是个复杂的组织系统，集团整体效应的发挥取决于各个组成部分之间的有效协调。大众日报报业集团“三协调”的

① 徐熙玉：《报业集团体制创新和组织再造的九大着力点》，载《青年记者》2005年第2期。

经验值得借鉴，即围绕着宣传、经营两大纵向的系统，抓好三个层次的横向协调。一是组建社委会，搞好高级管理层的协调，主要是集团编委会和集团公司经理层之间的协调。由集团党委书记、总编辑、总经理、纪委书记和宣传、经管、党群三个系统的骨干领导组成的社委会，是集团党委领导下的高层行政管理机构，负责协调集团的整体行为，加强对集团的总体管理。二是健全集团职能部门，搞好各媒体和子公司之间的协调。集团的职能部门，如人事、财务、审计、资产、采购、纪检、法律等部门，要在做好服务和管理工作的同时，通过资产调配、财务监控、纪检监察、督察调节等工作，公正、公平地协调集团中层单位之间的利益和行为。三是每个媒体和各子公司之间建立协调小组（或委员会），以联席会议的形式，搞好宣传和经营的协调。协调小组（或委员会）成员来自有关各方，一般都是兼职，负责签订合同、沟通情况、交换意见、协调行动。①

2. 经营性传媒的治理模式

在文化体制改革中，社会生活、文学艺术、科普类报刊社属于经营性传媒，实行的是转企改制，按照现代企业制度的要求，完善了法人治理结构，实行企业的财务、税收、社会保障、劳动人事等制度，着力培育新型的文化市场主体。

这些报刊社转制为企业后，均将社委会改组为董事会，聘用了执行层，设立了监事会，理顺了党的领导和完善企业法人治理结构的关系，构建了党委领导和法人治理结构相结合的结构模式。

在这一模式下，国家作为资产所有者掌握着传媒的最终控制权，可以决定董事会人选，并有推选或不推选直至罢免某位董事的权力。董事会作为传媒的法人代表全权负责传媒的宣传和经营，拥有支配传媒法人财产的权力并有任命和指挥总编辑、总经理的职权，董事会必须对国家负责。总编辑、总经理受聘于董事会，作为传媒的代理人统管传媒日常宣传和经营事务，在董事会授权范围之内，他们有权决策，其他人不能随意干涉。但是，总编辑、总经理的管理权限和代理权不能超过董事会决定的授权范围，他们的经营业绩的优劣也要受到董事会的监督和评判。在这一模式

① 张殿元：《中国报业传媒体制创新》，南方日报出版社2007年版，第55~68页。

下，党组织的主要负责人按照法定程序进入公司法人治理结构，取得了较好的效果。

现代企业法人治理结构的建立使经营性传媒的领导体制适应传媒产业的运作特点，势必提高决策的科学性、有效性、制约性，以及传媒企业用人机制、财务机制、分配激励机制、监督考核机制的彻底转变。

**案例 6.5：中国保险报股份制改革下的传媒治理创新**

2005 年 4 月 18 日中国保险报业股份有限公司揭牌，直接从全民所有制改制为股份制公司，成为我国第一家整体实行股份制的新闻机构。中国保险报社之所以进行整体转制，就是要通过体制和机制的创新焕发活力，彻底摆脱原有体制的束缚，走出一条新型股份制公司的路子。这次改制是由中国再保险（集团）公司作为主发起人，与中国人寿保险（集团）公司、高等教育出版社旗下企业北京畅想传媒投资集团有限公司、上海民营企业福禧投资公司、中国人保控股公司共同发起设立中国保险报业股份有限公司，这家全新体制的新闻文化企业在国家工商行政管理总局登记注册后获准正式开业，注册资本金为 1 亿元人民币。

公司按标准的现代股份制企业设立，在国家工商行政管理总局注册，以其全部的法人资产依法独立经营、自负盈亏，并对公司的债务承担责任；股东以其所持公司股份数额为限对公司承担责任。《中国保险报》在国有控股的基础上还引入了多元化投资主体，既吸收了保险行业和新闻出版业的资本，也吸收了民营资本的进入。其中，中再集团控股 40%，中国人寿持股 20%，中国人保持股 10%，北京畅想、上海福禧则分别持股 15%。由于有民营资本的参与，《中国保险报》的这次改制也被人称为中国报业改革的“惊天举措”。

中国保险报业股份有限公司董事长兼总裁、中国再保险（集团）公司总经理、原中国保险报社的首任社长戴凤举认为，整体转制后，当务之急就是要不断完善公司治理。因为公司治理是公司制度发挥作用的基础，有了良好的公司治理，公司的骨架才能硬朗，才能为公司各方面工作奠定坚实的基础，才能更好地维护股东的合法权益，也才能保证报业公司能够为保险业和社会提供更好的文化和新闻产品。

中国保险报的治理结构没有简单地把传媒集团党委、纪委、经管系统“翻牌”成董事会、监事会、经营层，而是在筹备之初就确立了两大原则，一是确保党对媒体的领导，确保正确的舆论导向；二是确保国有投资主体控股，确保国有资产保值增值。因此，治理结构上建立了董事会和党委会的双重领导机制，不仅确保党对新闻媒体的领导和国有资产的保值增值，而且可以确保坚持贴近实际、贴近生活、贴近群众的正确舆论导向，使公司在市场化的运作过程中，在注重社会效益的前提下，追求经济利益最大化。公司设董事会，向股东大会负责，董事名额由5家股东按所持股份分配，10%的股份出一个董事。公司设党委会，成员由公司总裁、副总裁共4人组成，职责是确保党对媒体的领导，确保正确的舆论导向。股东会决定董事会和监事会成员，董事会选择经营管理者，经营管理者行使经营权，构建了权力机构、决策机构、监督机构和经营管理者之间相互制衡的治理框架，形成了较为完善的用人机制、财务机制、分配激励机制、监督考核机制。①

## 三、改革试点单位传媒治理的缺陷

### 1. 公益性传媒“一体两制”带来的内部治理问题

不少公益性传媒实行两块牌子一套班子，党委会和董事会合一。党委会和董事会分别代表着两种不同的体制，前者采用集体领导、分工负责、议政合一原则的一种决策机制，以行政权威关系为基础，实行集体决策，带有行政机制的强制性，其决策以多种目的为导向（社会安定、政治稳定、国家安全、意识形态等），党委成员之间有行政等级高低之分，决策及执行的后果由集体承担。而董事会则以市场主体间的平等合作关系为基础，以市场机制和效率为导向，实行决策权、执行权和监督权三权分立，尊重市场机制的自愿性，董事会成员之间关系平等，决策、执行、监督责任和结果分别由行为者本人承担。一体两制带来了内部治理的弊端。

一是导致传媒政、事、企不分。党委会和董事会，一个是代表党和政

---

① 齐人：《中国保险报：从全民到股份的体制跨越》，载《青年记者》2005 年第 5 期。杨驰原：《保险资本 vs 传媒体制——一小步与一大步》，人民网/传媒视线第 62 期。

府行使行政权力的领导组织，一个是代表股东利益行使法人财产权的企业管理组织，两者是两个不同职能特征的决策权力机构，他们在成员构成、制度原则、责任主体、权力决策上都是不同的，两块牌子代表着两种体制，用一套班子运作本身就难以融洽，带来权责不清，整合困难，决策错位。比如试点集团定性为事业单位，但事实上大量的日常决策中，所遇到的大都是有关产业发展的问题，虽然名义上多了一个董事会，但实质的决策和管理方式并没有变化。这种领导体制难以适应形势发展的需要，导致了集团在决策上的错位、失误、滞后和权责不清，带来了确定集团目标发展方向时的摇摆性和不确定性。①

二是带来了传媒的投资风险。在一体两制的改革模式下，报纸经营权或频道经营权的界定不明确，多数的传媒机构在与业外资本的合作过程中对所有权和经营权的分离采取了模糊的处理办法。由于没有符合规范的约定，公益性传媒将报纸或频道经营权授予其他主体经营的合法性并没有国家相关法律法规的保护，同时经营权转让的定价极为随意，无法体现媒体数年经营积累的无形资产价值，存在国有资产流失的可能性。由于存在上述先天的产权安排缺陷，如果一旦产生纠纷，如报纸经营与编辑方针的冲突、合资频道定位与保留频道定位的冲突、公司控制权的冲突，这种合作就非常脆弱，导致巨大的投资风险。正是由于上述不成熟的合作模式，期望通过这些合作企业上市融资，开展资本运作，实际上蕴含着很大风险，这对于建立现代企业制度、规范媒体公司运营是极其不利的。②

按照文化体制改革的有关政策，非公所有制资本可以进入传媒产业，参与经营部门的运作，但是不能控股，且不能参与采编部门的运作，无权对编辑业务、编辑方针发表意见，这就限制了传媒投资者的权利，影响了投资者的积极性，同时也不利于传媒监督机制的形成。

三是采编、经营两个系统难以协调运作。一体两制必须协调内部两种不同性质的单位之间的关系，将两种资源配置方式有机结合起来，解决内部的利益冲突。但目前我国的报业集团多是以党报为中心组建起来的，是党报在办集团而非集团办党报，这就使得在集团内本来平行的采编和经营的关系失衡了，集团难以成为协调媒体和企业两者关系的有机联合体，采

① 张殿元：《中国报业传媒体制创新》，南方日报出版社2007年版，第55～68期。

② 屠正锋：《传媒改制上市的模式创新》，载《新闻界》2005年第3期。

编业务和经营部门相对独立而又相辅相成的组织结构也不能真正建立。①

采编是事业性质，经营是企业性质，事业和企业有着本质不同的产权制度、治理方式，很难做到组织决策的集中统一。经营部门的盈利手段必须依托采编部门的业绩，广告的吸纳、印刷的数量、发行的扩张，主要由编辑部工作状态的优劣决定。投资者会把眼光紧紧盯着采编部门，没有相应的运作机制，投资者的积极性与能动性就会大打折扣。同时，采编部门的投入产出，人力资源的组织与运作，要视经营部门的业绩而定，它的产出要依托采编部门。可是，采编部门和经营部门是两个单位，两种所有制，两种体制与机制，操作起来相当困难，中间缺少必要的纽带与联络机制。传媒改革试点单位基本上还没有理顺和有效解决这一问题。②

四是割裂了传媒的产业链。采编经营的分开导致了传媒集团内的产业链的割裂，产业化发展的产品质量完全由经营公司以外的采编部分决定。这种剥离强行将传媒采编和经营分开，如同一个拥有经营权的法人无法自主设计自己的产品，只能经营体制外的成品，这种没有采编权的经营性资产注定不是真正意义上的传媒企业，也难以成为优良的资产，同样也无法拥有可持续发展的核心竞争力。

传媒的新闻和经营本是两个不可分割的“轮子”，把一个完整的产业链分成两部分，造成人为的分隔，传媒难以协调发展。两者的分开也难以保证采编的独立性和公正性，即使剥离了采编部分，投资商也可以通过经营关联，对采编人员的报酬加以控制，从而影响采编人员；同时，在消费者至上的时代，往往由市场决定生产什么产品，市场决定了采编内容，从而使经营者能够有效运作传媒乃至控制传媒，带来较好的投资回报。

**案例 6.6：北青传媒上市后暴露的内部治理问题**

北青传媒全称是北京青年报传媒发展有限公司，成立于 2001 年 5 月 28 日，注册资金 1.01 亿元，是北京青年报社控股子公司，负责经营该报社于 2001 年剥离出去的广告、印务等经营性资产。北青传媒的生存模式高度依赖广告收入，其广告收入占总营业额的 74% 以上。而且，其中高达 98% 的广告来自《北京青年报》。

2004 年 12 月 22 日在香港成功上市的当天，就创下 23.75 港

① 刘年辉、郭志法：《体制改革与报业集团的行动策略：一个基于社会关系的利益分析视角》，“传媒产业发展与传媒理论创新高峰论坛”提交论文。

② 张殿元：《中国报业传媒体制创新总序》，南方日报出版社 2007 年版，第8～9 页。

元的高价，融资总额为9.5亿港元，约为人民币10.07亿元，成为中国报业海外上市的第一股，具有里程碑意义，这是首家在中国内地之外市场上市的国有媒体公司。它不仅可以通过直接融资壮大自己，更重要的是通过资本市场走向了海外，走出一条中国传媒业自己的发展之路。

在一派风光无限的气象中，上市刚9个月的北青传媒在2005年8月26日晚公布的2005年中报中，发出了严重的盈利警告：公司上半年净利润仅为17万元人民币，与2004年同期相比，下跌了99.76%。随后不久，6名中高层管理人员和经营人员先后因涉嫌经济问题而被捕。

有专家分析指出：北青传媒的冒进最直接地反映在内部治理的不合理上，一是北青传媒没有完整的国有资产授权，意味着上市后不能随便调整自身股本结构，这对上市运作不利；二是内容与广告的生硬分离，造成生存模式的高度单一化；三是各类关联交易过多，包括与母公司和其他关系暧昧的经营实体之间的各类关联交易，导致经营风险过大；四是资本扩张的思路不清晰，也不尽合理。尤其是在人力资源和其他配套资源尚不具备的前提下，就打算仅仅凭借行政资源优势贸然地从报业跨越到非报业经营领域，这样既不利于主业的巩固，更加剧了经营风险。①

2. 传媒治理机制的缺陷

文化体制改革下，传媒建立了党委领导下的社长负责制，这是一种集权制，即集决策、执行和监督三权于一身。而现代企业制度的核心是形成董事会、经理层、监事会之间的决策、执行、监督各司其职、相互制衡又彼此协调的公司法人治理结构，这种矛盾是当前试点集团治理模式的问题症结，带来了以下的治理机制缺陷：

一是如何对社委会进行制约和监管。试点单位的社委会是最高决策机构和权力机构，社委会成员全部来自传媒集团内部，不少成员还兼任总编辑、总经理，极易形成“内部人控制”，加之没有建立有效的监事会，更没有聘请外部独立监事，致使对社委会的监督和制约机制欠缺。此外，社委会统管办报和经营工作，办报和经营中的重大事项的决策都由社委会做

① 周笑：《中国传媒上市公司资本优势转化典型个案研究》，载《新闻记者》2006年第8期。

出，而总编辑和总经理是社委会的副主任，这种领导体制势必导致总编辑参与经营管理工作的决策，总经理参与新闻宣传工作的决策，而办报和经营涉及两大行业，专业跨度大，这样的体制很难保证决策的正确性和科学性。尤其是总编辑和总经理都担负着决策和执行的双重职能，造成了决策和执行的权力和责任的混合，不能形成两者之间的制衡关系。①

二是如何对经理层进行激励和约束。试点单位仍然按行政方式任命领导成员，党和政府通过其主管部门直接任命和委派，而不是通过竞争机制选拔。如总编辑、总经理等高级管理人员的选任仍由地方宣传部（委）决定，社委会只是在形式上具有聘任或解聘的权利，因而缺乏对他们的有效约束，加之实行行政化管理，缺乏相应的考核制度和责任追究制度，更难以形成经营者的约束机制。

三是如何加强对子报子刊、子公司的控制和管理。试点单位作为一个以党报为主，包括多家子报刊以及广告、发行、印刷等多个经营实体组成的法人联合体，与单一报社相比，具有规模庞大，结构复杂、控制困难等特点。母报自身并未建立现代企业制度，后来合并进来的子报刊多带有行政推动的色彩，与母报不存在以产权为纽带的母子公司关系，更多的是行政隶属关系。还有的报业集团是完全在政府行政力量的作用下“捆绑”起来的产物，这种特殊的报业集团产生机制造成集团对各子公司、子报刊的控制缺乏权力基础，集权与分权缺乏科学性，从而导致对各子报刊、子公司的控制不力，管理混乱。②

3. 由经营部分组建的公司不是合格的市场主体

按文化体制改革的要求，公益性传媒将经营部分分离出来组建成公司，将传媒集团与其下属经营单位由原来的行政隶属关系变为产权关系，传媒集团首先组建国有独资的集团有限公司作为母公司，由政府授权经营，在工商局注册，拥有法人产权，成为市场主体。同时，以集团公司控股的方式，对内部经营单位进行改制，建立以资产为纽带的母子公司的法人治理结构。但是这种企业与我们要建立的新型报业市场主体不能相提并论，因为根据《出版管理条例》的规定，法人单位获得出版权必须经由国务院新闻出版行政管理部门审核批准，而那些在工商部门登记的企业的业

① 张晓群等：《对报业集团管理体制的初步探讨》，载《新闻战线》1998 年第 9 期。

② 卢恩光：《中国报业集团治理探析》，华夏出版社 2007 年版，第 125 页。

务被严格限定在报纸的经营业务范围内，不能涉及报纸的编辑出版业务，报纸的出版权属于作为事业单位的传媒集团。①

因此，由经营部分组建的媒体公司不拥有包括出版权和经营权在内的完整权益和完整的法人财产权，不是一个合格的市场主体。这类公司上市因为不具有独立完整的资产和业务，不能保持相对较高的经营独立性，从而不被证券市场看好。证券市场规定，上市公司的主营收入不能主要来源于与关联单位的关联交易，从国内目前已上市的媒体类企业看，主要是整合了媒体的广告、印刷、发行等经营性业务，这类公司的收入基本依赖于与关联媒体单位的关联交易，其关联交易额往往达到90%（有关规定不得超过30%）。在媒体采编业务、资产、人员无法进入上市公司的情况下，证券监管部门有理由认为，此类上市公司无法较好地把握公司经营，有效地控制公司风险，业务缺乏必要的独立性，从而影响其在证券市场的发展。② 剥离经营部分转制为企业的目的是融资，上市是融资的重要途径，剥离后的企业其关联交易远远超过证券市场的规定，成为其无法逾越的障碍。

**案例 6.7：谁愿意购买没有厨房的餐厅**

根据《上市公司治理准则》第二十二条规定“控股股东与上市公司应实行人员、资产、财务分开，机构、业务独立，各自独立核算、独立承担责任和风险”，而在媒体上市公司中，虽然频道经营权或内容编辑权在核心资源，但却未明确进入公司，导致公司业务能力存在严重缺陷。通过这样的公司与股东之间存在大量的关联交易。

中国证监会［2003］116号文《关于进一步规范股票首次公开发行上市有关工作的通知》中规定，“发行人委托控股股东及其全资或控股企业，进行产品（或服务）销售或原材料（或服务采购）的金额，占发行人主营业务收入或外购原材料（或服务）金额的比例，均不超过30%。”然而，A股上市公司博瑞传播（600880）、赛迪传媒（0504），虽然是纸质媒体经营公司，但内容编辑却在公司之外，因此广告经营业务对原媒体单位有极大的

① 张殿元：《中国报业传媒体制创新》，南方日报出版社2007年版，第11～14页。

② 詹朝军：《进一步深化体制改革，借助资本市场促进媒体发展》，载《媒介研究》2004年第1期。

依赖性，关联交易收入超过50%，与证监会主张的上市公司产、供、销业务链完整、不依赖大股东、不存在重大关联交易的原则相悖，导致上述公司再融资申请屡被驳回。在北青传媒香港上市时，某国内知名的投资银行以“谁愿意购买没有厨房的餐厅”道出了北青传媒等此类模式的先天缺陷。①

## 第三节 文化体制改革下传媒治理的创新思路

### 一、文化体制改革下传媒转制改革的战略构想

胡锦涛同志在十七大报告中提出，要推动社会主义文化大发展大繁荣，深化文化体制改革，完善扶持公益性文化事业、发展文化产业、鼓励文化创新的政策，营造有利于出精品、出人才、出效益的环境。落实十七大报告精神就是要探索出适合传媒发展的体制机制模式，新体制的核心就是要在中国社会政治制度和市场经济体制的框架内，在党和政府确保舆论导向控制权的同时，让公益性传媒和经营性传媒都能走向市场，发展壮大，走上产业化发展的道路。

传媒目前的体制是长期形成的，既是传媒改革的对象，也构成了改革的基础。对原有的体制不能采取简单否定的办法，更不能采取“休克疗法”，而是要通过慎重稳妥的周密部署，采取渐进式的改革步骤。一方面要处理好改革与发展的关系，改革是动力，发展是目的，不改革传媒就没有出路，不能促进传媒发展的改革也不可能是成功的改革。另一方面要坚持正确的改革方向，做到把握导向、深化改革、科学发展，实现“改革目标的一元性、体制架构的二元性、改革措施的多元性”。

具体而言，改革目标的一元性是指党和政府对传媒管控的唯一性，在这一前提下，通过体制改革解放和发展传媒生产力。

体制架构的二元性，是指对意识形态较强的公益性传媒，主要是深化内部三项制度改革，同时采用市场体制的模式运作，并逐步过渡到市场体

① 《中银国际传媒出版行业研究报告》，2004年12月15日。

制的产业化发展中，具体而言，当前公益性传媒可采取事业性质和企业性质共存的双体模式，并逐步发展为单一的新型市场主体——企业；经营性传媒直接转制为产权明晰、权责明确、自主经营、自负盈亏的企业，并加快股份制改造以及上市的步伐，成为新型市场主体，为公益性传媒进一步的体制改革积累经验、开辟道路。

改革措施的多元性是指传媒在改革过程中通过资本投入的多元、产品形态的多元、经营方式的多元、传播手段的多元来实现改革目标。产品形态的多元，是指由单一的报刊或广电集团发展到集报刊、广电、多媒体、出版为一体的传媒集团；资本投入的多元，是指由国家单独投资发展为多元化投资，从国有独资公司发展为有限责任公司、股份有限公司；同时，通过传播手段、内容形式和经营方式的多元化，丰富人民群众的精神文化生活，繁荣和发展文化生产力。

## 二、传媒治理的创新原则：双重逻辑下的双重利益选择

文化体制改革下对传媒治理进行创机关报，就是以更恰当的程序和机构组织好党委会、董事会、监事会、管理层的工作，让党和国家通过资本控制来实现舆论导向的控制，从而强化党的领导，合理分配传媒的控制权和剩余索取权，给传媒充分的自主权，同时保障投资者利益，让传媒能够在市场经济的条件下发展壮大。

传媒治理创新首先把握的基本原则是传媒治理改革能否进一步确保党对传媒的管控，要坚持和巩固党在意识形态领域的领导地位，掌握对传媒企事业单位主要领导干部的任免权、重大事项的决策权、资产经营的控制权、宣传内容的终审权，这是传媒治理设计的基础和前提。

在这一原则下，传媒治理的创新要坚持“三个有利于”和“四个不变”。三个有利于是：有利于加强党对新闻工作的领导，更好地发挥其党和人民喉舌的作用；有利于调动传媒干部职工的积极性，增强凝聚力；有利于增强传媒事业发展的实力，保证传媒的独立经营以求得长期稳定发展。“四个不变”是坚持党报的性质、任务不变；坚持党管干部、党管媒体不变；坚持正确的舆论导向不变；坚持国有资产的保值增值不变。

其次，对传媒治理进行创新要以科学发展观为统领，适应生产关系发展的要求，把握传媒改革的发展规律，借鉴经济领域改革的成功经验，借鉴国外传媒治理的先进做法，与时俱进，树立新的传媒发展观。要随着媒

介生态和传播任务的发展变化，自觉以新的观念看待新的事物，以新的思维研究新的情况，以新的方法解决新的问题。

其三，要注意把握传媒体制改革的规律和特点，既要积极，又要稳妥。大众传媒一方面具有意识形态属性，一方面又有产业属性。传媒体制改革与经济体制、政治体制改革相比，有共性也有个性。传媒体制改革，既要遵循改革的一般规律与特点，又要遵循社会主义思想文化建设的特殊规律与特点；既要顾及各种传媒事业、传媒产业的普遍特点，又要顾及不同介质的传媒事业、传媒产业的个性；既要积极抓紧，又要稳妥有序。①

总之，在当前传媒转制改革的前提下，按照传媒双重人格的基本假设，传媒治理应该在"政治"逻辑和"资本"逻辑的双重主导下进行，即党委政府除了作为政治代表，追求政治利益的最大化外，还要沿着产权明晰化的道路，作为资本所有者的代表，行使出资人权力，履行出资人职责，实现国家所有权、传媒采编权、传媒经营权的分离，以股东的身份来追求经济利益的最大化，使国有资产保值增值，从而促进新闻出版事业和产业的发展，实现政治和资本的双重控制，并通过资本控制实现对宣传导向的控制，从以往的行政型治理方式过渡到契约型治理方式。

## 三、文化体制改革下传媒治理的创新进路：三角分析框架的应用

胡锦涛同志在十七大报告中提出，要推动社会主义文化大发展大繁荣，要深化文化体制改革。落实十七大报告精神就是要探索出适合传媒发展的体制机制模式，这是一个系统工程，不但要有体制改革，也要有机制创新，按照传媒治理的三角分析框架，从制度环境、内部治理、外部治理三个方面进行突破。

### 1. 文化体制改革下传媒治理的制度环境创新

按照传媒治理的三角分析框架，研究传媒治理必须分析传媒的制度环境约束，必须顺应制度环境选择成本最低的治理模式。在制度环境分析上，本书四、五、六章分别对传媒的个性特征作了历时性分析，揭示了传媒治理的特殊演变逻辑和路径依赖现象；对共性特征作了中外比较性分析，揭示了传媒治理的演进规律；对传媒治理实践作了共时性解读，分析

① 张殿元：《中国报业传媒体制创新总序》，南方日报出版社2007年版，第5页。

了文化体制改革的历程与不足，从而指明了传媒治理改革的总体方向。

在顺应制度环境选择成本最低的治理模式上，就是要对传媒体制进行改革，把传媒视为一个市场性契约组织，构建一个政府和传媒能够双向沟通的符合市场经济要求的契约型治理制度。在传媒制度环境中，体制是传媒根本性、全局性的组织制度，是上下之间有层级关系的各种组织之间的权力与利益结构。文化体制改革旨在解放和发展传媒生产力，文化体制改革下传媒的体制改革，就是指传媒的转制改革，就是要打破传媒传统的事业体制，实现企业化改革，通过转制改革使传媒成为新型市场主体，改革传媒与政府、传媒与其他组织的权力利益关系。具体到我国，当前公益性传媒可采取事业性质和企业性质共存的双体模式，并逐步发展为单一的新型市场主体——企业；经营性传媒直接转制为产权明晰、权责明确、自主经营、自负盈亏的企业，并加快股份制改造以及上市的步伐，成为新型市场主体，为公益性传媒进一步的体制改革积累经验、开辟道路。要成为市场主体，最主要的就是建立现代传媒产权制度和法人治理结构。

传媒体制改革必须始终坚持党对新闻出版工作的领导，坚持马克思主义在新闻出版领域的指导地位，坚持社会主义先进文化的前进方向，坚持社会效益第一。确保传媒牢牢把握正确的舆论导向，建立党委领导、政府管理、行业自律、企事业单位依法运营的宏观管理体制，同时按照“分类指导、循序渐进”的思路针对公益性传媒和经营性传媒采取不同的改革方法。

### 2. 文化体制改革下的传媒内部治理创新

在传媒制度中，机制是组织制度的内部构成、因果联系和工作原理，机制包含在广义的体制之内，是体制的一个有机组成部分。文化体制改革下的传媒机制改革，就是要以传媒治理的创新来解放和发展传媒生产力。

按照传媒治理的三角分析框架，政府交易和媒体内交易的替代是政府和媒体对传媒控制权的分配，这种分配可以通过传媒内部治理的设计和运行来实现，即通过相应的机构设置及相应的制衡机制、激励约束机制实现控制权在政府和媒体间的最优配置。

在传媒制度环境创新中，传媒成为了新型市场主体，明晰产权，实行了国有资产授权经营，由此产生了传媒所有权、采编权、经营权的“三权”分离；“三权”分离引发了传媒委托代理问题，需要对传媒控制权和剩余索取权进行配置；合理配置传媒控制权和剩余索取权，必须建立和完善传媒治理，做到内部结构治理与外部功能治理的有机结合。

内部治理也称法人治理结构，是通过内部组织结构的设计，解决传媒剩余索取权和剩余控制权的配置，对传媒的宣传、经营、管理、绩效进行监督和控制的制度安排。内部组织结构设计包括科学设置党委会、董事会、编委会、经委会、监事会、采编层、经营层的构架，明确它们的功能、义务和权利，形成决策层、监督层、执行层三者之间权力制衡关系，并通过内部治理机制的运营消除传媒运作中的负外部性，促成传媒正向功能的最大化。

3. 文化体制改革下的传媒外部治理创新

按照传媒治理的三角分析框架，外部治理是通过制度安排进行政府交易和市场交易的替代，按正外部性最大化和交易成本最小化原则，确定政府交易和市场交易的比例，从而实现政府和市场对传媒的共同治理。由于传媒的特殊性，加之传媒制度环境中政府管制不完善、市场发育不成熟、法律法规不健全、绩效评估机制欠缺等，都会影响到传媒外部治理的绩效，需要根据中国的国情构建具有中国特色的传媒外部治理模式。

外部治理是内部治理的补充，主要作用在于提供公平竞争的市场环境，以及公司经营业绩的真实信息，以便于对经理人员的考核和监督，迫使经营者自律和自我控制。文化体制改革下的外部治理包括党政治理、市场治理和社会治理。

党政治理就是党和政府要建立和完善一套基本的传媒在市场经济条件下生存发展的游戏规则，这个游戏规则应该包括以下内容：一是规范传媒市场主体及其活动的准则，包括传媒的产权明晰，责、权、利的有机统一等；二是规范政府干预市场行为的准则，把精力放在对传媒改革发展实行宏观调控、完善政策法规、制定发展规划等工作上，引导传媒产业合理布局和结构调整，通过法律和经济的手段进行管制；三是规范市场运行过程的规则，包括传媒市场准入和退出的规则，价格由供求关系自由决定的规则，禁止垄断的规则，保持市场行为正当化、市场竞争公正化的规则等。

市场治理则包含了传媒产品市场、广告市场、发行市场、资本市场和劳动市场对传媒的治理。社会治理是各种社会力量通过制度内和制度外的协调与对话，以或独立或与政府合作的方式，参与行使政府的社会管理职能，以最大限度增进公共利益，它通过社区公众、中介组织、社会文化、道德观念对传媒加以影响和控制，最终实现政府、市场、社会的共同治理模式。

总之，文化体制改革下的传媒治理构建，必须解决传媒的委托—代理问题，规范所有者与经营者的权力和职责，对传媒资源进行合理配置，对传媒人才进行有效开发和激励，从而形成强大的创新能力，形成科学的决策机制、制衡机制、激励机制，提高传媒的绩效。确保党和政府依法对传媒实行有效的管控，正确界定政府与传媒的关系，让党和国家通过资本控制实现舆论导向的控制，从而强化党的领导，在新闻采编领域替代政府管制，在经营管理领域建立国有资产的有效监管和运营，促进国有资产的保值增值。

完善的治理结构是传媒的核心竞争力，是传媒持续发展能力和市场竞争能力的制度基础，可以说传媒竞争在很大程度上就是治理结构的竞争，其制度优势甚至超过传媒的技术与产品本身。

# 第七章 文化体制改革下重塑传媒市场主体地位

## ——传媒制度环境创新

## 第一节 传媒产业发展的体制保障：市场主体地位的确立

### 一、当前传媒市场主体地位的缺失和重塑

1. 传媒市场主体地位的缺失

我国传媒长期被划归事业单位之列，我国《事业单位登记管理暂行条例》（1998 年）规定：本条例所称的事业单位，是指国家为了社会公益目的，由国家机关举办或者其他组织利用国家资产举办的，从事教育、科技、文化、卫生等活动的社会服务组织。

作为事业单位，传媒实行主管主办制，定性为党和政府的宣传机构，实行“事业单位、企业化管理”，具有“机关、事业、企业”三种属性，以“机关式管理、事业单位要求、企业化运作”运行[①]，还没有获得市场主体地位。“事业单位”与“企业化管理”本来就是两个性质完全不同的概念，“事业单位”的定性决定了传媒的行政氛围、管理环境和工作模式，制约着传媒经营的运作和走向，而“企业化管理”却要求传媒成为真正的市场主体，按照市场经济的规律办事，在现实中存在着很多弊端：

一是作为事业单位，只能由国家投资兴办，国家对其拥有的国有资产又不能授权经营，传媒没有法人财产权，权责不明确、产权不清晰，无法

① 李良荣：《中国传媒业的性质定位和制度创新》，载《南方电视学刊》2004 年第 2 期。

建立现代企业制度。产权不明晰使传媒难以成为市场上的投融资主体，外部资金无法投入，传媒很难获得发展所需的大量资金。

二是事业单位属性使传媒不是以现代企业的主体形态出现在市场上，传媒缺少市场主体应有的独立的利益追求和自主决策权，不能承担市场主体应承担的经济风险，在企业集团化建设、合并重组等重大问题上，既没有自主决策权，又因为事业性质会遇到很多障碍。比如羊城晚报集团在兼并广州化纤集团的过程中因为集团没有法人资格而被迫将集团兼并改为报社兼并，又因为报社是事业法人，不符合企业兼并的有关规定，实践中的困境最终还是要借助行政力量来干预。

三是传媒行政事业型的机构设置和内部管理体制造成传媒缺乏活力，内部人控制现象严重，缺乏必备的激励和约束机制，没有自我发展的动力。计划事业型财务制度和运行体制导致传媒运营不计成本，难以发展壮大。

四是作为事业单位，传媒必须附属于政府，导致党政、政事、政企不分，对传媒，政府往往养不住、管不好、手不放；对政府，传媒常常不上心、不主动。尤其是广播影视的各级行政部门与事业单位一直以来搅在一起，政府既当运动员，又当裁判员，致使行业管理与行政执法心狠不了、脸拉不下、手出不成，出了问题还得庇护。①

正如李长春同志所说："过去报社、报业集团能不能称市场主体？还是不能够。过去都是事业单位性质，企业化管理，一方面享受事业单位的优惠政策，同时以企业方式经营，没有授权国有资产经营；没有资产出资权，就没有办法参与市场竞争。重塑市场主体是我们报业发展的需要。"②

### 2. 传媒市场主体地位的重塑

企业是产业的基础，没有企业就没有产业。与经济体制改革中将国企改革放在中心环节一样，传媒体制改革也是将传媒事业单位和传媒企业的改革置于中心地位，以推动传媒微观运行主体的体制机制改革，重塑市场主体这一核心。

转制改革的着眼点就是使传媒能够成为适应竞争的市场主体，文化体制改革旨在解放和发展传媒生产力，在确保舆论控制的前提下，让传媒发

---

① 魏文楷：《中国广播电影电视产业转制问题研究》，载《北方传媒研究》2005年第4期。
② 《中国报业》2005年第1期。

展壮大占领市场，占领市场的关键在于政企分开、政事分开，让传媒成为市场主体，成为市场主体就要实行转企改制，建立传媒现代产权制度。原新闻出版总署署长石宗源2005年8月在第二届中国报业竞争力年会上阐述了重塑市场主体和把握正确舆论导向的关系，他认为这是一个问题的两个方面，传媒要坚持正确导向，以正确舆论引导人，但市场经济条件下谁占领了市场谁就占领了阵地，必须要有强大的市场主体才有可能去占据舆论阵地。①

市场主体必须完善法人治理结构，建立现代企业制度，有条件的要进一步加快产权制度改革，实现投资主体多元化，只有传媒企业这一规范的市场主体和法人实体，才能对生产经营承担全部的风险和责任，才能构成传媒产业发展的微观基础和体制保障。

## 二、公益性传媒“事业和市场双重主体”地位的重塑

### 1. 公益性传媒：事业主体和市场主体的结合体

新闻出版总署2003年7月25日下发的《关于新闻出版业集团化建设的若干意见》中规定：报业集团属事业性质，以中央、省级党报和具备条件的省会城市、计划单列市党委机关报为龙头组建。报业集团实行党委（党组）领导下的社委会（编委会）负责制，党委（党组）书记兼任社长。出版集团、期刊集团、音像电子出版集团属事业性质，以中央和省级出版单位为主体组建，实行党委（党组）领导下的管委会负责制，党委（党组）书记兼管委会主任。《“十一五”时期国家文化发展规划纲要》再次把广播电视和报业界定为“新闻事业”。

根据上述要求，公益性传媒作为党和人民的喉舌，首先必须确定为事业性质，其原因有四：

一是事业性质明确了公益性传媒的意识形态属性，体现了党对宣传的重视和在传媒集团化过程中继续加强党的领导的指导思想，强调了从体制上保证党对舆论导向的把握，这一定位有其历史渊源及存在的合理性。

二是作为事业性质，公益性传媒的首要任务是坚持政治意识、大局意识、阵地意识、责任意识，它必须与党的事业休戚与共，对党和人民高度

① 石宗源：《市场化的报纸，要用市场化的手段调控》，人民网/传媒/传媒专题，2005年8月8日。

负责，坚持党的纲领、路线、方针和政策，坚持党性原则，把握正确的舆论导向，按照新闻规律办事，构建有中国特色社会主义新闻事业。

三是作为事业单位，公益性传媒有严格的准入条件，必须由国家主办，在经济上能享有各种政策优惠。根据《出版管理条例》，国家对新闻出版单位设立实行审批制度，只有经国家批准并获得出版许可证的新闻出版单位才拥有合法出版权，其他任何单位和个人都不得从事出版物的出版业务。

四是采用事业体制运作媒体，监管层能够对公益性传媒采取高度集中的行政控制手段。其控制范围可以涵盖传媒运作的所有领域：包括媒体的行业准入、媒体的资金来源、媒体管理层任命及控制媒体的运营方式，以及新闻的来源、新闻的传播途径等各个方面。

由于事业单位的弊端，公益性传媒还必须具有市场主体地位。文化体制改革下，公益性传媒宣传业务和经营业务分离，经营部分转制为企业，这是对公益性传媒"事业体制"模式的再次突破，使传媒不同程度地拥有了市场主体地位，成为事业主体和市场主体的双重复合体。

公益性传媒事业主体地位，着眼于传媒的政治属性，把新闻工作作为党的事业的重要部分来强调，把新闻媒体作为党和人民的喉舌来定性，从而深刻揭示了中国特色社会主义新闻事业的根本属性。同时，其经营部分作为企业，是独立的法人，享有完全意义上的财产权，可以适度自由进入，公平竞争，以最小投入获得最大产出，通过盈利用副业壮大主业，从而把新闻规律和市场规律结合起来，形成有机的统一体。

2. 通过完全剥离重塑公益性传媒"事业和市场双重主体"地位

按照《事业单位登记管理暂行条例》："事业单位依法举办的营利性经营组织，必须实行独立核算，依照国家有关公司、企业等经营组织的法律、法规登记管理。"因此，传媒集团可以以自有资金独资经营，也可以同其他企业或组织合资、合作，成立股份制公司，或组建上市公司。这些均是事业单位办企业的模式，它的经营方式并不影响传媒自身的事业性质。

本书上一章已经阐述，完全剥离是事业单位性质的公益性传媒组建传媒集团有限公司，接受国有资产的授权经营，将内部经营性资产与经营型子报子刊或频道全部划归到集团有限公司。完全剥离前，公益性传媒是事业法人，导致市场主体地位的缺失；完全剥离后，公益性传媒成为事业法人和企业法人的联合体，政府将资产授权给集团公司运营，解决了事业集团不能授权经营的问题。

按照这一方式，公益性传媒集团组建国有独资的集团有限公司，由政府授权经营，集团有限公司作为传媒集团的母公司，拥有法人财产权，成为市场主体。同时，集团有限公司以控股的方式，对内部经营单位进行改制，建立以资产为纽带的母子公司法人治理结构。在传媒集团内部，党报（广电集团为新闻频道，下同）采编部门和集团行管部门为事业单位，以事业法人治理为主；党报经营部分、子报子刊（广电集团为子频道）、发行、印刷公司纳入集团有限公司，实行公司治理。这样，就确立了如图7.1所示的双重主体身份。

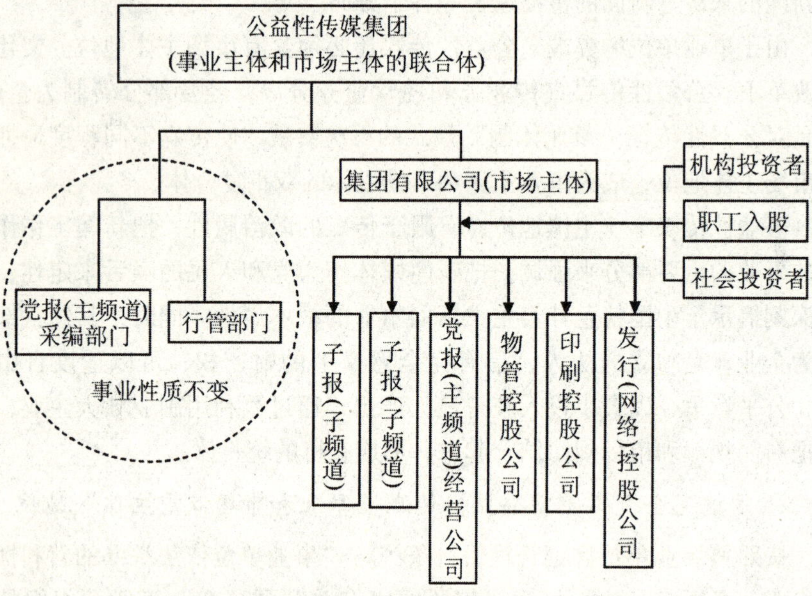


**图7.1　公益性传媒集团双重主体地位的重塑**

公益性传媒双重主体地位的重塑，让事业集团与集团有限公司作为整体分别运行，实现了事业与企业分开运作、分类管理，资源统一配置。采编部分坚持党管党报的基本出发点，保证了党报采编业务事业单位的独立性质；经营部分形成了以产权制度为突破口，以资产为纽带的母子公司企业法人体系，有利于集团法人治理结构的构建。同时，这一模式将子报子刊作为一个完整的新型市场主体来运作，其产业链自成一体，没有割裂，拥有包括出版权和经营权在内的完整权益和完整的法人财产权，具有较强的扩张能力，可以灵活地开展资本运营业务，从而强化了传媒的多品牌战略，走出了一条从报办集团到集团办报的成功路径。

在上市程序及政策规避上，各控股分公司打包后也容易通过正常程序获准上市，面对证监委的两大疑难问题迎刃而解：一是基本不存在同业竞争问题，上市公司经营上的独立性没有什么可质疑的。二是集团的核心经营业务同上市公司的主营业务相一致，不会在集团内发生关联交易。

## 三、经营性传媒新型市场主体地位的重塑

新型市场主体，就是按照现代企业制度的要求，组建拥有从出版权到经营权在内的完整权益和完整的法人财产权的新型传媒企业，这是面向市场、投资多元、产权清晰、法人治理的独立市场运作主体。

由于传媒的特殊性，新型市场主体应作为特殊法人——公营企业来管理和经营。公营企业又称政府企业，是由政府所有或控股并由政府直接或间接控制经营的企业，即“政府当局凭借它对企业的所有权，控股权或管理条例，对其施加直接或间接支配性影响的企业”。[①] 作为特殊法人，公营企业应具有以下基本性质：

1. 企业的注册资金全部或大部分归属政府，政府作为一种特殊的市场主体，是企业的所有者，其出资来自于政府的可支配收入；

2. 公营企业担负着公益性和商业性两种不同的使命，这种双重的社会使命，使得这类社会组织在从事经营活动时要兼顾社会的公益性和商业性两个方面的关系，在二者之间找到一个平衡点。既承担经济职能，又承担社会职能；既有经营性目标，也有非经营性目标；既生产竞争性产品，又提供公共产品和公共服务；

3. 公营企业的经营要遵循政府旨意，始终处于政府的控制之下，政府对企业的经营有直接或间接的控制权，政府对投入公营企业的资产拥有所有权和经营权。特殊法人的最重要作用是起到稳定市场秩序的作用。[②]

从政府的角度讲，它对公营企业的经营，在法律的规制下，是一种产权的运作，而不是行政权力的运用。特殊法人具有法律赋予的企业独立地位，政府不能用行政手段干预企业的经营，政府的干预是其经济职能的一

① 钱津：《特殊法人——公营企业研究》，社会科学文献出版社 2000 年版，第 19 页。
② 钱津：《特殊法人——公营企业研究》，社会科学文献出版社 2000 年版，第 25 页。

种特殊表现，是用产权关系保持政府与企业的联系，是依据产权使公营企业的经营服从政府的特定目的。在公营企业与政府的关系中，政府行政管理的存在是因为公营企业属于企业范畴，政府需要同对其他企业一样对公营企业进行社会管理。政府一方面割断与公营企业的行政隶属关系，一方面又通过产权关系牢牢地控制和经营公营企业，这体现了特殊法人的企业法人地位与特殊企业性质的统一。① 此外，对于国有特殊法人，按法律规定，准许公务人员担任企业高级职务，甚至有的企业依法必须由公务人员担任董事及董事长，这也加强了政府对特殊法人的控制。

## 第二节 重塑市场主体的制度基础：建立传媒现代产权制度

现代产权理论认为，经济增长的根本原因在于产权制度的有效安排，并使之合理化。只有建立起合理的产权制度，才能形成合理的市场价格机制和有效的激励机制，以实现资源的合理配置，从而促进经济的有效增长。如果不建立合理的产权制度以明确界定人们对资源使用的权力和所有权，以及在资源使用中获益、受损的边界与补偿原则，并规定产权交换规则及保护产权所有者权益等以解决利益冲突，那么资源的合理配置和有效利用也就会成为一句空话，相反还会由于竞争秩序混乱无序而造成资源的巨大浪费和社会的动荡不安，甚至导致资源价格的消散，自然就无法实现经济增长。从财产所有权上看，我国传媒的产权应该说是清晰的，谁都知道传媒的财产归国家所有，但是从财产的使用权、支配权即经营权上看，传媒的产权是不清晰的，需要明晰化。

从现代产权理论可以看出，产权制度是各项市场制度的基础。商品交换实质上是产权的交换，对他物权利的获取必须以让渡己物的权利为前提。没有清晰界定的产权和产权规则，市场交易就难以进行或者交易费用极高。传媒产权如果不能明确界定和合理分解，就不能成为市场主体，因为市场体制的建立和市场机制的运行，离不开企业产权主体的确立以及自

① 钱津：《论公营企业的特殊法人性质》，载《东北财经大学学报》2000年第1期。

负盈亏、自主经营的企业制度的形成。从这个意义上说，传媒产权制度是我国传媒成为市场主体的制度基础，是首先要进行的体制创新。

## 一、建立传媒国有资产出资人制度

1. 建立传媒国有资产出资人制度的必要性

本书第四章第三节阐述了传媒产权缺失带来的很多弊端，之所以出现这些问题，主要根源在于现有传媒国有资产管理体制不顺，主要表现在：

一是传媒国有资产管理主体分割、错位和缺位。传媒国有资产没有一个明确的管理主体，管理职能分割严重，缺乏管理的统一性、完整性和连续性，造成产权主体不明、产权责任不清和产权管理缺位。同时，在传媒尚未进行系统改革情况下，各单位形成的经营性国有资产和非经营性国有资产混杂在一起，不仅导致制度错位、失效，还容易出现以公共服务为名套取公共资源，却进行变相经营，以满足小集团和个人利益的问题，导致国有资产“合理合法”流失，经营性国有资产挤占非经营性国有资产，公共服务数量和质量下降等。

二是传媒国有资产管理权责不清，管理失控。传媒国有资产管理主体的分割、错位和缺位必然导致国有资产管理权责不清，管理失控。主要表现为：作为国有资产监管人的财政、发改委、行业主管部门等多个系统管理者权责利未明确也未到位。传媒国有资产经营的“内部人控制”现象普遍，且传媒国有资产经营的绩效无人评定，责任难以评判。

因此，现有的“国家所有，分级监管，单位占有”的管理模式所确定的“国家所有”在一定程度上已经演变成传媒单位所有甚至少数人所有，国家所有者主体和分级监管机制则形同虚设。为此，必须建立一个人格化、专业化和制度化的，能够真正代表国家行使所有权职能的传媒国有资产产权主体，即借鉴国有企业国有资产管理模式，建立传媒国有资产出资人制度。①

2. 国有资产出资人制度的建立

党的十五届四中全会指出：“政府对国家出资兴办和拥有股份的企业，通过出资人代表行使所有者职能，按出资额享有资产受益、重大决策和选

① 何升萍、刘解龙：《事业单位改革：国有资产出资人制度问题》，载《求索》2007年第9期。

择经营管理者等权利。”这一内容的核心就是要明确国有企业中的产权主体即出资人，这就从根本上为解决国有资产无人负责的难题指明了方向。党的十六大决定中央政府与地方两级政府“分别代表国家履行出资者职责，享有所有者权益”，也就是说根据中国实际情况，将国有资产所有者代表之职能通过法律授权由政府承担，由人民代表大会负责立法和监督。

2003年5月以来，国家相继成立了国有资产管理机构并颁布了《国有资产管理条例》，推行国有资产出资人制度。所谓国有资产出资人制度是国有资产的资产代表经营、管理、奖惩和收益等一系列制度安排的总和，包括三个层次的制度：

（1）成立国有资产代表机构，把分散在各行业主管部门的出资人管理职责统一，由一个部门行使“管人、管事、管资产”责权利相统一的国有资产管理职责。

（2）构建国有资产的管理体系，即国资委—资产管理控股公司—国有企业的三层国有资产委托授权经营体系，或者是国资委—国有企业的两层国有资产管理体系，对授权企业进行产权和资本管理，不直接干预经营。

在三个层次的经营架构中，国资委的主要功能是预算管理，以预算管理为基础；中间层次的资产管理控股公司则以投资为中心，以投资决策为基础；第三个层次的实体企业以营利为目标，以财务管理为基础。形成如图7.2所示的国有资产委托经营两层次及三层次模式。

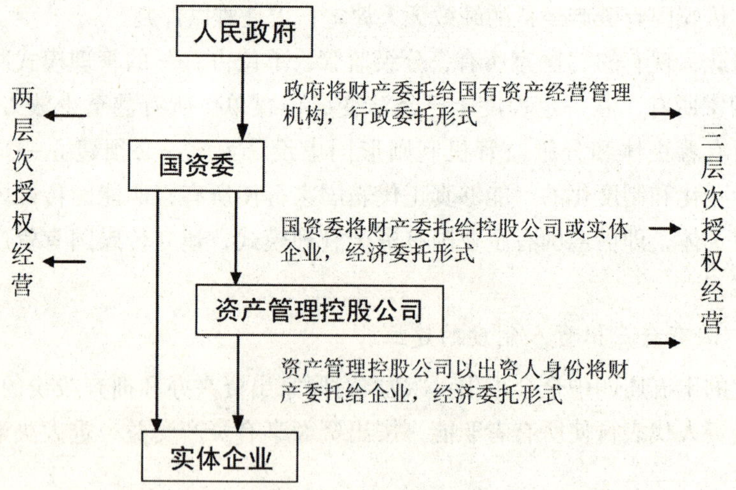


**图7.2　国有资产委托经营两层次及三层次模式**

(3) 通过企业内部和外部治理来规范企业运作。经过授权的国有独资企业，代表国家对授权范围内的国有资产行使出资人权利，对国有资产负保值增值责任，并在国家工商部门登记注册。

3. 设立“独立化、专业化和责任化”的传媒国有资产出资人机构

传媒国有资产所有权职能人格化是出资人制度的核心。设立出资人机构，代表国家行使所有者权能，是解决传媒国有资产监管主体缺位的必然之举。出资人机构的设立可以采取两种方式，一是由现有的国资委或财政局代行传媒国有资产管理职责，地市级宜采取；二是成立专门的文化宣传系统出资人机构，中央及省级可采取，这个机构作为一个独立的文化宣传系统国有资产管理部门，集中行使国有资产的所有权职能，直接向国家权力机关负责，同时接受相关的约束、考评和奖罚。

传媒国有资产出资人机构应具有独立性、专业性和责任性。“三性”保证了国资监管权的实在性和有效性，既尽可能地防范了其他权力部门对传媒国有资产监管权的干涉和侵蚀，又尽可能地防止由于监管部门职能过多而出现“厚此轻彼”、“丢三落四”的操作失误性问题，有利于监管部门监管能力的提高。同时，出资人机构的权能应与传媒主管部门权能区别开来，传媒主管部门的权能是一种业务主管，而出资人机构负责国家投入到传媒的国有资产的保值增效。①

**案例 7.1：成立“宣传系统出资人机构”对文化国有资产监管的上海模式②**

2004 年 6 月，上海在文化体制改革中，成立了一个新单位——上海市委宣传部国有资产监督管理办公室，上海市委决定，上海市宣传系统国有资产委托市委宣传部监管，这个办公室出台了 13 个有关国资监管的规范性文件，并与世纪出版、新华发行等六家营运机构签订了授权经营、授权管理、产权代表经营责任书。由这六家机构负责对其下属的企事业单位所拥有的国有资产实施经营运作和管理。在这种管理模式的保障下，上海国有大型

① 何升萍、刘解龙：《事业单位改革：国有资产出资人制度问题》，载《求索》2007 年第 9 期。

② 孙丽萍：《上海突入文化体制改革“深水区”》，载《瞭望东方周刊》，2006 年第 15 期；尹良富：《上海宣传系统国有资产管理体制问题探讨》，《2005 年上海文化发展蓝皮书：文化体制改革与上海文化建设》，王文英、蒯大申主编，上海社会科学院出版社 2005 年版。

文化事业单位相继顺利完成整体转企。

宣传部国有资产管理办公室负有以下监管责任：

投资项目——包括新建的基本建设项目、对企事业单位的股权投资、金融投资、购置重大固定资产和不动产等；资产处置——包括企事业法人股权的转让、固定资产和不动产的转让、大额企业股票及债券的处置、重大无形资产和知识产权的处置等；企事业单位的工商登记——经营范围、经营方式、注册资本和股东结构的变更；国有资产营运业绩考核——包括国有资产的增值保值、资产运行质量和经营状况等；建立科学合理的业绩评价指标体系和考核方法，加强对国有资产营运机构的经营责任审计，充分运用现代管理科学方法和社会中介机构的力量来强化国有资产监管的力度；国有存量资产的核准工作——国有资产统计、财务决算和重大投资项目的审计和评估；人事管理——根据现代企业制度的要求，采用委派董事、董事长、监事、监事长、财务总监，来贯彻国有资产出资人的意图，实施对国有资产的管理。

在具体操作上，上海市首先把解放日报报业集团、文新报业集团、文化广播影视集团、世纪出版集团、上海文艺出版总社五个实业性集团和负责国有文化投资的精文公司，作为宣传系统经营性国有资产的营运主体。由这六家机构负责对其下属的企事业单位所拥有的国有资产实施经营运作和管理。五个国有独资的实业性媒体集团既是文化产业的营运主体，也是文化产业机构的投资主体，通过自身的营运资源和控股参股的文化企业方式，以推动上海文化产业的发展。另外，精文投资有限公司作为政府独资投资公司，作为上海文化产业发展项目的国有投资主体，以出资人的身份对投资项目进行管理。

其次，通过这六家机构对宣传系统的国有资产的企事业单位进行兼并、重组和整合，形成国有多元、国有控股、国有参股的国有资产运行格局。通过这六家单位对他们下属的企事业单位进行多元化投资的有限公司、混合所有制经济有限公司、股份有限公司、上市公司等形式的改制，构筑起适应市场和产业发展规律的文化发展体制和机制。

再次，重点推进国有控股企业的改制。由上述五大集团和精文投资公司对上海新华发行集团有限公司和上海印刷集团有限公司进行国有多元投资的改制。2004 年 9 月，经上海市国有资产管理委员会批准，这两家集团有限公司完成了投资主体多元化改制的第一步，成为国有多元投资企业。

另外，对宣传系统六家国有资产营运机构下属的属于市场竞争领域的没有进行国有控股的中小企业，采用吸纳社会资本或外资，以股权转让、增资扩股、企业并购等方式进行改制，以实现国有资产通过参股方式实现增值保值之目的。

**案例 7.2：成立资产经营管理公司对文化国有资产监管的重庆模式**

重庆市在宣传部下成立控股公司，市委宣传部副部长任董事长，对文化单位的国有资产进行监管。据 2005 年 5 月 31 日《中国广播影视报》报道，5 月 26 日成立的重庆市国有文化资产经营管理有限责任公司（以下简称文资公司）由重庆市政府出资组建，由市委宣传部主管，市财政局监管，净资产 17 亿元人民币。经重庆市政府授权，公司代表政府履行国有文化资产“出资人”的职责，对授权范围内所属国有文化资产拥有完整的法人财产权，负责监管重庆日报报业集团、重庆广播电视集团（总台）和重庆出版集团公司等文化单位，彻底实现了“政企分开”、“政事分开”、“政资分开”。

文资公司主要职责是：

一、负责对所属国有文化资产的管理和监督。包括：拟定国有文化资产的各项管理制度，定期对授权管理单位进行清产核资，并进行产权界定、产权登记、产权变动的审核和产权纠纷的调解处理；对授权管理单位的重大资产处置进行审定（包括不良资产，各类呆、坏账）。

二、根据全市经济社会发展规划，调控国有文化资产的投资方向。包括对文化产业的发展进行全局性、战略性研究，按规划组织实施；研究文化产业发展政策，为授权管理单位的体制改革、机制创新、制度创新提供政策指导；评估、审核、批准重大改革、改制方案；对授权管理单位的重大投融资计划和项目进行审定，防范风险。

三、负责考核授权范围内国有文化资产的社会、经济效益，考核国有资产保值增值情况。包括：审定授权管理单位的经营指标，并对经营指标完成情况进行考核；定期对授权管理单位的经营情况进行审计，并对法定代表人进行离任审计。

四、对授权管理的实行公司制改造的经营性单位派出监事会和独立董事，履行相应职责。协助市委宣传部管理授权管理单位的领导班子。参与干部考察，对考察对象经营管理文化资产的能力和实绩作出评价。公司主要负责人参加市委宣传部部务会议，参与对有关人员任用的讨论。审定重要文化资产经营单位拟任命的财务部门负责人。

五、依据有关政策，审定授权管理单位领导班子薪酬方案，拟定收入分配制度改革的指导意见，并检查落实情况。

## 二、通过授权经营明晰传媒产权

授权经营，是指由政府或国有资产管理机构按照有关规定，将国有资产授给一些新成立或由其选定的机构，使其能够代表国家持有一般企业中的产权和股权，并相应地行使资本投资、营运和管理等权利，承担国有资产保值增值责任的一种国有资产经营形式。国有资产授权经营建立起了出资人制度，从而使产权得以明晰。

按照我国现行法律规定，资产授权经营应具备四个基本条件：一是必须具备一定规模的大型集团。集团必须有核心公司，核心公司的股本不能少于5000万元，核心公司以外至少要有五个以上的企业法人，这五个以上的法人企业加起来的资本也不能少于5000万元，也就是说企业集团必须在1亿元资本以上才能取得资产授权经营的资格；二是要有很好的经营业绩。授权资产经营的企业，平均利润率必须要高于行业的平均利润率；三是企业的领导班子强而有力，具有驾驭市场、开拓市场、占领市场的能力。四是在清产核资、资产评估基础上进行授权。

### 1. 传媒国有资产授权经营

传媒集团经过授权经营国有资产后，就解决了出资人缺位的问题，就能够建立以产权而非行政为主要纽带的母子公司管理体制，并对子公司的国有资产保值增值目标进行考核，对授权范围内的所有国有资产统一承担保值增值责任。

国务院办公厅2003年12月31日印发了《文化体制改革试点中支持文化产业发展和经营性文化事业单位转制为企业的两个规定的通知》（国办发［2003］105号）明确规定：中央试点文化企业集团、资产经营管理公司等需实行国有资产授权经营的，报经国务院批准授权，有关部门可组建派驻监事会。授权经营试点企业原有行政管理和党的领导关系不变。地方试点文化企业集团、资产经营管理公司等可参照上述办法办理相关事宜，也可采取符合当地实际的其他管理办法，方案须报文化体制改革试点工作领导小组办公室备案。

对经营性传媒而言，由于其企业主体身份，授权经营较为简单，按照国资委—国有企业的两层次国有资产委托经营体系，直接授权传媒企业进行产权和资本管理。对公益性传媒而言，授权经营则复杂得多。按《公司法》和国家资产管理有关规定，国有资产只能授权给企业法人，并进行工商登记。事业法人不能接受国有资产授权，公益性传媒作为事业法人，在法理上不可能取得国有资产的经营授权，因而增加了公益性传媒授权经营的难度。公益性传媒可采取一些变通的方式授权经营。

2. 公益性传媒的授权经营

（1）两层次授权经营，实行事业集团与集团公司“两块牌子、一套班子”运转模式。

即在原有事业集团的基础上成立集团有限公司，政府委托国资委将经营性资产整体授权给集团公司，这样解决了法律上作为事业集团不能授权经营的问题，使集团与集团公司作为整体进行运行，资源统一配置。同时内部又实行了编辑与经营相对分开，分别管理、分别营运。这样不仅有利于统一管理、提高整体效益和国有资产的利用率，同时，干部的任免权、重大事项决策权、资产的配置权（国有控股）和宣传内容终审权仍掌握在党和政府手中。这种模式可作为现阶段一个过渡形态，初级目标模式，为下一步深入改革奠定基础。比如作为全国文化体制改革试点单位的辽宁出版集团和吉林出版集团，在省委、省政府和有关部门大力支持，挂“两块牌子”，定性为事业集团，同时又成立了集团有限公司，进行工商注册，省政府进行了资产授权经营，这在全国新闻出版界为先例。这种模式具有超前性，但弊端在于事业与企业还没有完全分开。[1] 此外，集团公司如果上市，由于出资人是国资委，政府拥有全部股份，专业性的传媒集团则无法成为股东，传媒集团的利益将受到损害。

**案例 7.3：南方报业传媒集团两层次授权经营模式**

2004 年 6 月，经广东省委批准，南方日报报业集团更名为南方报业传媒集团，组建南方报业传媒集团管委会（党组），新成立南方报业传媒集团公司，列为省管企业，实行国有资产的授权经营。由广东省政府将南方报业传媒集团国有资产授权集团公司经营，南方报业传媒集团公司对所属子公司的全资、控股、参股的有关国有资产和国有股权行使出资人权利，对子公司中国有投资形成的国有资产和国有股权依法进行经营、管理和监督，并相应承担保值增值责任。在省政府宏观调控和监督管理下，集团公司依法自主进行各项经营活动。[2]

（2）三层次授权经营，成立集团资产管理经营公司，接受政府整体授权经营。

按照国资委—资产管理经营公司—传媒企业的三层次国有资产委托授权经营方式，以原事业集团为依托，组建集团资产管理经营公司。资产管理公司作为国有资产的管理监督机构对政府负责，履行管理职责，承担国有资产保值增值任务，委托各实体企业履行经营职责，实体企业追求最大经济效益，回报投资者。此模式利在于以资产管理公司形式解决了作为事业集团不能授权经营问题，由资产管理公司承担管理职责，但又不直接经营，委托经营公司进行资产经营。集团资产管理公司（事业集团）作为出资者代表享有国家允许范围内对经营公司投资的收益权、处置权、重大决策权和选择经理人等相关权益。其弊在于资产管理公司与经营公司不为一体，进行的是分级管理。

**案例 7.4：哈尔滨日报报业集团三层次授权经营模式**

1999 年哈尔滨日报报业集团成立，哈报集团是由母公司、子公司和参股公司组成，母公司是哈尔滨日报报业集团有限责任公

① 崔健：《对新闻出版体制改革中授权经营问题的思考》，载《传媒》2004 年第 9 期。
② 范以锦：《南方报业战略》，南方日报出版社 2005 年版，第 267 页。

司（简称哈报公司），是经市政府批准的国有独资公司，为了解决公司的授权经营问题，哈报集团保留了哈尔滨日报社这个企业性质的报社，由它作为投资主体，投资简称哈报公司，哈报公司经哈尔滨日报社授权，是授权范围内国有资产产权运营主体，依法享有法人财产权。子公司包括：报达集团有限公司、报达印务有限公司、报达东风广告公司、报达连锁店有限公司等，从而形成了国资委—资产管理经营公司（哈尔滨日报社）—传媒企业（哈报公司）的三层次国有资产委托授权经营方式。

在这三层次中，第一层次是国有资产的管理层，即国有资产管理委员会，它要把以前被各部门肢解分割的所有权权能或产权职能整合起来，统一国家经营性资产的管理权，实现管资产和管人、管事的结合，使国有资产有明确的、职责完整的产权主体。第二层次是国有资产的营运层，表现为授权经营国有资本的控股公司或集团公司，它是国有资产产权经营的有效载体，充当企业中国有资产的出资者，并按出资额的大小行使收益权、决策参与权、经营者选择和财务监控权，当然也要承担出资风险以及不干预企业独立经营、实施资本的再投入或改变投资的义务和责任。在经营国有资产产权中，通过转让、收购、重组、托管、投资、抵押、担保等各种经营活动，保证国有资本的保值增值，进一步完成国有资本的结构性调整。第三层次是国有资产独资、参股或控股的从事生产经营的各类企业。

（3）成立集团资产管理委员会，接受国有资产管理委托。

在事业集团内成立集团资产管理委员会，接受政府授权管理集团内经营性资产，承担国资保值增值责任，然后通过协议合同委托集团控股有限公司经营。比如清华大学就采取了此模式，成立资产管理委员会，作为出资人投资清华集团控股公司，控股公司包括所属清华同方等10多家上市或控股、参股公司。清华控股公司作为清华大学事业法人的投资进行资产经营，经营收益回报作为出资人的学校。

3. 传媒国有资产授权经营的作用

实行授权经营的根本目的在于解放文化生产力，更好地搭建起有利于这些单位未来发展的体制平台，提高这些国有文化资产的利用率，优化资源配置，使国有资产达到保值增值，从而促进新闻出版事业和产业的大发展。从全国各地国有资产授权经营的实践看，其作用主要体现在以下方面：

一是通过资本控制实现对宣传导向的控制。传媒国有资产的监督权和宣传导向的控制权是不能分割的。传媒集团有限公司是国有独资企业，按公司法中有关投资人推荐董事的原则，集团董事会成员全部由国资委委托组织部门考核使用，党和政府通过行使投资人权益以实现对传媒的控制。此外，传媒成为市场主体，就要按市场规律办事，党和政府要管好导向，仅仅依靠行政命令是不够的，还必须以出资人身份依法管控。重庆模式和上海模式均在宣传部名下成立国有文化资产的管理机构，依靠对文化领域的资本控制来实现对宣传导向的控制。如上海世纪出版集团转为企业后，董事会设立“金股原则”，即专设一名董事，只要涉及宣传导向的事情，他可以一票否决。①

二是建立起了出资人制度，使产权更加清晰。现代企业制度要求出资者明确、到位，产权清晰。国有资产授权经营既明确了授权经营公司的国有资产产权主体和投资主体的地位，又可以使授权经营公司以产权为纽带，与投资对象形成母子关系，持有投资对象的产权或股权，以此参与企业的经营管理和收益分配，使出资人真实到位，又不直接左右投资对象的机构和具体经营，有利于彻底打破以前企业与主管部门之间的行政隶属关系。

三是国有资产保值增值的具体责任落实到专门的经营组织和人员身上。国有资产相当部分是经营性资产，需要保值增值，而实现这一要求必须进行相关的经营。过去这一职责一半留给政府部门，一半赋予一般企业，使企业承受了过多负担，交给政府也因它不能从事具体经营而使责任“虚位”。实行授权经营将所有权与经营权分开，就解决了出资人代表到位问题，主体责任更明确。

四是有利于政府职能转变和促进传媒法人治理结构的形成，提高科学管理水平。国有资产经营机构不是政府，没有行政权力，不能对传媒指手画脚，投资经营活动必须完全按市场原则来进行，但他们持有股权或产权，具有所有者权利，可以以这种财产权和股权充分参与投资对象的经营管理、参与重大问题的决策与监督，选择传媒负责人或经营者，并在此过

① 孙丽萍：《上海突入文化体制改革“深水区”》，载《瞭望东方周刊》2006年第15期。

程中维护国有投资者的权益。这种管理与体制格局有利于建立法人治理结构，规范运作，形成好的内部动力机制，提高管理水平。[①]

## 三、创新传媒国有资产管理体制

### 1. 建立传媒国有资产的组织管理体系[②]

传媒是国有资产，产权属于国家所有，而国家作为一个政治主权概念不可能亲自行使国有资产所有权。必须建立传媒产权的组织管理体系，建立代表全体人民管理传媒国有资产的专司机构，代表国家行使所有权。

一是由人大制定和颁布有关传媒国有资产管理法律，并接受政府关于传媒国有资产管理的定期报告，必要时开展咨询和调查。由全国人大确立传媒国有资产管理机构在法律上的权利、义务和责任，明确界定中央国资委与地方国资委分级管理传媒国有资产的权属关系；在国有经营性资产和非国有经营性资产之间划定界限；规定传媒国有资产的交易规则、定价机制以及交易程序等问题。

二是依照“统一所有，分级管理”的原则，健全各级政府传媒国有资产管理机构，行使传媒国有资产所有者的代表权、国有资产监督管理权、国家投资和收益权、国有资产处置权。

三是建立传媒国有资产经营公司。组建在国有资产管理部门管理之下，连接国有资产管理部门与传媒企业关系的国有资产经营管理的法人经济实体，作为传媒国有资产经营性的管理主体，对传媒国有资产进行所有权和产权处理。

### 2. 健全传媒国有资产管理机构的职能

传媒国有资产管理机构（国资委）是针对意识形态领域国有资产特殊属性而建立的，它应当处理好与党委宣传部门，以及与政府国有资产管理委员会的关系，真正实现在意识形态领域管人、管事与管资产的统一。

国资委的职权主要有：保障国家所有权，强化产权约束；控制产权变动，如合股、兼并、折股出售、对外投资等要报请审批；决定传媒经营决策权，包括制定传媒的经营方针、发展方向和发展规划；实施监督权，对传媒的经营管理、财务管理、人事管理等进行监督；经理的任免建议权。

---

① 崔健：《对新闻出版体制改革中授权经营问题的思考》，载《传媒》2004年第9期。

② 李向民、王晨、成乔明：《文化产业管理概论》，山西人民出版社2006年版，第145~165页。

其中，对国有传媒资产的管理是首要的，但不能将其职能无限放大，否则将与宣传部门的职能相冲突。应当明确，它对传媒资产的考核只能是一个指标，即经济效益指标。对社会效益指标可以通过适当的换算方式，将其统一到可计量、可考核的经济指标上来。

管事则主要是管重大投资，可以从年度经营计划、财务预算等方面进行监管。有一点必须明确，对重大投资的审批或备案，国有传媒资产管理机构只能是从意识形态管理角度进行监管，不能越俎代庖，代替企业决策，经济责任仍应由各投资主体自行负责。管人主要是选派国有产权代表，包括对各投资主体的董事、财务总监的委派，不宜继续按照旧的思路给传媒委派总经理，而应授权由各投资主体的董事会自行选聘。①

3. 积极培育国内产权市场、加强传媒资产运行的监管

传媒产权改革今后的发展思路是将大部分国有企业原有的一元化结构改组为多元化的产权结构，通过兼并、收购、拍卖及联合等方式吸收企业法人和社会公众入股，最终将国有企业改组为股份公司。到目前为止我国尚未建立起完善的产权交易市场，不仅缺乏产权交易的人才，同时也缺乏产权信息的搜集及处理系统，而对于产权交易的监督管理这一块则更是空白。这种状况严重的影响了企业产权正常的健康的流动，政府应主持国内产权市场的活动，积极培育国内产权市场、规范产权交易行为，保证产权体系的完善性和可操作性，保证国有产权正当权益的有效维护。

同时，健全的运行机制是出资人制度产生成效的制度基础。从一个完整的资产运行链看，传媒资产监管运行机制应包括资产配置、资产使用、资产核销、资产绩效等方面的内容。对这一个资产运行链的监管，既有监管机构的政府监管和传媒的自我监管，还应有独立的第三方监管。对重大资产配置，应健全政府重大建设项目评审制度建设，凡是未能通过专家评审的，均不能立项实施。对资产使用状况，应推行主要负责人的资产责任审计，检查主要负责人在任职期间，对本单位的财政收支、财务收支以及有关资产管理活动负管理责任的履行情况，促使管理者增强法纪意识、责任意识和管理意识。对重大建设项目，还应建立相应的后评价制度，以检查政府投资项目的执行情况和实施效果。此外，还应建立独立第三方传媒管理绩效评价考核制度，定期对传媒主要负责人的管理能力和绩效进行测

① 李向民、王晨、成乔明：《文化产业管理概论》，山西人民出版社2006年版，第145～165页。

评，作为下期政府进行再投入的评审依据，以促进传媒加强资产管理和业务管理。①

## 第三节　重塑市场主体的路径选择：转企、改制、上市

### 一、转企：传媒由事业单位转制为国有独资公司

传媒转企不只是一个名字和身份的变化，而是一项复杂的工作。转企是让传媒由事业转为企业，真正成为自主经营、自负盈亏、自我发展、自我约束的社会主义文化市场主体。按照我国《公司法》的规定："国务院确定的生产特殊产品的公司或者属于特定行业的公司，应当采取国有独资公司形式。"《公司法》第64条规定："国有独资公司是指国家授权投资的机构或者国家授权的部门单独投资设立的有限责任公司。"因此，传媒转制第一步应由事业单位转制为国有独资的有限责任公司，由原投资者以原传媒单位的全部资产或部分资产作为出资，申办公司设立登记。

传媒由事业单位转为企业，既要完成一般事业单位转制必须履行的程序，同时，因为传媒的意识形态属性，根据中央政策和现行的《出版管理条例》的规定，还须符合新闻出版管理特别是报纸出版变更的相关程序。一般程序包括：

1. 批准制度与方案制定

传媒由事业单位转制为企业（包括整体和部分），必须取得上级主管部门的批准文件，以重组、联合、兼并、合资、转让国有产权和股份制、股份合作制等多种形式进行。转制必须制订转制方案，方案需按照国务院有关企业国有资产监督管理的法规、国务院国有资产监督管理委员会以及国家有关传媒转制的有关规定，履行批准程序，批准文件应明确事业单位转制的目标、发展方向、转制后企业的组织形式、股本结构、出资方式和来源、组织结构等内容。

---

① 何升萍、刘解龙：《事业单位改革：国有资产出资人制度问题》，载《求索》2007年第9期。

2. 进行清产核资

传媒必须对所属各类资产、负债进行全面认真的清查，做到账、卡、物、现金等齐全、准确、一致。要按照“谁投资、谁所有、谁受益”的原则，核实和界定国有资本金及其权益。在进行国有资产处置时，要规范操作程序，强化审计和资产评估，做好产权界定工作，严格不良资产的申报、核销、移交、处置行为，加强对处置过程的监督，防止国有资产流失。

国务院办公厅2003年12月31日印发的《文化体制改革试点中支持文化产业发展和经营性文化事业单位转制为企业的两个规定的通知》（国办发［2003］105号）明确规定：文化企业可依据国家统一的清产核资政策，对以前年度发生的资产损失和不良资产，可依次冲减国有权益及国有资本金。出版、发行单位对库存出版物的呆滞损失实行分年核价、提取提成差价的办法。年度商品盘亏数额，在规定范围内的，允许自行转账。文化事业单位在转制过程中，要加强国有资产的管理，按规定做好资产清查、审计和资产评估等工作，对于清查出的资产损失按规定报经批准后进行核销。转制后，执行《企业会计制度》。转制为企业的出版、发行单位，转制时可结合资产评估，对其库存积压待报废的出版物做一次性处理，损失允许在净资产中扣除。

3. 财务审计和资产评估

传媒转制必须由直接持有该国有产权的单位决定聘请具备资格的会计师事务所进行财务审计。必须依照《国有资产评估管理办法》（国务院令第91号）聘请具备资格的资产评估事务所进行资产和土地使用权评估。单位的专利权、非专利技术、商标权、商誉等无形资产必须纳入评估范围。

4. 交易管理

传媒国有产权转让要进入产权交易市场，不受地区、行业、出资和隶属关系的限制，并按照《企业国有产权转让管理暂行办法》的规定，公开信息，竞价转让。具体转让方式可以采取拍卖、招投标、协议转让以及国家法律法规规定的其他方式。转制要征得债权金融机构同意，保全金融债权，依法落实金融债务，维护其他债权人的利益。要严格防止利用转制逃废金融债务，金融债务未落实的单位不得进行转制。

5. 注册登记工作

法人登记上，国务院办公厅2003年12月31日印发的《文化体制改革试点中支持文化产业发展和经营性文化事业单位转制为企业的两个规定的通知》（国办发［2003］105号）规定：转制后的企业名称，可用原单位名称（去掉主管部门），或用符合企业名称登记管理规定的其他名称。转制后需核销事业编制，注销事业单位法人。

在工商注册登记中，首先要起草公司章程并进行公司名称预先核准，然后进行新设企业国有资产产权登记，到工商行政管理部门注册登记、领取营业执照。公司注册登记完成后，应向主管部门提交营业执照副本、经工商行政管理部门批准的公司章程、组织机构代码证书、税务登记证（均为复印件）备案。到技术监督局变更法人证书，到开户银行变更户名，到税务机关变更税务登记，向有关单位通报转制更名。最后，由主管部门收回事业单位公章，授受财务、文书等档案，并向编制部门提出撤销事业单位建制，办理事业单位法人注销手续等。

6. 社会保障工作

建立社会保险制度是转制工作的重要内容。《劳动法》规定作为企业的基本制度，任何企业和职工都必须参加社会保险，按规定履行社会保险义务，享受社会保险待遇。社会保险是企业人力运行管理的重要支撑，通过职工福利的保障，满足了职工在养老、医疗、失业、工伤和生育保险方面的合理要求，提供了企业在待遇支付方面的规范和管理方法。

国务院办公厅2003年12月31日印发的《文化体制改革试点中支持文化产业发展和经营性文化事业单位转制为企业的两个规定的通知》（国办发［2003］105号）对转制企业的社会保险工作也作了详细规定，如在转制后5年过渡期内，按企业办法计发的基本养老金，如低于按原事业单位退休办法计发的退休金，其差额部分采取加发补贴的办法解决。转制后可按照有关规定为职工建立企业年金和补充医疗保险，并通过企业年金妥善解决转制后退休人员的养老待遇水平衔接问题。原事业编制内的职工住房公积金、住房补贴中由财政负担部分，转制后继续由财政部门在预算中拨付。

7. 人员分流安置

建立人员能进能出、职务能上能下、待遇能升能降、优秀人才能够脱颖而出的用人机制，最终实现“五个转变”，即由固定用人向合同用人转变；由身份管理向岗位管理转变；由行政管理向法制管理转变；由行政依附向平等人事主体转变；由国家用人向单位用人转变。对改制后的人员安置可分为离退休人员、提前退休人员、在职职工和退职人员四种情况。对于离退休人员，继续执行原有事业政策；对于提前退休人员在内部退养期间，可由单位向社会保险经办机构一次性缴纳到法定退休年龄前应缴纳的各种社会保险费用，由社会保险经办机构按照事业单位人员基本养老金计发办法发放养老金，达到国家法定退休年龄时，按企业办法办理退休手续；对于在职职工，改制后通过变更并重新签订劳动合同的方式，依法参加企业职工养老、医疗、失业等各项社会保险；对于退职职工，由公司一次性支付经济补偿金、退职安置费并偿清内债，所需费用从国有净资产列支。对解除劳动合同，计发经济补偿金并享受一次性安置费政策，不再享受失业保险待遇。①

国务院办公厅2003年12月31日印发的《文化体制改革试点中支持文化产业发展和经营性文化事业单位转制为企业的两个规定的通知》（国办发［2003］105号）规定：对转制时距国家法定退休年龄5年以内的人员，在与本人协商一致的基础上，可以提前离岗，离岗期间的工资福利等基本待遇不变，单位和个人继续按规定缴纳各项社会保险费，达到国家法定退休年龄时，按企业办法办理退休手续。转制时，要按照《中华人民共和国劳动法》同原事业编制内的人员签订劳动合同。转制后，根据经营方向确需分流人员的，按照企业分流富余职工的办法妥善安置。

8. 收入分配工作

国务院办公厅2003年12月31日印发的《文化体制改革试点中支持文化产业发展和经营性文化事业单位转制为企业的两个规定的通知》（国办发［2003］105号）规定：转制后执行企业的收入分配制度。职工工资分配应参照劳动力市场价位，合理拉开差距；已实现股权多元化的，应在董事会设立专门机构，设计合理的员工薪酬制度。要把经营者与职工的收入分配分开，不允许经营者自己决定自己的收入分配。已实现股权多元化的国有控股企业，经营者的选聘和收入分配要引入市场机制，并由董事会决定；国有独资企业的，应参照国务院国有资产监督管理委员会颁布的经营者年薪制等有关规定，经营者的收入分配办法要经过职工代表大会审议并

① 王晓刚：《文化体制改革研究》，中央党校博士论文，2007年，第108页。

按规定报政府主管部门审批。对现有工资外补贴、津贴、福利等项目进行清理，其中合理的部分纳入工资分配；对经营者在交通、通讯等方面的职务消费，应结合相关制度改革，逐步纳入其个人收入。原事业编制内职工的住房公积金、住房补贴中由转制企业所属集团负担部分，转制后继续由集团拨付。

此外，报纸转企还要履行的程序包括：（1）属于试点范畴的报纸出版单位须经国务院新闻出版行政管理部门批准后方可进行转制。（2）由报社主管单位向国务院新闻出版行政管理部门提出申请，并提交转制方案。转制方案的内容主要包括：报纸出版单位转制的目标、发展方向、转制后企业的领导体制、组织形式（国有独资、国有控股等）、资本结构（股本结构）、出资方式和来源、组织机构等。（3）经国务院新闻出版行政管理部门审核批准可以转制为企业的报纸出版单位，应按照国家有关企业转制的规定履行各项转制的法律程序。（4）报纸出版单位在履行完向企业转制所需的法律程序后，应由主管部门向国务院新闻出版行政管理部门提出变更主办单位申请，申请把主办单位变更为转制以后的企业，同时提交转制程序产生的各项法律文件。（5）国务院新闻出版行政管理部门对变更申请及相关法律文件进行审核批复。（6）转制单位持国务院新闻出版行政管理部门审核的批准文件到工商部门办理有关变更（如经营范围，增加报纸出版业务）手续。①

## 二、改制：传媒由国有独资公司改制为国有控股的有限责任公司

国有独资公司与股份有限公司相比，存在极大的局限性。一是不可能真正实现政企分开，政府对企业的干预不可能割断；二是国有独资公司不可能真正做到产权清晰和责权明确，国家授权机构委托给董事会的权利和责任不够明确，难以保证董事长真正负起国有资产产权代表的责任，造成内部人控制；三是独资公司的形式不利于在更大范围内融资，尤其不利于吸收和利用非国有成分。② 因此，需要进行传媒转企的第二步改革。

传媒成为市场主体的第二步，是将国有独资传媒集团公司改制为国有

① 朱学东、高江川：《转制：主体之美》，载《传媒》2004 年第 8 期。

② 于立：《公司治理结构的国际比较与选择》，载《天津社会科学》1997 年第 5 期。

控股的有限责任公司，有限责任公司指由两个以上股东共同出资，股东以其所认缴的出资额对公司承担有限责任的企业法人。有限责任公司的股东同样既可以是国家，也可以是企事业法人和自然人，有限责任公司是国有企业改革的主要形式。

将国有独资公司改制为有限责任公司，就将单一的国有股转为国有股控股，企业法人股、职工个人股共存，从而改变现有传媒集团单一的国有产权结构，形成传媒企业产权多元化。2003 年 10 月 14 日，党的十六届三中全会召开，通过了《中共中央关于完善社会主义市场经济体制若干问题的决定》，其中提到，在文化领域推行股份制这种公有制的主要实现形式，实现投资主体多元化；通过发展国有资本、集体资本和非公有资本等参股的混合所有制经济，进一步增强国有文化经济的活力，真正实现主导社会舆论、丰富人民群众精神文化生活的作用；清理和修订限制非公有制经济进入文化产业领域的法律法规和政策，放宽垄断性文化市场的准入，通过大力发展和积极引导个体、私营等非公有制经济参与我国文化产业的建设，推进国有文化经济的战略性重组，等等。可见，随着我国文化市场的不断完善，国家在包括传媒在内的文化领域将加大对其资本运营的扶持力度，尤其是将对业外资本进入文化产业进行保护。

2003 年 11 月 3 日，国家新闻出版总署根据中办、国办转发的《中共中央宣传部、文化部、国家广电总局关于文化体制改革试点工作的意见》（中办发［2003］21 号）的要求，提出了《新闻出版体制改革试点工作实施方案》，在“试点集团、试点单位的投融资”部分提到：为了保证我国文化安全，国有事业单位一律不得搞股份制，也不能进行融资活动。实行企业体制的新闻出版试点单位，可以在坚持国有控股的前提下，按照企业融资的规定扩大融资，但外资不得进入新闻媒体和编辑出版环节。实行事业体制的试点报业集团、试点报社、试点出版集团及试点出版社，其经营部分剥离出来并已组成由集团控股的有限责任公司或股份有限公司者，经批准可以吸收国内的社会资金，投资方可参与经营管理。试点发行集团可利用国有、非国有和境外资本发展自己，其主体业务及优良资产部分应由集团控股组成核心企业。

《中共中央国务院关于深化文化体制改革的若干意见》中提出“坚持以公有制为主体，鼓励和支持非公有资本以多种形式进入政策许可的文化产业领域，逐步形成以公有制为主体、多种所有制共同发展的文化产业格局。积极探索公有制多种有效实现形式，保证国有文化资本在总量上占明显优势，质量上有显著提高，控制力上显著增强，充分发挥主导作用”。

按照国家的这些规定，传媒企业可以吸收不同领域不同所有者的投资，扩大传媒资本规模，提高资本实力。原传媒资产通过公开竞价方式，面向社会依法出让，既可整体出让，也可部分出让，主管单位收回部分国有资产，与受让人（投资者）一起申办公司设立登记。

传媒企业股权出让可以通过两种方式实现：

一是存量资本转让，即按照媒体“蛋糕”的现有规模，重新切分资产，部分国有资产和进入媒体的非国有资产置换，国家收回部分国有资产。目前民营资本、国外资本不能进入传媒的新闻核心业务，因此要大力支持传媒系统内的兼并、重组，支持国有机构投资传媒，以避免一股独大带来的治理弊端。

二是增量资产投入，即保持国有股的存量资产不动，通过外来资本的投入来做大媒体，再改变媒体的产权结构。存量改变的只是媒体企业的产权主体，转让资金被原所有者拿走，改制媒体本身并没有获得任何资金投入，而增量投入首先做大了企业规模，增量资金不是被原所有者拿走，而是进入了改制媒体企业。由于我国媒体普遍缺乏资金，因此，增量资产投入更适合媒体产权多元化改制，而媒体实际操作中也主要是这种方式。①

传媒引入多元化投资主体不仅有利于扩大筹资渠道，更重要的是有利于通过调整股权结构，分散股权，降低国有产权的多级代理成本。也就是说，投资主体多元化对于实现国有企业的政企分开和产权关系明晰化有着特别重要的意义。②

**案例7.5：杭州日报报业集团“内部人持股”的改制模式**

2003年下半年，杭州日报报业集团党委决定，将广告中心改制为传媒有限公司，经营体制从集团广告部门向广告经营企业转换。转换方法为：第一，集团绝对控股，这有利于宏观调控集团的总体广告业务，有利于总体把握广告经营的政策；第二，将一部分股份由内部自然人持股，其目的是使自然人以产权为纽带与杭报集团及其他所有者结成利益共同体，最终建立现代企业制

① 王声平：《传媒业产权体制的缺陷及对策》，载《当代传播》2005年第3期。
② 杨瑞龙等：《国有企业的分类改革战略》，载《教学与研究》1998年第2期。

度。其中，“内部自然人持股”，指的是杭报集团内部经集团党委考核认可的公司经营班子及个人出资认购传媒公司部分股份，并委托自然人董事进行集中管理的一种新型的公有制产权组成形式。这样做的好处，一是有利于稳定队伍，二是增强自然人对杭报集团长期发展的关切度和管理的参与度，三是有利于形成杭报集团内部动力机制和监督机制。参照广告中心的经验，集团相继对印务中心、杭州网进行重组，分别建立了有限责任公司。其中，印务中心剥离副业，引进社会资本，组建浙江盛元印务公司，经营骨干占8%的股份，公司在承接书报刊印刷的同时，开展广告及包装印刷业务，利用品牌和技术优势延伸产业链。①

## 三、上市：传媒股份有限公司的建立

传媒转制改革的第三步，建立现代传媒集团最普遍最具优越性的组织模式——股份有限公司，股份有限公司是指全部注册资本由等额股份构成，并通过发行股票或股权证筹集资本的企业法人。这种公司可以向社会公开发行股票，股票可以交易或转让。持股者可以是国家、法人、个人和境外投资者。在这一模式下，股权进一步多元化、分散化、实现了股权的社会化，并建立起股权的自由转让交易制度。

近几年，报业参股或控股的文化企业上市融资步伐加快。截至目前，全国在A股市场上市的与报业有关的文化企业有北京赛迪传媒投资股份有限公司、上海新华传媒股份有限公司、成都博瑞传播股份有限公司、广东九州阳光传媒股份有限公司；在H股市场上市的有北青传媒股份有限公司等。传媒公司的上市融资实践为传媒的改革发展积累了宝贵经验。

传媒股份制改造的意义在于：其一，利于运用集团化手段完成媒体的所有制结构、区域结构、组织结构和产业结构的调整，成为更加规范的市场主体；其二，股份制改造不是将国有资产变为私有资产，而是将一元的国有产权制度改变为多元的公有产权制度，使公有资产经营进入高效率的轨道，使产权的运行真正有效率（在现行政策环境下，股权多元化可先在内部人、业内资本和大型国有资本之间进行分配）。这样，传媒的集团化

① 李建国、陈伟成、洪佳士：《加快制度创新，实现四个转变——杭州日报报业集团改革实践及发展趋势分析》，载《中国报业》2005年第2期。

就可以在产权交易市场中进行，使控制权向更有效率的一方流动。如果集团经营业绩不佳，股份资本所有者可以采取用“脚”投票的方式表达自己的意愿，这在一定程度上有利于缓解传媒集团“经营者选择”问题。其三，股份制改造可以采用内部人特别是管理层持股的方式，便于人事管理模式由身份管理向岗位管理的转变，改变内部人控制造成的产权激励不经济效应。[①] 此外，上市也推动了传媒企业的改组、改造和机制转换，优化了资本结构，促使一批传媒企业集团快速成长壮大，增强了整体实力和国际竞争力。上市也是一种利用最小的资产，或者说以较小的资产，控制较大的资产，以较小资源，控制较大资源的产权多元化方式。

按照《公司法》和《证券法》的规定，只有股份有限责任公司才能上市发行和转让股票，所以报社要进入证券资本市场，必须建立现代企业制度，建立能够独立承担民事责任的股份制企业。传媒在实行公司制改造时，必须在取得资本经营授权后，直接引入业外资本或者在明确国有资产投资主体的基础上建立母子公司体制，通过子公司或壳公司实行投资主体多元化，把单纯的国有企业改制成为新的公有制的实现形式，即混合所有制的企业，然后由母公司直接上市或通过子公司、壳公司间接上市，或媒体通过间接方式收购上市公司进入资本市场，即借壳上市。[②]

2007 年，共有三家中国出版发行企业实现上市，分别是：5 月 30 日，四川新华文轩连锁股份有限公司在香港联合交易所主板挂牌上市；11 月 16 日，由广州日报报业集团间接控股的广东九州阳光传媒股份有限公司在深圳证券交易所正式挂牌上市；12 月 21 日，辽宁出版传媒股份有限公司在上海证券交易所挂牌上市。2007 年 12 月以出版传媒为代表的整体上市已经拉开序幕，今后还将有多家出版社会延续这个模式进行 IPO（首次公开发行）或者借壳。在相当一段时间内，报业集团仍将采取编辑业务剥离的做法，将经营资产作为主要的业务注入上市公司。

新闻出版总署署长柳斌杰于十七大期间在接受英国《金融时报》等媒体群访时表态：中国政府将支持出版机构、报业企业和官方骨干新闻类网站上市，并不再要求他们将编辑业务与经营业务拆分，而是鼓励整体上

---

① 王培文：《报业集团企业化管理问题探析》，http：//www.dzwww.com/sdby/bktg/200310210754.htm.

② 张殿元：《中国报业传媒体制创新》，南方日报出版社 2007 年版，第 133～137 页。

市，以“体现产业的整体性，减少关联交易”，“给股民更高的信任度”。[1]

**案例7.6：广州日报报业集团控股子公司上市模式**

2007年11月5日，广东九州阳光传媒股份有限公司（简称“粤传媒”）在深圳证券交易所上市，粤传媒是广州日报报业集团控股的广州大洋实业投资有限公司在重组原NET系统挂牌上市企业清远建北（集团）股份有限公司的基础上，组建的以经营广告代理及制作、印刷、书刊零售为三大主业的报业服务性上市企业，走出了一条报业集团控股子公司上市的模式。

1992年12月，公司前身清远建北大厦股份有限公司成立；1993年4月，中国证券交易系统有限公司批准，公司定向募集法人股15,870万股在中国证券交易系统有限公司的全国电子交易系统（NET系统）上市交易；1999年10月公司贯彻落实国务院办公厅国办发［1998］10号文的精神，向NET系统申请停牌，并着手进行重组工作；2000年11月28日，广州日报报业集团控股子公司广州大洋实业投资有限公司受让了“建北集团”持有的公司36.79%的股权，成为公司第一大股东，广州大洋实业投资有限公司将其印刷业务相关资产、广州大洋文化连锁有限公司95%的股权、《广州日报》招聘广告10年的独家代理权和部分现金等优质资产注入公司，与公司原有的其他应收款和对外股权投资进行资产置换，由此，公司从以经营建材业务为主的企业转变为以经营广告代理及制作、印刷、书报刊零售为主的报业服务性企业。

2003年12月，公司顺利通过中宣部和国家新闻出版总署的联合考核，取得国家新闻出版总署签发的新出发［2003］1463号文同意公司申请上市的批文，公司上市工作取得重大进展；2005年5月公司更名为“广东九州阳光传媒股份有限公司”，证券简称“粤传媒”。

粤传媒的核心竞争优势在于集印刷、广告代理及书报刊发行于一体的完整产业链。粤传媒的成功发行上市，对于广州日报社也具有重大战略意义，并将成为深化体制改革和传媒上市融资的

① 《中国新闻出版报》，2007年10月19日。

又一范例。集团将充分利用粤传媒这一重要资本平台，有效地拓宽广州日报社的融资渠道，带动业务规模效益的扩张，实现跨媒体、跨地区的发展，进而进一步做大做强广州日报报业集团。

**案例7.7：成都商报社等传媒集团借壳上市模式**

借壳上市的典型代表就是《成都商报》，它以其控股的“博瑞投资”，购买上市公司四川电器27.65%的股份，更名为博瑞传播（600880），成功登陆上海证券市场。1997年，成都商报成立了博瑞投资有限公司，注册资本1.23亿元，该公司取得了《成都商报》广告、发行经营的独家代理权。1999年7月，上市公司四川电器的大股东成都市国有资产管理局将其持有的公司国家股中的2000万股转让给成都博瑞投资有限公司。转让部分股份后，成都博瑞投资有限公司成为第一大股东，这等于《成都商报》借壳间接上市。

借壳上市的另一个例子是解放日报报业集团。2002年4月，解放日报报业集团组建上海解放传媒投资有限公司，致力于探索资本运作，第二年，上海解放传媒投资有限公司以每股0.73元的价格竞拍获得ST金帝2000万社会法人股，占该公司总股本的12.52%，由此成为ST金帝第三大股东。尽管解放传媒对ST金帝暂无大的动作，但其持有ST金帝股权，无疑为该公司介入传媒业提供了一条潜在的通道。

同样，2007年12月3日，ST耀华发布公告称，耀华集团最终确定江苏凤凰出版传媒集团有限公司为公司国有股权转让的受让方，凤凰集团借壳上市计划浮出水面。

在新型市场主体培育的未来空间上，还可以尝试将传媒企业私有化，私有化是指将产权从国家所有制转为私人所有制，并使经营权掌握在私人手中。从“国有”迈向“私有”是根治国有企业效率低下的最有效手段，与国有企业的效率低下相反，私有企业是一种效率型的市场主体，因为私有产权能促进市场的公平竞争，节约企业经营成本，激发企业家的创造潜力。从市场经济角度看，私有传媒企业更符合市场主体的内涵标准。国有传媒企业的私有化，无疑能增强其作为市场竞争参与者的主体地位。

作为市场的一支新生力量，私有传媒企业的兴办，有利于形成市场公平竞争的格局。从长远上看，私有传媒企业（包括民资和外资）才具备真正意义上的市场主体内涵，要培育起真正的传媒市场主体，就不应忽略私有资本这股新生力量。可以进行股份制改造，允许私人资本入股，甚至允许私有股比例超过国有股比例，完成部分国有传媒企业的私有化转型，使之符合市场主体的内涵标准。

传媒私有化后，私人投资者也会重视传媒的安全性，尽管资本的天性是追逐利润，但国家管制和资本天性是矛盾中的统一，媒体安全由国家考虑，资本安全由投资者考虑，在市场经济条件下，媒体的安全最终取决于媒体的发展，因为一个连生存都困难的媒体终究要屈从于商业利益。而对于投资者来说，只有保证媒体不违反国家的宣传政策，才能保证资本的安全，停刊停播是投资者最不能接受的。

因此，私有化并不意味着政府完全丧失对传媒的控制力，必要时政府依然可以在法律允许范围内使用传媒。正如许多西方国家的法律规定，在紧急状态或特殊情况下，政府有权将私有财产转为公共性用途。①

① 王国珍：《入世以来中国传媒市场生态研究》，博士论文，复旦大学，2005年。

# 第八章 文化体制改革下重构传媒法人治理结构

## ——传媒内部治理创新（上）

文化体制改革下传媒通过转制成为市场主体，拥有传媒法人财产权，传媒的所有权、采编权、经营权进行了分离，“三权分离”引发了传媒代理问题，需要对传媒控制权进行配置，合理配置传媒控制权则必须建立和完善传媒法人治理结构。

## 第一节 文化体制改革下传媒的“三权”分离

### 一、传媒所有权、控制权的界定及其分离

1. 传媒所有权和控制权的界定

所有权即权利主体对自己的所有物享有的占有、使用、收益和处分的权利；控制权即权利主体对自己所有物可供支配和利用的资源进行控制和管理的权利。传媒控制权包括传媒采编权及经营权的决策控制、执行控制、监督控制和剩余控制。

具体而言，决策控制反映了国家对传媒决策的享有权力，表现为谁控制传媒的采编决策机构和经营决策机构。执行控制反映了传媒采编部门和经营部门对宣传及经营执行管理的权力，行使对内管理传媒的内部事务，对外代表传媒与第三方进行业务往来。监督控制反映了传媒监事会对传媒董事会和经理层的活动及业务执行情况进行监督，以保证传媒的各项政策

和计划能正确贯彻执行，防止传媒董事会和经理层滥用传媒控制权，损害政府、股东及其他利益相关者的利益。剩余控制则是对传媒契约中未明确权利的拥有权。

2. 传媒所有权和控制权的分离

计划经济时期，传媒是被动接受政府指令的行政附属物，即党和政府的喉舌，处于党和政府从宏观到微观的严密控制下，传媒领导由上级任命，人财物由党政部门分配并提供保障。在这一时期，传媒只是政府的一个机关，传媒的所有权和控制权都归党和政府所有。

改革开放后，传媒实行“事业单位、企业化管理”，采取的是政府单边主导的事业法人治理结构和半行政化的企业行为，党和政府作为国有资产的代表者，作为传媒的管理者，拥有传媒的所有权。在现行的传媒体制下，党和政府不可能参与传媒的每一项采编和经营决策，如果每项决策都要经过党和政府的同意，必将带来高昂的协调与谈判成本，于是党和政府只能通过对控制权的授权委托，形成合法的委托代理关系，将权利集中到传媒管理层手中，由这个小团体管理传媒，形成如图 8.1 所示的传媒所有权与控制权的“两权”分离。传媒所有权和控制权尽管分离，但传媒所有权仍然是传媒控制权的基础，传媒控制权不能脱离传媒所有权而独立存在，传媒的控制权来源于传媒的所有权，传媒控制权的行使必须受到所有权的制约，其本质是传媒契约各方对传媒权力和利益的争夺。

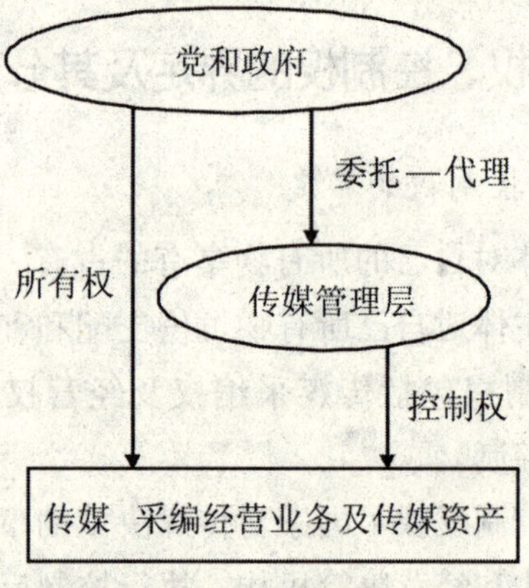


**图 8.1　传媒所有权与控制权的“两权”分离**

## 二、传媒所有权、采编权、经营权的“三权分离”

### 1. 传媒所有权与法人财产权的分离

文化体制改革中，公益型传媒经营部分转制为企业，经营型传媒整体转制为企业，传媒通过授权经营明晰了产权，并吸收社会投资，获得必要的发展资金，同时分散经营风险。此时，党和政府除了作为政治代表，追求政治利益的最大化外，还要沿着产权明晰化的道路，作为资本所有者的代表，行使出资人权力，履行出资人职责，以股东的身份来追求经济利益的最大化，使国有资产保值增值，从而促进传媒产业的发展，实现政治和资本的双重控制，并通过资本控制实现对宣传导向的控制。

此时，传媒的产权关系转变为两种权利，一是出资人所有权，传媒由出资者（党和政府）拥有；二是法人财产权，即传媒的法人财产由传媒法人（即董事会）拥有。政府和董事会在法律上成为两个对等的权利主体，政府不能对传媒的法人财产随意支配，政府只能通过董事会来影响传媒行为。而传媒依法享有对法人财产的占有、使用、收益和处分权，可以以独立的财产对自己的经营活动负责，从而形成了传媒政府所有权与董事会法人财产权的分离。

传媒产权的裂变意味着传媒出资人和管理层的契约关系更复杂，从而要求对双方进行权利和职能的合理分工，以有效地协调和制衡双方的关系。出资人（政府和其他股东）对传媒的债务责任只限制在出资额的范围内，使管理的外部性大大降低。出资人通过拥有公司股权而拥有公司所有权，公司则拥有法人财产的控制权。①

### 2. 传媒所有权与采编权、经营权的分离

传媒转制后作为企业，现代企业制度赋予传媒法人财产权，传媒所有权与法人财产权分离，传媒就拥有了充分的经营权，出资人不得对传媒的经营权进行干涉，与此同时，传媒吸收社会投资，作为资本主体，追求的是资本的积累和升值，因此，国家就要保护投资者的利益，保证社会股东在传媒经营管理方面享有相应的发言权及资本收益权，形成了传媒所有权与经营权的分离。

---

① 郭旺、李自如：《公司控制权的演变与治理结构》，载《中南大学学报》（社会科学版）第9卷第1期，2003年第2期。

由于传媒的意识形态属性，党和政府必须控制传媒的舆论导向，也就是要控制传媒的采编权，为此，有必要把传媒的采编权和经营权在传媒内部分开，形成传媒采编权与经营权的分离，以便国家对传媒采编权直接控制。

传媒所有权和采编权、经营权的分离，是通过传媒法人财产权这个中间环节实现的，即首先通过政府和传媒董事会之间所有权的信托关系，实现出资者所有权与传媒法人财产权的分离；其次通过董事会与采编经营班子的授权关系，实现董事会与采编经营班子之间控制权的委托代理，使传媒法人财产权同传媒采编权、经营权分离，形成了如图 8.2 所示的传媒“三权”分离。

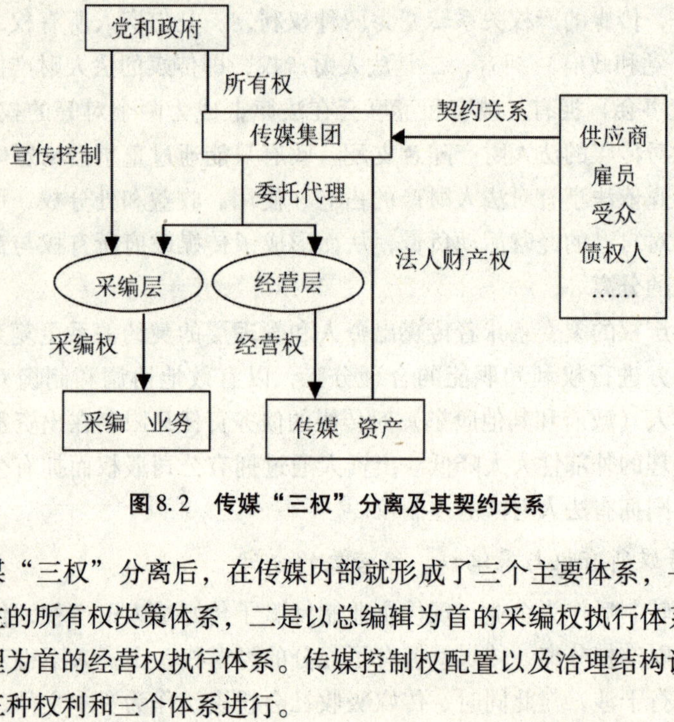


**图 8.2 传媒“三权”分离及其契约关系**

传媒“三权”分离后，在传媒内部就形成了三个主要体系，一是以董事会为主的所有权决策体系，二是以总编辑为首的采编权执行体系，三是以总经理为首的经营权执行体系。传媒控制权配置以及治理结构设计都要围绕这三种权利和三个体系进行。

# 第二节 “三权”分离下传媒控制权配置：传媒治理的核心

在文化体制改革下，传媒“三权”分离，作为委托人的政府与作为代理人的传媒管理层签订契约，传媒管理层出于自身利益的考虑，加上不完全合约和信息不对称的存在，便可能应用其掌握的权力为自身谋利，造成传媒行政干预下的内部人控制，由此产生的风险成本却由委托人政府承担。因此，如何让国家通过法律手段、行政手段牢牢掌握传媒控制权，同时又能调动传媒的积极性，就成为传媒改革的重中之重。同样，传媒决策权、监督权、执行权如何在党和政府、股东、传媒管理者、社会以及其他利益相关者之间分配，即传媒控制权的配置，就成为亟待研究的问题。

## 一、当前传媒控制权配置的低效率

传媒控制权配置是一种通过契约关系进行的制度安排，目的是根据传媒的宣传和经营状况，使传媒控制权的安排趋向最优状态，通过合理地在传媒采编权和经营权中配置决策权、监督权、执行权，实现传媒政治效益、经济效益、社会效益的最大化。由于我国传媒的特殊性，当前传媒控制权配置呈现一种低效率的状态。

### 1. 强权控制和内部人控制形成的两难控制

我国的一党专政模式，导致了传媒控制的一元化垂直体系，多年来传媒遵循“政治控制至上”逻辑，简称为“政治”逻辑。在这种逻辑下，政府处于绝对的先动优势地位，作为行政主体行使所有者的职能，政府委派官员管理传媒并掌握传媒的所有控制权，从而形成干部任用的政治化、选拔的政治化、管理和考核的政治化，是一种单向的行政化控制的强权状态。然而，这种行政控制对国有资产保值增值却没有要求，造成传媒目标的双重性与实施的两难性，政治意识形态与市场经济的不相容，传媒控制既呈现出强权状态，又呈现出内部人控制格局。

传媒是事业单位，所有权属于国家，由于存在着出资人缺位，国家只对传媒的宣传提要求，使得传媒管理层有机会对传媒的经营实行强有力的控制，真正行使传媒控制权，这种控制权的获得是通过与传媒内部员工合谋完成的。一旦内部人控制了传媒，国家对传媒的控制力就不断弱化，弱政府就成为利益集团寻租的目标。内部人控制的结果是传媒管理层以牺牲传媒所有者的利益，来追求自身的利益，具体表现在传媒员工人均收入的最大化，这就是在中国传媒界普遍出现的“工资侵蚀利润”的现象，个别的甚至出现个人负盈、传媒负亏、国家负债的不正常现象，需要国家解决传媒的所有权问题，使传媒所有权充分发挥激励和约束传媒控制权的作用。

2. 等级配置使传媒控制权难以达到最优配置

由于传媒的事业单位性质，传媒管理层仍作为机关干部来配备，级别越高控制权越大，享有的剩余索取权也就越大，控制权决定着剩余索取权。这种通过行政配置的控制权具有等级制的特点，而传媒管理层能获得的传媒剩余由控制权的等级决定。这种现象，曹正汉称之为传统公有制经济中“控制权界定产权”的产权界定规则，即“拥有较大社会控制权的成员对立法过程和法律的实施过程也具有较大的影响力，从而有能力使得法律和规章条款有利于他们自身的利益，并通过对条款的解释和实施，就可以将个人对社会的控制权潜在地转化为对公有资产的产权”①；而周其仁称其为“国家租金”制度，即按照行政等级使分享国家租金制度化，使得公有制企业可以用国家租金的分享权来刺激个人增加在公有制企业中的管理和劳动供给。②

在这种制度下，具有等级特征的总的控制权结构是既定的，总的剩余索取权结构也是既定的，总的剩余索取权的分配由控制权决定；在既定的总的剩余索取权下，由于各等级单位掌握的经济和权利资源的回报率不同，而使剩余分配份额在各等级之间及各等级内部出现差异，上级控制权在下级内部剩余控制权结构的形成中也起着决定性作用。③

失去传媒剩余最大化约束的控制权配置，必然表现为传媒内部各等级的权利斗争，斗争的形式取决于等级内部各个体单位掌握的资源属性，即

① 曹正汉：《传统公有制经济中的产权界定规则：控制权界定产权》，载《经济科学》1998年第3期。

② 周其仁：《公有制企业的性质》，盛洪：《现代制度经济学》（下），北京大学出版社2003年版。

③ 钟怀宇：《国有企业治理结构中科层的控制权配置特征及效率分析》，载《湖北经济学院学报》2004年第4期。

这种资源在传媒采编经营中对政治效益、社会效益和经济效益的影响。等级制的剩余分配制度，使剩余索取权呈现凝固状态，因而对企业剩余的追求演变成对既定剩余的争夺，追求控制权的目的是为了追求更大的剩余分配份额，传媒控制权的价值目标趋向不是传媒剩余最大化，而是剩余分配份额最大化，因此，最终形成的剩余控制权结构接近企业所有权安排和治理结构的优化状态的概率是比较低的，[①] 因此，传媒控制权难以达到最优化的配置状态。

3. 事后控制形成的传媒控制权软约束

由于传媒产权的模糊，在传媒所有者缺位的情况下，国家对传媒控制权的实现表现为事后控制，并且放弃了对传媒经营过程的监督约束，而把对传媒管理层的考核任免作为国家对传媒控制权的体现，受到政治等非市场因素的影响，表现为对传媒管理层的软约束。由于传媒领导层对传媒新剩余的产生不承担风险，就没有追求传媒剩余最大化的动力。

传媒这种控制权配置的形成，是由于传媒缺乏产权的真实委托人，在国有产权所有者缺位的情况下，对国有资产代理人及一般员工对传媒贡献的计量和监督在技术上难以认定，以至于放弃了其对传媒采编经营过程的监督，采取这种事后激励的国家租金激励方式。由于个人对传媒的贡献无法计量，事后进行传媒剩余分配的“控制权回报”成为激励制度的必然选择。

## 二、“三权”分离下传媒控制权配置：党政主导的合作控制观

文化体制改革下传媒通过转制成为市场主体，拥有传媒法人财产权，传媒的所有权、采编权、经营权进行了分离，“三权分离”引发了传媒代理问题，需要对传媒控制权进行重新配置，本书提出了传媒控制权配置“党政主导的合作控制观”。

1. 党政主导合作控制观的提出

2004年9月19日，中国共产党第十六届中央委员会第四次全体会议通过《中共中央关于加强党的执政能力建设的决定》，再次强调了坚持党

---

① 钟怀宇：《国有企业治理结构中科层的控制权配置特征及效率分析》，载《湖北经济学院学报》2004年第4期。

管媒体的原则，以牢牢把握舆论导向，正确引导社会舆论，掌握舆论工作的主动权。党管媒体不变是传媒控制权配置应严格遵循的原则。

同时，党和政府对传媒的控制权有明确的外延，以控制传媒当事人所承担的风险为限，这就要求传媒控制权安排不仅以传媒的政治利益为重，还要兼顾传媒的经济利益和社会利益，兼顾各方投资者及利益相关者的利益。要求传媒控制权配置也应让传媒投资者、传媒人力资本和利益相关者享有相应的权利，以期形成党政主导的合作控制。

党政主导的合作控制观就是把传媒的控制权进行细分，在党政、投资者、传媒管理层、利益相关者之间分权配置。党和政府主要掌控传媒的核心控制权，如主要领导干部的任免权、重大事项的决策权、资产经营的控制权、采编内容的终审权，对于经营执行权等一般控制权进行合作控制。

在既定约束因素的作用下，如果核心控制权行使的边际收益大于边际成本，则党和政府会运用核心控制权将一部分一般控制权从传媒收到自己手中，直到边际收益与边际成本相等时为止，反之亦然。

2. 党政主导的内涵

党政主导是指在传媒控制权的配置中，党和政府必须处于主导地位。这种主导地位体现在党对媒体的管理和引导上，尤其是对主要领导干部的任免、重大事项的决策、资产经营的控制、采编内容的终审上。体现在政府同其他股东按股权份额分享经营权的同时，也要防止资本话语权的膨胀，规避其对传媒采编的干涉。

具体而言，在领导原则上，既强调“四个不变”，即：党和人民喉舌性质、党管媒体、党管干部、正确的舆论导向不变，又强调管人、管事与管资产相结合；既强调牢牢把握重要干部的任免权、重大事项的决策权、资产的配置权以及内容的终审权，又强调“党管干部”与《公司法》相衔接；既强调独立责任原则，又强调有统有分的协同原则。在领导方式上，既坚持党委的集中统一领导，又充分发挥董事会和经营者的作用，变机关行政方式的领导为以产权为纽带的管理；在领导途径上，管理干部要通过坚持正确的干部路线来实现，既要坚持党管干部，又要按照《公司法》规定的程序实行分层次管理。①

① 李华年、许小川、崔健：《报业集团体制创新走向》，载《传媒》2004年第12期。

3. 合作控制的内涵

合作控制强调的是参与传媒契约的各方当事人在党和政府的主导下，都能够参与传媒控制权的配置，特别是传媒经营权的配置，使各方当事人的剩余索取权与控制权对应，从而有利于责权利对应，促进传媒效率的提高。合作控制并非传媒利益相关者平分传媒控制权，也不是合作经营和合作管理，它体现在参与各方当事人长期重复的谈判进程中。其目的是为了促进参与传媒契约的利益相关者能更好地合作从而提高传媒效率，化解各方矛盾。

合作控制使传媒避免采取高度集权或高度分权的控制机制，从而提高了传媒的效率。比如采编权如果完全集中于传媒的高层，则产生宣传差错的几率较低，但造成新闻处理的效率低下，编辑记者应付式完成任务，缺乏创新的活力；当采编权下放到编辑个人乃至广告代理商时，宣传的风险则大大增加。采编权只有在政府和传媒、传媒管理者和编辑记者个人之间合理分配才能使传媒的效率达到最优。而政府掌握控制权的程度，是以党和国家能有效地行使自己的权益，保证传媒的舆论导向正确，保证国有资产的保值增值，并且不侵占其他所有者的利益为限，这是在一组特定条件下的边际收益与边际成本的平衡，以避免下一级代理人偏离委托人的目标。

总之，党政主导的合作控制观试图在党委政府与传媒之间合理配置控制权，既有效地调动传媒积极性完成意识形态的宣传任务，又能使国有资产保值增值。这种控制观把传媒视为一个市场性契约组织，构建的是一个政府和传媒能够双向沟通的符合市场经济要求的契约型控制，从而使代理人能充分确保委托人目标的实现，实现对政府管制的部分替代。党政主导合作控制观在实践层面上有厚实的制度基础，在理论层面上符合传媒改革的发展趋势，同时也遵循了传媒制度变迁路径依赖的规律。

# 第三节　重构传媒法人治理结构实现传媒控制权的最优配置

## 一、“三权”分离下传媒法人治理结构的重构

要实现“三权”分离下党政主导的合作控制，就必须按照双重逻辑下双重利益选择的原则，构建有效的传媒法人治理结构。如图8.3所示，由董事会、监事会及采编层、经营层所构建的法人治理结构，在传媒内部创造了财产权利的再结合，开辟了党和政府对传媒采编业务和公司资产进行双向支配与控制的新路。这种治理结构旨在维护党和政府的主体地位，确保其财产权利的实现，对传媒采编权直接控制，使国家的权能在传媒内部得到统一，从而形成传媒“三权”分离下党政主导的合作控制与法人治理。在这一法人治理结构中，国家向传媒委派董事会，董事会受政府的信任委托，托管传媒的法人财产并负责传媒宣传经营，董事会聘用采编层和经营层，把部分采编经营权力委托给采编经营层。同时，国家向传媒派出监事会，负责监督考核国有资产的保值增值和经营管理。党委会由上级党委任命（可由董事长兼任党委书记），行使舆论导向权、重要人事权，不参与经营决策。

这一法人治理结构是一个原则框架，在文化体制改革中，根据公益性传媒和经营性传媒的不同性质，变化为不同的内部治理模式，本书在第九章和第十章中作详细介绍。

## 二、法人治理结构重构后形成的传媒权力关系及控制方式

### 1. 传媒内部形成的权力关系

党和政府对传媒集团的所有权是通过股权实现的，党和政府可以成立国有独资的传媒有限责任公司，也可以与社会股东成立国家控股的合资公司，委派传媒董事会，形成两种关系，一是传媒集团与董事会是信托关系，二是董事会与采编经营班子形成委托代理关系。（见图8.3）

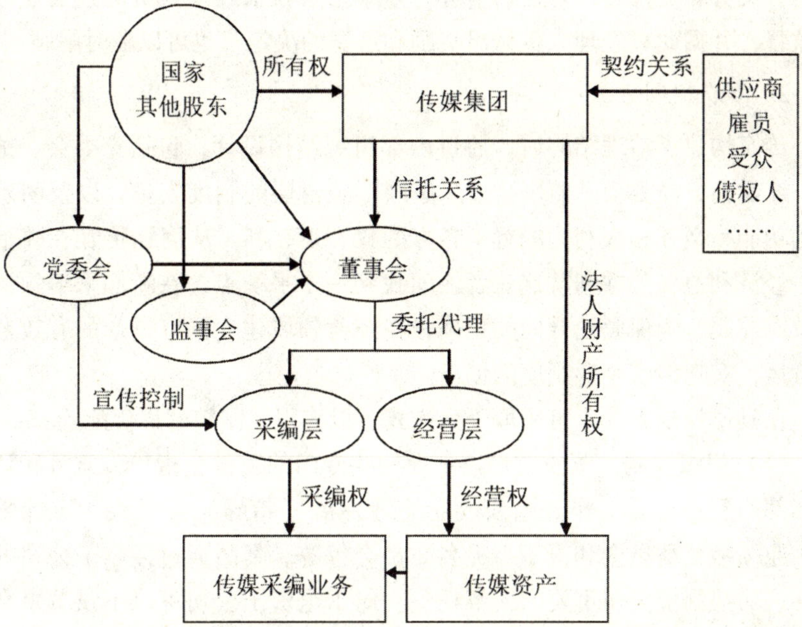


**图 8.3　传媒“三权”分离下政府主导的合作控制与治理结构**

从政府与董事会之间的关系看，董事会受政府的信任委托，托管传媒的法人财产并负责传媒宣传经营，这种关系是一种信任托管关系，或称信托关系。政府一旦把公司法人财产的责任全部委托给董事会，就不能随意更改托管关系，一旦董事会受托来经营传媒，就成为传媒的法定代表，政府不能再干预传媒管理事务。

董事会与采编经营层之间则是一种委托代理关系。委托代理关系是一种相当市场化的关系，董事会只把部分采编经营权力委托给采编经营班子，并可以随时撤换执行人员。采编经营管理作为一种稀缺性的专业技能，以较高的价格出售给董事会。董事会找到符合传媒条件的人员后，传媒采编经营人员就成为董事会的意定代理人，拥有管理权和代理权，前者是指采编经营人员对传媒内部事务的管理权，后者则是指采编经营人员在诉讼及诉讼以外的商业代理权。

这种委托代理关系的特点在于：“（1）经理人员的权力要受到董事会委托范围的限制，包括法定限制和意定限制，如处理公司财产的限制、经营方向的限制等。超越权限的决策和被公司章程或董事会定义为重大战略的决策，要报董事会来决定。（2）公司对经理人员的雇佣是有偿的，经理人员有义务和责任经营好公司事务，董事会有权依经理人员的经营业绩进行监督，并据此对经理人员做出奖励和惩罚的决定，也可以随时解聘。”①

2. 传媒控制方式

传媒构建了治理结构后，通过内部组织结构设计，包括党委会、董事会、编委会、经委会、监事会、采编层、经营层的制度安排，以及明确它们的功能、义务和权利，配置了各方的权、责、利。从而让传媒在政治利益、经济利益和公共利益这三者之间找到一个平衡点，在新闻采编领域替代政府控制，确保舆论导向的正确，在经营领域建立国有资产的有效监管和营运，实现传媒企业制度的创新。

在具体控制方式上可采取下列方式，以实现控制权的最优配置：②

（1）组织控制。董事会可以下设一些专门的委员会指导、监督和评价下属部门及公司的工作。比如成立业务发展（指导）委员会、审计委员会、业绩考核委员会和报酬与提名委员会等等。集团通过控制子公司的董事会进而控制子公司重要的人事任免。对于全资子公司可以不设董事会而作为一个分公司来管理。对于非全资控股子公司，集团按出资比例派相应代表进入子公司董事会，占据多数席位，并占据董事长职位。集团必须保持对子公司董事会和监事会的绝对控制。子公司总经理、财务总监、营销总监等重要领导人由子公司董事会提名并报集团审批。集团派往子公司的代表可以将他们的人事档案和劳资关系仍然挂靠在集团，以便于控制。各派出代表都要接受集团的指导、监督和考察，这部分工作主要由集团成立的各专门委员会负责。各专门委员会要定期或不定期地就派往子公司代表的情况向集团董事会汇报。

（2）权限控制。权限控制规定传媒集团下属部门或公司享有何种权限，即规定下属可以在多大程度和范围内做什么。权限控制主要是针对下属在采编和经营活动中的重大决策行为进行控制。应该控制的权限有：稿件终审权、对外投资权、重大资本性支出权、重大资产处置权、开设子公司权、重大合同担保的签署、年度预算、重大技术改造和基建等。权限控制的大小可以表现为一定的授权额度。

（3）业绩控制。业绩控制是集团对下属部门和公司实施管理监控的重

---

① 高明华：《公司治理：理论演进与实证分析》，经济科学出版社2001年版，第57页。

② 林忠礼：《报业集团管理控制模式的选择》，载《青年记者》2006年第8期。

要手段，对促进集团更好地行使出资人权利，正确引导下属采编和经营行为有重要意义。业绩控制通常以指标的形式来考核，可以分为定性指标和定量指标两种。定性指标主要对那些不便于衡量的工作进行控制，用于评价下属采编和管理状况的多方面非计量因素。主要指标有：稿件获奖率、宣传的政治影响和社会效果、领导班子基本素质、传媒市场占有能力、企业战略目标、创新能力、员工素质状况、技术装备更新水平、企业文化建设、长期发展能力评价等。定量指标是易衡量比较、能定量表示的指标。主要有：公司的盈利能力：销售收入、利润总额、净利润、资产收益率、总资产报酬率、成本费用利润率；公司的偿债能力：贷款偿还率、资产负债率、流动比率；公司运营的效率：全员劳动生产率、资产周转率等。

（4）财务控制。在传媒集团对下属部门和公司的控制中，财务控制居于核心地位，其他各方面的管理控制最终都可以在财务控制中得到体现。

一是对下属财务部门的集中监控。对于全资和控股子公司，可通过委派实现控制。即子公司的财务负责人可由集团直接委派，列为集团财务部门的编制，人事、工资关系在集团，负责子公司的财务管理工作，参与子公司的经营决策，严格执行集团财务制度，并接受集团的考评。集团也可以向子公司派出财务总监或财务监事，负责监督子公司的财务活动。

二是统一财务会计制度。为了分析各子公司的经营情况，比较其经营成果，从而保证集团整体的有序运行，集团还应根据子公司的实际情况和经营特点，在国家统一会计制度的基础上，制定统一的、操作性强的集团财务会计制度实施细则，规范子公司重要财务决策的审批程序和账务处理程序，提高各子公司财务报表的可靠性与可比性。

三是统一银行账户管理。针对目前我国企业集团出现的子公司私自在银行开户截留资金的问题，集团应加强对子公司开户的控制，子公司在银行开户须经集团审批并备案。

四是加强在资金管理、筹资管理、预算管理方面的集权管理。资金管理是财务管理的中心，在我国企业集团实践中，有的集团实行“结算中心制”，它以集团名义在银行开立基本结算户，再分别以各子公司的名义在该总户头上设立分户，由总户控制各子公司分户。筹资管理强调集团选择最佳的筹资方式，并与集团的综合偿债能力相适应，子公司所需资金不得擅自向外筹集，必须在集团内部筹集，由集团统一对外筹资。预算管理是集团根据发展规划确定的目标，将各项指标分解下达给各部门和子公司，各部门和子公司根据集团下达的各项指标和本单位具体情况编制年度预算，上报集团审批，集团对预算拥有最终决定权。集团可以成立专门的预算管理委员会，审查和平衡各子公司的预算，并汇总编制集团预算。经批准后的预算下达给各子公司，据以指导其经营活动。

（5）审计控制。审计的目的是确保预决算管理和经济运行成果的真实、合法，促进经营者准确履行职责，这是整个监控体系中非常重要的一环。审计方式有：常规审计，对所有的全资子公司都进行常规审计；定期抽查审计，主要是对反映企业资产及经营状况和过程中的专项事项进行审计监督；调查审计，主要是根据子公司年度中心任务、重点工作及实际工作需要所确定的事项进行；遵循审计，主要是看工作规范能不能落实，是不是符合子公司设计的规范，程序上是不是符合规定；做了还是没有做；责任机制到位不到位。

（6）信息控制。信息生成和传递系统对传媒集团非常重要，因为所有的经营管理决策都是建立在一定的信息基础之上。信息生成和传递系统不仅包括集团内部的财务会计系统，还包括非财务会计系统，如人事部门产生和传递系统。在这一系统中不仅包括价值指标，而且还包括实物指标、时间指标等。信息控制的主要内容是要保证下属部门和公司的运营信息能够及时准确地传递到集团。这些信息包括宣传效果、市场开发、回款情况、重大合同执行情况等市场信息；资产负债表、财务损益表、现金流量表等财务报表；生产计划、实际生产状况等生产经营信息。信息控制的技术手段应创造条件实现现代化，即利用网络技术建立集团公司内部信息平台，将各部门和公司的宣传、市场、生产、财务、运营等信息放在内部局域网上，实现集团内信息的高效传输和控制。

另外，企业文化对管理控制也十分重要。统一的企业文化作为一种软约束力，使传媒集团集体上下能够按潜规则办事，容易形成统一的指导思想，从而利于集团整体目标的实现。

# 第九章　公益性传媒双重法人型治理结构（母体加子体3+3模式）

## ——传媒内部治理创新（中）

## 第一节　公益性传媒双重法人型治理结构的创新

### 一、公益性传媒内部治理模式文献综述

公益性传媒内部治理，有专家建议采取事业单位的理事会制，建立科学的事业单位法人治理结构。即根据文化事业单位的特点，可以探索由出资人代表、业内专家、消费者代表、事业单位职工代表等组成的理事会，作为文化事业单位的决策机构，理事会向社会公开选聘执行人，负责文化事业单位的日常管理，并建立由有关部门、消费者代表、职工代表组成的监事会，形成理事会、监事会和执行人之间相互制衡的机制，保证文化事业单位的正常运行。有效地处理好利益相关者之间的责权利关系，有利于建立规范的表决、利益分配、人事任免等程序。①

还有不少专家学者提出了较好的内部治理模式。李华年、许小川、崔健认为报业集团要明晰产权关系，集团对政府承担国有资产监管任务，在国有资产控股的情况下做大做强；同时集团与下属各经营实体建立以产权为纽带的母子公司制度。要建立科学的领导体制，实行党委领导和法人管理相结合的领导体制。在新闻内容方面，实行党委领导下的总编辑负责制；在经营方面，实行董事会领导下的总经理负责制。从编辑与经营的分

---

① 杨驰原、查国伟：《专家学者解析改革政策把脉传媒走势》，载《传媒》2005年第4期。

开逐步过渡到事业与企业的分开。①

杨步国提出报业集团实行公司制，对新闻业务采取事业体制管理，一是在所有新闻业务领域，均实行事业管理体制，所需资金由集团提供；二是对承担喉舌功能的报纸仍保留编辑部独立的事业法人地位，所需资金由集团提供。党委与董事会职能分开，党政分开，两套班子两块牌子（党委会、董事会），党委会是领导组织，上级任命，可兼董事长，行使舆论导向权、发展方向权、重要人事权，宏观上监督董事会，不参与经营决策。②

李建国提出以产权制度为突破口，对集团内部经营单位和政策允许的子报刊进行公司化运作，组建国有独资的集团有限公司作为集团母公司，拥有法人产权。以集团控股的方式对内部经营单位进行改制，建立以资产为纽带的母子公司法人治理结构。采取党委会、社委会、董事会三位一体，一套班子的做法，党委会下设集团编委会和集团公司经理班子，建立党群系统发挥监督作用，以事业与企业法人为单位重新设置党组织，设立一肩挑的党政领导班子，使党的工作体制与业务工作体制匹配。③

陈君聪认为应明晰报业集团的产权关系，建立国资控股的混合所有制产权结构。明确国有资产的产权主体，改善股权结构，让多元股东来制衡。报业集团是事业性质，集团内有企业性质的公司，设置以董事会、监事会、编委会、经管会为基本框架的组织结构，实行决策层、管理层、监督层相互制约的领导体制。采编经营业务相对独立，两分开一剥离，编辑经营分开，经营性资产剥离，对这部分进行企业改制，股份制改造，申请上市。④

梁金河认为党报集团实行一体两制有五种选择，而党报集团的治理结构可以设计为：以集团党组、管委会为主的高层，对整个集团事务运筹享有最高决策权；以党报为主体的集团编辑委员会，对报刊采编业务享有最后监督权和终审权；以传媒集团控股公司为主的董事局，对集团的资产享有最大的经营权和控制权。最终形成党报集团统筹采编、经营，上下高度协调运转的“一体两制”的新型管理体制。⑤

张晓群认为报业集团的领导体制应当采取“一元领导、二元决策”的

① 李华年、许小川、崔健：《报业集团体制创新走向》，载《传媒》2004年第12期。

② 杨步国：《体制——报业改革不能不越的障碍》，载《中国报业》2005年第1期。

③ 李建国：《建立符合媒体特点的报业集团法人治理结构》，载《中国报业》2004年第5期。

④ 陈君聪：《中国报业集团法人治理结构初探》，载《中国报业》2004年第4期。

⑤ 梁金河：《党报集团“两分开”的改革构想——“一体两制与分而不离”运行机制的可行性探讨》，载《传媒》2005年第4期。

模式。所谓“一元领导”就是集团的最高权力机构是集团党委（为与集团体制相称，也可称为管委会），“二元决策”的含义是：集团各媒体新闻宣传工作的决策权在社委会，集团经营管理工作的决策权在集团公司董事会。由于报业集团的首要任务是搞好舆论宣传，党委书记必须兼任报社社长或总编辑。在经营领域，集团公司（母公司）是核心，由其控股若干经营性子公司。集团公司要按照《公司法》建立法人治理结构，集团公司董事会受集团党委委托，负责集团经营性资产的经营管理工作，保证国有资产的增值保值。董事会及总经理行使《公司法》规定的各项权利，集团党委行使《公司法》规定的股东会的各项权利。①

张辉锋提出事业单位定性的传媒组织应建立一套权责划分、监督约束等方面科学合理的管理体制。传媒的最高权力机构由宣传部、上级主管单位、国有资产监督管理委员会等代表组成，对传媒发展的重大事项进行审议、批准，传媒内部日常经营决策机构是社委会（管委会或董事会），执行层则由总编辑和总经理，各自向社委会负责；另设监事会对社委会会员和高级执行层人员进行监督。属于企业定性的传媒集团，由产权所有者组成股东大会或股东会，然后由股东大会或股东会选出代表组成董事会，然后由董事会任命总经理，并以此架构进行运作。②

周劲曾在2006年提出了公益性传媒事业法人型治理结构（“一拖四”模式）③，即在政治逻辑和资本逻辑的双重影响下，将公益性传媒作为公共事业型组织来治理，所谓公共事业治理，是介于公司治理和行政治理两者之间的治理形式，就是针对公共事业组织的社会责职及组织的内外关系，通过内部治理设计和外部功能约束而建立的公共事业制衡机制，从而形成科学的决策机制和约束激励机制，使公共事业组织提供公共物品达到最大化，实现公共价值达到最大化。“一拖四”模式实行采编经营两分开，采编部门是事业编制，实行行政式治理，经营部门是企业编制，实行公司治理。“一”是传媒集团党委会，“四”分别是编委会、董事会、监事会和经理层。其中，党委会是集团最高权力机构和决策机构，编委会、董事会、监事会和经理层都要接受党委会的领导。

---

① 张晓群：《如何实现“化学变化”——关于报业集团制度建设的思考》，《传媒产业化发展与传媒理论创新高峰论坛论文集》，2005年新疆。

② 张辉锋：《新型战略机遇期中国传媒组织治理结构创新》，载《国际新闻界》2004年第1期。

③ 周劲：《转制改革下公益性传媒治理创新》，载《湖北社会科学》2006年第7期，《新华文摘》2006年第22期转摘，人大复印资料《新闻与传播》2006年第11期转载。

"一拖四"模式在具体设置上如下：党委会下设社委会作为党委会的高级行政管理机构，执行党委会决议，协调集团各职能部门和相关人员。传媒集团实行党委领导下的社长负责制，党委书记兼任社长，社长是事业法人代表。集团有限公司按照公益性传媒授权经营第一种方式（详见本书第七章第二节），接受传媒国有资产授权经营，与党委会"两块牌子、一套班子"，党委书记兼任集团有限公司董事长。采编方面，党委会下设编委会作为采编专门委员会，对传媒集团的宣传负责，主报子报实行编委会领导下的总编辑负责制，传媒集团采编部门是事业编制，以行政治理为主。经营方面，集团有限公司作为母公司对控股公司的国有资产授权经营，控股公司成立董事会，董事会负责集团经营性资产的经营管理工作，保证国有资产的增值保值。董事会聘任经理层负责控股公司的经营，党委会下派监事会监督董事会，经理层行使职权，形成如图 9.1 的治理模式及权力关系。

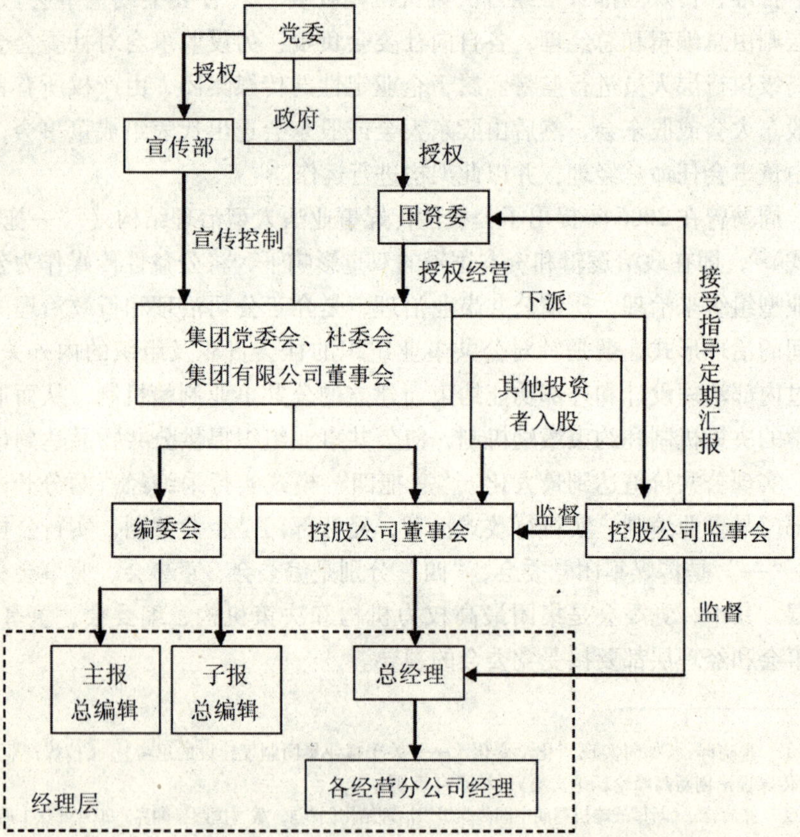


**图 9.1　公益型传媒法人治理结构"一拖四"模式及其权力关系**

“一拖四”模式的不足之处在于党委会权力过大，缺少监督，容易产生“内部人控制”现象，在集团层面没有形成必备的监督机制和制衡机制，控股公司一股独大，“一拖四”模式还是一种行政化的模式趋向，导致外部治理虚化、内部治理弱化。为此，本书提出了公益性传媒双重法人型治理结构，简称为“母体加子体 3 +3 模式”。

## 二、公益性传媒双重法人型治理结构的提出

所谓双重法人型治理，就是针对公益性传媒的双重主体身份，采取的针对公益性传媒作为意识形态应具有的行政治理和作为产业所必需的公司治理的结合，它是党和政府对公益性传媒的宣传、经营、管理、绩效进行监督和控制的一整套制度安排，它通过内部治理设计和外部功能约束，建立起科学的决策机制和约束激励机制，从而使公益性传媒提供公共物品达到最大化，同时追求自身的经济利益和市场效率，实现传媒的政治利益、公共利益和市场公平。

公益性传媒双重法人型治理结构，简称为“母体加子体 3 +3 模式”，母体是事业集团的行政型治理结构，包括集团行政部门、党报（广电集团为新闻频道，下同）采编部门；子体是集团公司的公司型治理结构，包括党报经营部分、子报子刊（广电集团为其他频道，下同）、各控股分公司。

母体的 3 分别是：决策机构——党委会、执行机构——管理层、监督机构——纪委，党委会是传媒事业集团的最高权力决策机构，行使重大决策权；管理层由编委会、行管部门组成，负责传媒日常工作；纪委是监督约束机构。

子体的 3 分别是：决策机构——董事会、执行机构——管理层、监督机构——监事会，董事会是集团公司的最高权力决策机构；执行层包括党报经营部门总经理，子报子刊总编辑、总经理，各控股子公司总经理；监事会是监督机构，形成如图 9.2 所示的内部治理及权力关系。

传媒集团党委会是传媒集团最高权力机构和决策机构，传媒集团党委会下设社委会作为党委会的高级行政管理机构，执行党委会决议，协调传媒集团各职能部门和相关人员。传媒集团实行党委领导下的社长负责制，党委书记兼任社长，社长是事业法人代表。

集团公司接受传媒国有资产授权经营，传媒集团党委书记兼任集团有限公司董事长。按照《公司法》的规定，国有独资公司在公司治理上可设

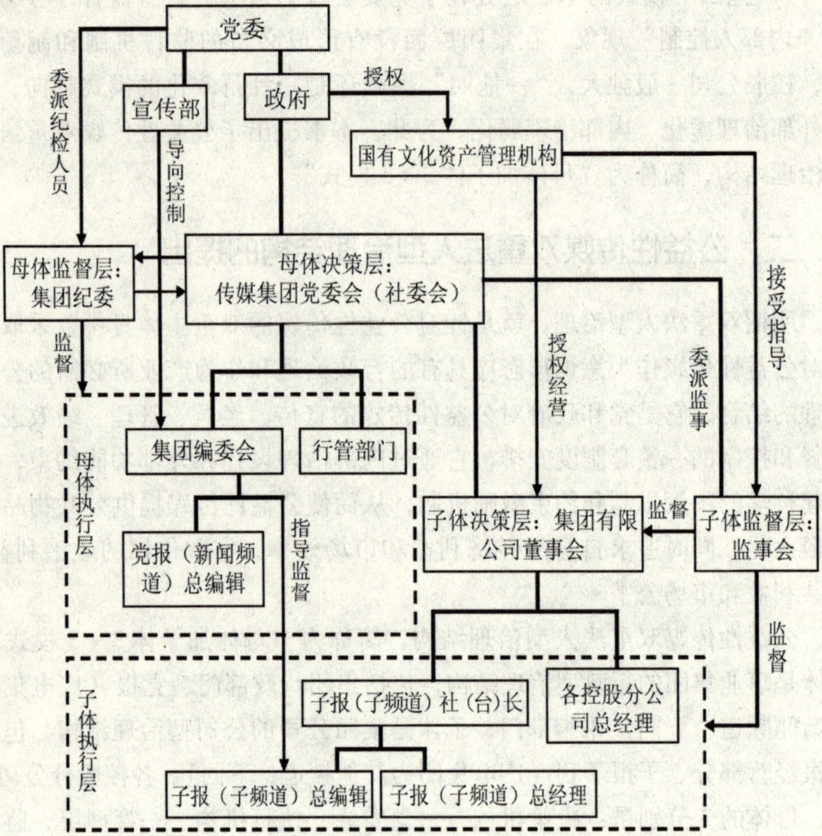


**图 9.2 “母体加子体 3+3 模式”的内部治理结构及权力关系**

董事会而不设股东会，因而，集团公司设董事会不设股东会，由国家授权投资的机构或者国家授权的部门授权公司董事会行使股东会的部分职权，决定公司的重大事项，但公司的合并、分立、解散、增减资本和发行公司债权，必须由国家授权投资的机构或者国家授权的部门决定。

董事会是集团公司的最高决策机构，负责集团经营性资产的经营管理和子报子刊的采编工作，保证国有资产的增值保值。董事会聘任集团公司的经理层，党委会下派监事会，对集团公司的经营及国有资产的保值增值进行监督，从而构建一个完善的公司治理。

采编方面，传媒集团党委会下设传媒集团编委会作为采编专业委员会，对传媒集团的采编工作负责，集团编委会负责党报的采编宣传工作，并对子报子刊的采编工作进行指导和监督，子报子刊分别成立编委会，接受集团编委会的领导。

## 第二节 “母体加子体3+3模式”治理机制的制度安排

传媒治理的出发点在于明确划分各个部门的权力、责任和利益，形成相互之间权力制衡关系，最终保证传媒制度的有效和运行。“母体加子体3+3模式”在内部治理机制上形成科学的激励约束机制和制衡协调机制，在母体系统和子体系统内合理分配传媒控制权，以其决策权、收益权、执行权、监督权和剩余索取权，协调两个系统内部，以及两个系统之间的利益和权利关系，促使它们长期合作，以保证传媒的决策效率。

### 一、母体系统的治理机制及制度安排

1. 母体系统的权力配置及制衡功能

在母体系统中，党委会是最高权力机构和决策机构，党委会下设社委会作为党委会的高级行政管理机构，执行党委会决议，对传媒集团进行组织控制、业绩控制、财务控制，协调传媒集团各职能部门和相关人员。党委会作为出资人对集团公司履行股东权利，对集团公司实行人事管理、重大决策管理、收益管理等三项事权管理，同时进行战略管理、预算管理、运营监控管理等三项辅助管理及产权事务管理。

纪委是母体系统的监督机构，按照党章规定，党的各级纪律检查委员会的主要任务是：维护党的章程和其他党内法规，协助党的委员会加强党风建设，检查党的路线、方针、政策和决议的执行情况。因而，全面履行党章赋予的职责和任务，保证党的政治纲领和政治目标的实现，是纪检机关的重大使命。其主要职能是检查传媒领导决策，督促传媒领导认真贯彻党的路线、方针、政策和国家的法律、法规，正确地制定和有效地组织实施传媒采编工作、经营工作和党风廉政建设决策。当前，传媒集团纪委的作用没有得到全面发挥，在今后的改革实践中，必须提升传媒集团纪委的地位，发挥其应有的作用。

一是强化双重领导体制，即从党内和行政法规上明确传媒纪委受党委

会和上一级主管机关纪检监察部门和宣传部门共同领导、且以上一级纪检部门领导为主，纪委书记由上一级纪检部门任命，纪委主要负责人还要进入传媒党委和行政领导班子。明确传媒纪委书记为传媒党委会副书记，并规定纪委书记依法定程序进入董事会、监事会，并担任监事会主席。

二是将相关监督机构合署，将传媒内部职能相近、手段互补的纪委、监察室与审计室、法律顾问室等部门并为一体，成立新的纪检监察组织。实行相关机构合署办公，一套机构，几块牌子，下辖纪检监察组、审计组、法律顾问组等，围绕共同的纪检监察工作目标，各负其责地开展工作。这样的组合，可达到精简机构、减少扯皮、优势互补、增强整体功能、提高监督效率的效果。

三是赋予传媒纪委必要的权限。如检查权、调查权和建议权，以及直接的党纪政纪处分权，并且只需向党委会、董事会备案而不必由他们批准。并具备一定的经济处罚权，即对造成经济损失或者取得非法所得的中层干部及以下人员，有权按照有关规定直接给予一定限度内的罚款、没收处罚，加强其权力和监督检查的手段，形成更为直接有效的威慑，使检查监督更加有效地进行。①

母体系统的执行层是编委会和行管机构，党委会通过其下属的编委会对采编工作进行管理，通过编委会实行对采编权的控制，党委委员兼任编委会成员，对采编部门实行行政领导，具有机构设置权、干部任免权、业务指导权和收入分配权，共同组成传媒集团党委领导下的新闻宣传组织指挥系统。子报子刊均设编委会，各子报编委会受集团编委会领导，子报编委会成员由集团编委会任命，重要子报刊的总编辑可由集团编委会成员兼任。子报子刊内部采编部门的机构设置及人员安排由各子报子刊编委会拟订，集团编委会审批。子报的宣传工作接受集团编委会的统一领导和指挥。

2. 母体系统的约束激励机制

科学、高效的约束机制是传媒集团基业长青的重要基石。传媒生产的是精神产品，传媒的竞争归根到底是人才的竞争。传媒集团必须建立包括以战略、价值和市场为导向的职位管理体系、绩效管理体系和薪酬管理体

---

① 张仁富、朱迪飞：《强化国有企业纪检监察组织监督职能的思考》，http：//www.njjj.gov.cn/index.asp.

系等在内的内部激励约束机制。通过健全规章制度、完善问责机制、严惩违规行为，发挥传媒价值观和职业道德的约束力等，来建立传媒的激励约束机制。

由于母体系统建立了完善的法人治理结构，形成了内部较好的约束机制，一是党委会对执行层的选择和任命，使党委会具有独立的约束能力。通过深化人事制度改革，扩大干部竞争上岗和职工双向选择的范围，完善能上能下、能进能出的用人机制，实施职称评聘分开，按职工的实际能力聘任相应岗位等形成激励和约束。二是纪委对党委会和执行层的监督作用，让传媒员工较好地贯彻党的基本路线和方针政策，遵守国家的法律法规。三是通过制订传媒集团的各项规章制度，建立考核体系，对员工的职责、业绩进行评价和奖惩，从经济收入、工作性质和条件、晋升的可能性、责任感等，形成有效的激励因素，促使组织成员为共同的目标而奋斗。四是通过新闻职业道德的约束，以及建立学习型组织的活动，激发职工对崇高事业的追求，将个人目标与组织目标有机结合，提升组织凝聚力。

在激励机制上，以用人机制和分配机制的创新，建立职位管理体系、绩效管理体系和薪酬管理体系。用人制度上，首先全面推行人员聘任制度，改革领导干部任用方式。采取科学定岗、公开招聘、合同聘用、竞争上岗、聘后管理、辞聘解聘和聘用监督等方式。以聘用制为基本用人制度，单位与职工签订聘用合同，确定双方的人事关系，明确权利和义务，打破职务身份终身制，精简富余人员，强化竞争机制。其次全面推行岗位管理制度和人事代理制度，建立符合传媒特点的职员、职称、工人管理制度等。实现身份管理向岗位管理的转变，按照事业发展需要设定岗位，按照岗位需要聘用人员，按照岗位制定工资标准。第三，按照市场价格选聘优秀管理人才和技术人才。事业单位和企业单位处在同一平台下竞争人才，人才价格由市场价格决定，要摒弃平均主义的思想，解放思想，打破传统观念，不拘一格向市场要人才。

分配激励制度上，按照绩效优先、兼顾公平和多劳多得、优劳优酬的原则，在执行国家统一工资制度和工资政策的基础上，实行工效挂钩、按岗定酬、按任务定酬、按业绩定酬、多种分配方式并存的岗位工资制度。探索知识产权、无形资产、技术要素等参与收益分配的新路子，制定符合各单位自身特点的工资收入分配办法，将收入分配与岗位职责、工作业绩、实际贡献挂钩，以保证分配的合理性和责权利的一致性。适当拉开工资收入分配差距，对少数能力、水平、贡献突出的业务骨干和管理骨干，允许实行较高的内部分配标准，实行一流人才、一流业绩、一流报酬。完善人才激励机制，营造尊重知识、尊重人才的良好氛围，确立以业绩为重点的人才价值观，对有突出贡献的文化人才实行重奖，对拔尖人才予以优惠待遇。逐步健全分配监督机制，保障分配政策的落实，杜绝分配上的短期行为。①

**案例 9.1：某党报报业集团的薪酬制度改革**

薪酬一直是传媒行业既敏感又神秘的话题，所有人都希望了解同行的薪酬情况，又不情愿公开自己的薪酬制度。本案例介绍的这家报业集团，从 1996 年起，就开始了分配制度的改革，在原事业单位的基础上进行局部的基本工资和对应津贴的调整，这也是当时大多数传媒事业单位都在使用的办法。

1999 年，该集团探索定性定量计分考核、津贴与稿件数量挂钩浮动等分配方式，初步做到干与不干不一样，干多干少不一样，干好干坏不一样，对调动广大办报人员的积极性起到了明显作用。但由于这些分配方式注重工作量的计分考核，因而带来一味追求数量而不求质量的“苦工分”现象，加上定性考核只讲工作业绩，而对德、能、勤、责等方面的考核力度不大，与收入挂钩不紧，因而产生一些负效应。

2001 年，该集团实施了新的薪酬制度，采取全报总额控制、内部拉大差距、考核定性定量的方法，全面实行以岗定职（责），以责（绩）定薪，奖勤罚懒，奖优罚劣。他们将国家规定的工资标准全部放进档案，员工每月收入分为岗位工资、业绩工资、效益工资三部分，岗位工资以职（责）定薪，易岗易薪，每月初定额发放；业绩工资以员工每月完成工作量的多少、好差严格考核，量化兑现，上不封顶，下不保底；效益工资与报社每月的经营实绩挂钩，分档次设定标准，与业绩工资一起在次月中旬发放。这一分配方式基本上考虑到了分配要素的多元化，合理、透明、公正，操作也简便易行，有效地保护和调动了办报人员的积

① 王晓刚：《文化体制改革研究》，中央党校博士论文，2007 年，第 113～115 页。

极性。

从2001年到2007年，该集团对这一薪酬制度进行了3次调整，这一薪酬制度体现了公平原则，也蕴含着一些激励因素，"同岗、同工、同酬"基本得到体现，但是在分配中仍然存在大锅饭的现象，同时薪酬目标不明确，不利于调动优秀员工的积极性。理想中的薪酬制度是，薪酬结构比较合理，收入基本同工作业绩挂钩，收入具有可增长性，收入水平在业内具有竞争力。

因此，2008年该集团又实行了新的薪酬改革，在具体设置上，该集团将现金薪酬分为三块：基本薪酬、岗位绩效薪酬和奖金。基本薪酬为档案工资，为固定薪酬，每月定期足额发放；岗位绩效薪酬＝额定薪点×本部门当月薪酬率；奖金根据集团效益和员工薪酬水平确定标准，不定期发放，一般每年发放两次。

在岗位绩效薪酬中，额定薪点是按照岗位的重要性程度、技术含量、工作量大小、工作环境、稳定性、可替代程度等来划分的。集团领导层为3000～3500点，中层为1300～2200点，一般员工为600～1500点。

薪酬率是指每一薪点的人民币值，基本薪酬率为X元，根据集团效益浮动，每半年或每季度调整一次。本部门当月薪酬率＝X×（1＋Y）。其中Y为各部门当月考核的变量数值，各块的考核方法如下：

1. 综合管理部门

综合管理部门的Y＝360°绩效考核得分等级。360°绩效考核方法是由集团领导、集团各中层部门主任依据综合管理部门的当月绩效分别打分，各个分数乘权重得出总分。按总分高低划分考核等级，共分优秀、合格、基本合格、不合格4个等级。每个等级对应一个薪酬率的考核变动量（Y），优秀变动量为0.1，合格变动量为0，基本合格变动量为－0.1，不合格变动量为－0.2。

2. 采编部门

编辑部门薪酬率的考核变动量（Y）以当月A版、B版、C版的考核情况以及完成编辑量确定，分优秀、合格、基本合格、不合格4个等级。如当月A版数超额完成任务数，C版数没有突破限额，则为优秀，以此再评出其他等级。每个等级对应一个Y，优秀变动量为0.1，合格变动量为0，基本合格变动量为-0.1，不合格变动量为-0.2。

采访部门薪酬率的考核变动量（Y）以当月A稿、B稿、C稿的考核情况以及完成供稿量确定，分优秀、合格、基本合格、不合格4个等级。如完成当月供稿量，且A稿超额完成任务数，C稿没有突破限额则为优秀，以此再评出其他等级。每个等级对应一个Y，优秀变动量为0.1，合格变动量为0，基本合格变动量为-0.1，不合格变动量为-0.2。

3. 广告部门

广告部门的薪酬率为广告累计到账考核变动量（Y），每月广告款应到账设一个比例，如一月份应到账全年的3%，二月份为8%，以此类推，十二月份为100%，每月按比例完成情况确定等级，优秀为0.05、合格为0、不合格为-0.05。

在岗位绩效薪酬发放上，集团每月将岗位绩效薪酬一次性与各部门结算总额，部门与每个员工的结算，由各部门按照相同标准自行制订发放。基本流程是：考核办依据各部门职责完成情况计算出各部门当月薪酬率，各部门根据本部门员工岗位薪点与绩效考核，确定员工当月薪酬，制定每月薪酬表，报考核办审核，集团主要领导审批，转财务部门每月发放。

这一新的薪酬改革体现了这样几个新观念：

一是业绩薪酬观，集团当月总体岗位绩效薪资与集团当月效益挂钩，各部门当月岗位绩效薪资与本部门工作实绩严格挂钩，浮动发放。工作表现好的员工薪酬可得到较大的增长，而那些表现较差的员工在薪酬上几无改变。

二是全面薪酬观，关注员工现金和物质收入的同时，将内在薪酬或心理收入也作为重要薪酬，包括良好的工作条件，培训和发展机会，重大事项的知情权、决策权、参与权等等。

三是宽带薪酬观，打破传统薪酬结构所维护和强化的等级观念，建立基于宽带思想的薪酬体系，加大一般岗位与中层管理岗位薪酬叠幅，减少工作之间的等级差别，引导员工重视个人技能的增长和能力的提高，从而体现业务优先、能力优先的导向，保证集团组织结构的灵活性和有效地适应外部环境的能力。

四是适度公平观，按照员工贡献的大小，公平、公正地确定薪酬。员工工龄、职龄、职称价值体现在档案工资中，员工当前工作绩效体现在岗位绩效薪资中。坚持先公布岗位薪酬及绩效考核标准，后竞聘岗位的原则，确保公平公正，使每位员工清晰、前瞻性地了解其工作与薪酬的因果关系，并能清晰、前瞻性地了解自己薪酬攀升的前景。

## 二、子体系统的治理机制及制度安排

1. 子体系统的权力配置及制衡功能

在子系统中，集团公司董事会是公司的决策机构，是国有资产的代表机构，董事长是法定代表人。集团公司获得授权后，就拥有了法人财产权，董事会可以行使重大决策权、人事处理权、资产处置权。

监事会是集团公司内部的专职监督机构，以出资人代表的身份行使监督权力，具有完全独立性，监督公司的一切经营活动，以董事会和总经理为监督对象，在监督过程中，随时要求董事会和经理人员纠正违反公司章程的越权行为。集团子公司监事会则受母公司董事会委托，负责监督子公司董事会成员、经理层成员的经营活动。这种链条式的监督机制，对约束母子公司主要经营管理者的行为起到了重要作用。另外，集团母公司要对子公司的资产经营情况进行严格控制，子公司的对外融资、产权变动、财务预决算等重要事项均要向母公司董事会报告。这就形成了国家所有权、董事会法人财产权、管理层采编经营权三者之间既统一又制衡的机制。

集团公司经理层独立行使经营管理权，党委会、董事会、监事会都不得直接插手经理层经营管理工作，但党委会、董事会、监事会可派人介入经营管理全过程，如派人列席经理班子会议，保证对经营管理全过程的有效监督。同时，经理的管理权限和代理权不能超过董事会决定的授权范围，经理经营业绩的优劣也要受到董事会的监督和评判。

2. 子体系统母子公司制形成了以资产与业务为纽带的管理模式

子系统建立起了母子公司的管理体制，从传统的行政事业型的垂直管理，转变为以资产与业务为纽带的管理模式。集团公司与子报子刊、各控股分公司的关系实质为母子公司关系即资本运营关系、投资与被投资关系。集团公司作为母公司，向子公司投资，成立子报、党报广告发行、印刷、物业、实业等若干全资子公司或控股子公司，获得子公司的产权或股权，依据产权或股权参与管理，行使股东权利。财务处、审计处、法律处等是集团公司的职能部门，协助集团公司董事会做好对各子公司的管理工作。集团公司成为战略发展中心、产权管理中心、资本经营中心、投资决策中心和财务结算中心，根据产权关系和基本管理规则，对子公司实行统一管理，依法对子公司行使选择管理者、重大决策、资产受益、考核监督等权利。

各子公司作为具有独立法人资格的市场主体，自主经营，自负盈亏，自我发展，并根据现代企业制度要求，建立和完善法人治理结构，集团各子公司的董事会、监事会由母公司董事会委派，总经理由子公司董事会聘任。这样，无论是在集团母公司还是在集团子公司，决策层、监督层和执行层都是各自独立、相互制约的，形成了权利的制衡机制。依托主业、围绕主业进行生产经营，以追求最大利润，回报投资者。

集团公司与各成员企业，包括控股、参股公司和以其他契约形式联结的企业，都是具有独立的企业法人地位，均取消行政级别，主要通过产权纽带相互联接，各自享有独立的法人财产权，承担民事责任。母子公司之间是投资人与被投资企业的关系，通过公司治理制衡机制的有效监督，防止代理人的偷懒和道德风险问题；通过代理契约规则的执行，对渎职者实行严厉的、有效的惩罚，防止代理人的机会主义行为，使其自我约束，以委托人的利益和企业的长远发展作为自己的目标，加倍地努力工作。

3. 子体系统的约束机制及激励功能

子体系统在健全和完善激励约束机制方面上，一是建立了董事会、监事会和执行层之间制约与平衡的治理机制，提高自我驱动、自我约束的能力，实现经营管理行为的长期化、理性化，使其自觉地服从和服务于社会价值和经济利益最大化的目标。二是以市值、总资产收益率和净资产收益率的持续稳定增长为目标，健全对执行层的业绩评价机制，建立按需设岗、以岗定薪、业绩挂钩的薪酬制度，最大限度地调动员工的积极性。三是以社会价值和发展战略为导向，建设市场化、企业化、长效化的内部激励约束机制，逐步淡化行政级别的概念，建立择优任用、优胜劣汰、能上能下、能进能出的用人制度；完善经济资本考核体系，有机平衡风险与收益，处理好短期利益与长期利益的关系；完善内控体系，积极整章建制，强化制度约束；注重企业文化建设，以愿景、目标和价值观激励员工，增强凝聚力和向心力，强化道德约束。

母公司董事会建立子公司业绩评价考核制度，考核指标既要包含子公司本身的经营情况，也要包含子公司对母公司业绩的贡献。通过制度设计，促使传媒代理人除了接受代理合约并且按代理合约的要求完成任务外，并对代理人产生强劲的激励。

## 三、母体系统与子体系统的控制—协调机制

1. "党董合一"模式确立了母子系统的一体化控制

所谓"党董合一"，就是在确保党组织的核心作用和对传媒集团经营活动真正参与的前提下，使传媒集团成为产权清晰、权责明确、政企分开和管理科学的法人实体。在传媒集团中，形成党委会与集团董事会有机融合的决策机制。①

党中央早在1997年就提出在国有企业中由党委书记兼任董事长，是一个较好的理性选择，传媒党委会与董事会在工作职能上具有很多共同点：一是他们担负的职责和任务一致，都是保证传媒舆论导向正确，确保传媒国有资产的保值增值；二是他们与传媒经理层的工作关系一致，都是行使或参与重大决策并发挥保证与监督的作用；三是他们所负责的对象一致，都是保证党和国家的方针政策的正确贯彻。此外，党章规定的企业党组织各项任务，都需要紧密联系传媒的采编经营工作才能实现。

"母体加子体3+3模式"实行的是传媒集团党委书记和董事长由一人担任，党委副书记可由总经理或其他董事兼任，这种模式的优点在于作为传媒最高决策者的党委书记也是公司的最高决策者，确立了母子系统的一体化控制，克服了党委会和董事长之间的意见分歧和相互推诿责任的弊端，实现了党对传媒公司的领导。

2. 母子系统的相对独立与互动形成的互利双赢

尽管党委会有权决定董事会人选，并有推选或不推选直至罢免某位董事的权力，但是，一旦授权董事会负责传媒公司后，党委会就不能随意干预董事会的决策了。董事会作为传媒集团公司的法人代表全权负责传媒经营，拥有支配传媒法人财产的权力并有任命和指挥经理的职权，董事会必

① 常永新：《传媒集团公司治理》，中国传媒大学出版社2007年版，第212页。

须对党委会负责。经理受聘于董事会，作为传媒的代理人统管传媒日常经营事务，在董事会授权范围之内，经理有权决策，其他人不能随意干涉，从而形成了母子系统的相对独立。

集团党委会虽然还是最高领导机构，但其工作重心是宣传管理和宏观决策，经营工作则委托给集团公司董事会，各项经营决策均由董事会决定。集团党委作为出资人对董事会的工作进行考核，并对财务预算、决算、利润分配方案等重大事项进行审批。这样集团党委对经营工作由具体管转变为间接管，由微观运作转变为宏观监管。

在党委会与集团公司董事会经营决策权的划分方面，可与《公司法》的有关规定相结合。党委会作为国有资产的出资者代表，行使股东会的各项权利，如：决定集团公司的经营方针和投资计划；选举和更换董事，决定有关董事的报酬事项；审议批准董事会的报告；审议批准监事会的报告；审议批准公司的年度财务预算方案、决算方案；审议批准公司的利润分配方案和弥补亏损方案；对公司增加或者减少注册资本作出决议；对发行公司债券作出决议；修改公司章程。而集团公司董事会行使如下权利：向党委会报告工作；执行党委会的决议；决定公司的经营计划和投资方案；制订公司的年度财务预算方案、决算方案；制订公司的利润分配方案和弥补亏损方案；制订公司增加或者减少注册资本的方案以及发行公司债券的方案；决定公司内部管理机构的设置；聘任或者解聘公司经理，根据经理的提名，聘任或者解聘公司副经理、财务负责人，决定其报酬事项；制定公司的基本管理制度等。党委会要建立战略参谋咨询机构，以便更好地进行宏观管理。

母子系统也是互动的，党委会是传媒集团最高决策者，是最高权力机构，社委会作为党委会常设的最高行政管理机构，对传媒集团事务全面管理，协调采编部门和经营部门，防止两者在体制上发生冲突，在不同的目标诉求上产生分歧。集团一把手实行党委书记、社长和董事长一肩挑，编辑委员会总编辑和传媒集团公司总经理都担任党委副书记和社委会副社长，让他们既针对不同业务，行使不同的职权，同时又共同做到既过问采编又过问经营的重大决策，协调好方方面面的关系，确保坚持正确的舆论导向和国有资产的保值增值。集团编委会和董事会的一部分成员可以通过法定程序进入社委会，但从事采编业务领导工作的党委会成员不能进入董事会，同样，从事经营业务领导工作的党委会成员也不能进入编辑委员会，这种的设置，比较清晰和充分地体现“两分开”的特点，从而为“两分开”创造了新的运作平台，做到到位而不越位。

互动形成了母子系统的双赢，一方面，采编部分的发展需要更新设备，进行员工培训，创办新的报纸，这些都要有大量的资金支持，而两分开后，这些费用和开支都要由集团公司来提供。集团公司董事会必须把采编部分的经费开支作为优先考虑的项目列入年度预算，经集团党委审批。由于集团党委的大部分成员是编委会成员，这就充分地保障了报社能够从集团公司获得足够的资金支持，使报纸的宣传工作有了坚实的物质基础；另一方面，集团公司主导下的经营系统的主营业务都是围绕着集团的报纸展开的，报纸采编系统的运行状况在一定程度上决定了它们经营业绩的好坏。因此，集团公司会全力支持报社的发展的。宣传和经营事实上已经形成了“荣辱与共”的利益统一体。[①]

3. 采编与经营的统分结合形成母子系统的协调发展

“母体加子体 3 +3 模式”实行的是采编经营两分开，事业性质的采编和企业性质的经营在体制上容易发生冲突，两者不同的目标诉求也容易产生分歧，因而建立良好的利益协调机制是公益性传媒治理的首要任务。同时，报纸生产的是精神产品，宣传与经营是不可分的，“母体加子体 3 +3 模式”通过采编与经营的统分结合，形成了母子系统的协调发展，将采编部门作为基本生产单位进行考核，对宣传效果和社会效益负责。同时，编委会与集团母子公司契约的形成，确定了经营业绩、费率及双方合作事项，以达到资源共用、利润共享、风险共担。

具体而言，党报、子报、各控股分公司都是集团发展产业链中的不同主体，业务分工不同，但双方在生产流程中是一种契约关系。党报主要承担党的宣传任务；子报主要负责新闻宣传、编辑业务，同时进行产品、品牌的研发生产，提供产品内容的生产和销售服务，并且根据需要向外拓展经营。各控股分公司主要负责产品的出版印刷发行和广告市场开拓等，它们之间相互依托、相互支撑、相互促进。

从采编上看，党报是传媒集团的“主报”和“母报”，在传媒集团发展中处于主导地位，必须发挥核心作用。子报子刊在重大新闻报道上要与党报一致，与此同时，各子报子刊要遵循新闻规律和市场规律，实施不同

---

① 张殿元：《中国报业两分开管理体制辨析》，载《中国传媒报告》2007 年第 1 期。

的运营管理，在市场竞争中按自身的经营策略，打造自身品牌，扩大市场份额，既要在不同的读者市场培育壮大不同的市场主体，又要强化主流媒体，增强核心产品的核心竞争力。党报子报之间在人员、技术、信息方面，进行资源共享，形成党报和子报子刊的协调发展。

党报与传媒集团签订协议，提供广告版面的数量，确保报纸质量。集团向党报提供采编经费和事业发展经费，采编经费的组成一是固定支付的部分，包括行政办公费和采编人员的工资、福利、社会保险等基本费用支出；二是浮动支付的部分，根据动态的各报广告量增减幅度和报纸质量，确定动态广告奖惩和质量奖惩经费，以保证党报对广告工作的支持。

从发行上看，采编与经营分开后，党报编辑部门仍要对发行量负责。因为发行量能从一个侧面反映办报质量，报纸发行量仍要作为考核总编辑工作的一个重要指标。发行控股分公司与传媒集团签订协议，承包党报的发行份数，并对传媒集团各报的发行量、发行费率及奖罚条款作出明确规定。同时，社委会建立发行控股分公司与各报编委会的联系协调机制，共同促进报纸发行量的提高。

从广告上看，传媒集团党委会提出本年度集团各报广告创收计划、广告价格及相应的广告版面计划。广告控股分公司与集团签订协议，明确子报、党报经营公司完成的广告金额，以及广告价格和代理费用等，同样由社委会建立广告公司与各报编委会的联系协调机制，确保集团采编和广告工作的和谐统一。

## 第三节　“母体加子体3+3模式”可行性的经验验证

南方日报报业集团是我国第一家由省委机关报组建的报业集团，于1998年5月18日正式挂牌运作，拥有南方日报、南方周末、南方都市报、21世纪经济报道等七报一刊及出版社、广告公司等经济实体。2005年7月18日，广东省委决定，南方报业治理结构进行机制创新，南方日报报业集团更名为南方报业传媒集团，同时组建南方报业传媒集团公司，列为省管企业。同样，2006年11月6日，湖北日报楚天传媒（集团）有限责任公司注册成立，根据湖北省人民政府批复，湖北日报报业集团在省财政厅的监督下，将国有资产授权给湖北日报楚天传媒有限责任公司经营。省财政厅按照财政部有关规定，对湖北日报楚天传媒有限责任公司及其子公司的国有资产实施监督管理。这两家报业集团的改革实践较好地验证了“母体加子体3+3模式”的可行性。

## 一、体制基础：党委领导下的治理结构

在“母体加子体3+3模式”中，党委领导成为公益性传媒集团的突出优势，成为市场竞争中的核心竞争力。传媒党组织的政治核心作用有机融合、渗透在传媒的决策、监督、执行的具体实践之中，让党组织在传媒内部治理的规范运行中履行职责。党委领导除了对采编直接控制外，还从以下三个方面体现了党委的领导：

一是党委会作为国有资产的出资者代表，行使股东会的各项权利。党委会对传媒的最终控制权是法律授予的，传媒所有权归国家所有，国家作为传媒资产的所有者，委托传媒党委会作为出资人对传媒集团公司行使股东权利。党委成员依法进入董事会，从而把党的领导有机纳入集团公司治理的法制轨道，有利于实现党的工作同传媒的采编经营工作紧密结合，有利于党组织在传媒决策、管理、监督等重要环节上充分发挥政治优势，有利于把党管干部原则同董事会、经理人依法行使用人权结合起来。

同时，传媒集团公司建立了以母子公司制为基本结构的组织形式，对下属单位的管理由原先的行政管理模式转变为以资产（产权）为纽带的产权管理模式，使集团有限公司（母公司）按照投资关系对所投资的企业行使出资人权利，确保国有资产保值增值，保证了传媒集团的出资人权益。

二是党委领导体现在对传媒经营权的控制。虽然集团公司实行授权经营，拥有传媒的法人财产权，党委会不能直接插手集团公司的具体经营业务，但党委会的意图完全可以在集团公司董事会上得到体现，通过集团公司董事会控制传媒的经营权。集团公司董事会聘任集团公司经理层，实行董事会领导下的总经理负责制。董事会和经理层行使《公司法》规定的各项权利。党委会下派监事会监督集团公司国有资产的保值增值情况和经营情况，集团公司还可以通过委派财务人员的方式对子报子刊和各控股分公司进行控制。

三是把党管干部原则同董事会依法行使用人权相结合，按照党的干部

路线和干部政策，对传媒集团各级干部进行培养、考察、任用和监督，从而构建了党委领导下的法人治理结构。

以南方报业传媒集团为例，该集团首先进行了授权经营，省政府将南方报业传媒集团国有资产授权集团管委会经营，南方报业传媒集团公司对所属子公司的全资、控股、参股的有关国有资产和国有股权行使出资人权利，对子公司中国有投资形成的国有资产和国有股权依法进行经营、管理和监督，并相应承担保值增值责任。在省政府宏观调控和监督管理下，集团公司依法进行各项经营活动。

其次构建了由管委会、社委会、董事会、监事会、经理层组成的治理结构。南方报业传媒集团成立了南方报业传媒集团管委会（党组）。集团管委会（党组）作为集团的最高领导机构，相当于“母体加子体 3 +3 模式”的党委会，总体把握集团报刊的舆论导向和集团资产的保值增值。集团的所有重大决策，必须经集团管委会（党组）讨论批准后方能付诸实施。集团管委会主任（党组书记）兼任南方日报社社长。集团管委会（党组）成员可以通过法定程序进入南方日报社社委会、董事会、监事会、编辑委员会或经营委员会，以充分体现集团管委会（党组）领导下的法人治理结构。

以湖北日报报业集团为例，该集团实行了党委领导下的公司治理，公司法人代表由集团法人代表、党委书记出任，从组织上和经济上保证了党委对公司的领导权和经营管理权。新体制按党委和董事会的不同定位设置权限，党委的决策权力有：媒体管理权、舆论导向权、领导干部任免权、集团发展权。党委是集团的最高领导、决策、管理组织，但党委不直接参与经营管理，媒体编辑部不从事经营业务，公司不参与新闻宣传业务。编委会职能更专一，职责更明确，党委对舆论导向的控制更直接，对媒体的控制能力更强。公司董事会行使集团资产保值增值管理权和经营权；集团经理层是经营执行层；监事会由集团纪委书记担任，行使监督权。

## 二、治理内涵：事业法人治理与公司法人治理的有机结合

“母体加子体 3 +3 模式”将事业法人治理与公司法人治理有机的结合起来，实现了事业法人治理与公司法人治理的协调统一。它把公益性传媒视为一个公共事业性组织和市场性契约组织，构建了一种新型的一体两

制下分而不离的双轨运行体制。“母体加子体3+3模式”采用不同的治理方式，党报采编按党的新闻工作要求，承担舆论导向和宣传功能，是事业体制的组成部分；子报采编经营及党报经营部分按产业发展的要求，进行公司化运作，是企业体制的组成部分，从而使传媒集团的事业法人治理结构和公司法人治理结构能够和谐相处，两者相互依存属于一个产业链，又适度分开相互独立。这一模式在实践层面上有厚实的制度基础，符合治理的发展趋势，同时也符合中央对传媒转制改革的要求，遵循了传媒改革的路径依赖规律。

以南方报业传媒集团为例，集团仍是事业性质，实行事业法人治理，登记注册的“南方报业传媒集团公司”（企业法人，有限责任公司）是南方报业集团的子体，依照《公司法》设立南方报业传媒集团公司董事会和监事会，建立规范的法人治理结构。南方报业集团公司作为母公司，通过建立规范的母子公司体制，将形成以产权为纽带的企业集团。集团的日常经营业务和经营管理方面的决策，由南方报业传媒集团公司董事会决定；属于重大的经营决策和投资决策，在董事会通过之后，还必须经集团管委会（党组）讨论批准。集团公司对子公司下达经营指标和分配政策，进行产权管理。集团母公司将通过向子公司委派董事、专业负责人等形式进入到子公司董事会、经理层，参与子公司的经营决策和日常的经营管理过程。这一过程实行的是公司治理。南方报业传媒集团在产权明晰的治理结构框架下，主要从战略管理、资产管理、人事管理、财务管理、审计管理、信息管理等方面，对母子公司的责、权、利进行界定，从而保障母子公司在程序化、规范化、法制化的环境下良性运行，规避子公司的机会主义和道德风险，实现事业法人治理和公司法人治理的有机结合。

以湖北日报报业集团为例，该集团建立的治理结构实行了媒体事业性质治理和集团公司企业治理的合一。湖北日报报业集团是中共湖北省委领导下的党报舆论机构，湖北日报为中共湖北省委机关报，集团党委领导，事业性质、事业法人，其所属媒体由集团主管主办。在党委领导下，集团的媒体管理体制坚持事业性质，媒体的所有工作人员按事业人员编制管理。媒体管理组织为编委会，由集团总编辑、副总编辑、编务总监等人员组成，其主要职能是：承担舆论导向、新闻宣传和人员管理等工作，拟定媒体发展规划。媒体编辑部不承担经营任务，媒体领导不分管经营工作，媒体资产属非经营性资产，不承担经营风险。集团公司企业管理体制明确了公司董事长、法定代表人和总经理，通过了公司章程，明确了股东会（由于只有集团一家股东，暂不设股东会，股东权益由集团党委行使）、董事会、经理层、监事会的职能。集团通过资产剥离转制，先后注册成立的公司有：投资公司、发行公司、印务公司、房地产公司、网络公司、文化传播公司和长江出版合资公司。

## 三、制度保障：完善的内部治理机制

“母体加子体3+3模式”形成了较为完善的内部治理机制，解决了传媒剩余索取权和剩余控制权的配置，明确划分了党委会、纪委、董事会、监事会和经理层各自的权力、责任和利益，形成权力制衡关系，最终保证传媒制度的有效和运行。

以南方报业传媒集团为例，集团公司董事会是公司经营发展的决策机构，董事会可以设立战略、审计、提名、薪酬与考核等专门委员会，以便使更多的董事只参与自己擅长领域的事务决策。专门委员会成员全部由董事组成，各专门委员会对董事会负责，各专门委员会的提案提交董事会审查决定。其中，战略委员会的主要职责是对公司长期发展战略和重大投资决策进行研究并提出建议；审计委员会的主要职责是监督公司的内部审计制度及其实施，审核公司的财务信息，审查公司的内部控制制度；提名委员会的主要职责是研究董事、高层经理人员的选择标准和程序并提出建议，广泛搜寻合格的董事和高层经理人员的人选，对董事候选人和高层经理人选进行审查并提出建议；薪酬与考核委员会的主要职责是研究董事与高层经理人员考核的标准，进行考核并提出建议，研究和审查董事、高层经理人员的薪酬政策与方案。

监事会则是行使监督职能。监事会的职能是负责对财务检查、董事会经理层经营活动及业务执行情况进行监督，以保证集团的各项决策和计划能得到正确的贯彻执行，防止董事会和经理层滥用职权以损害集团及其他人的利益。监事或监事会不参与集团的经营决策或经营管理活动，只起到董事会、经理人员的“检查员”的作用。董事、经理及财务负责人不得兼任监事。

在经理层中，总编辑出任编辑委员会主任，分管新闻的管委会成员、集团相关职能部门和主要新闻单位负责人任委员，负责全集团的新闻宣传业务。总经理出任经营委员会主任，分管经营的管委会成员、集团相关职能部门和主要经营业务单位负责人任委员，负责围绕广告、发行、印刷、信息、实业等支柱产业开展经营业务活动。在确保国家控股的前提下，可吸收社会资金，推进报业经营社会化、市场化。在此基础上，可进一步组建股份制公司，并争取上市。

同时，南方报业传媒集团通过在采编和经营业务之间建立内在有机联系，建立分而不断、联而不乱的内部协调机制。一是建立统一管理机制。集团第一把手实行党委书记、管委会主任和董事长一肩挑；编辑委员会总编辑和传媒集团公司总经理都担任党委副书记和管委会副主任，让他们针对不同业务，行使不同职权，做到既过问采编工作，又过问经营业务，确保正确的舆论导向和国有资产的保值增值。二是建立联动机制。集团要求采编、印刷、广告、发行部门建立联动制度，树立联动意识。比如，每天坚持召开“采前会”、“编前会”和不定期召开业务情况通气会，负责采编业务和经营业务的分管领导参加，及时通报采编和经营的情况或问题。南方日报社还成立了由采编和经营人员共同组成的运营委员会，从组织上确保联动的机制，从而在采编与经营之间形成一种默契的互动效应，使采编和经营之间在最大程度上形成合力。三是建立科学合理的分配机制。集团区别不同类型，制订从业人员的考核体系，按照公平、协调、平衡和激励的原则，最大限度地体现采编、经营和行政人员之间分配的合理性和激励性。

## 四、制度分析及不足之处

“母体加子体 3 +3 模式”解决了当前传媒整体进入不了市场、而发展又离不开市场的矛盾，突破了传媒集团内部事企不分、权属不明、权责不清、人员混岗的困境，避免了党委不能成为市场主体、又无法扮演市场管理角色的弊端，消除了传媒进入市场后，既怕媒体发展不好又怕媒体管不住的担忧，是中国传媒制度的一次创新。

“母体加子体 3 +3 模式”保持了传媒集团的事业性质不变，坚持了党管传媒的基本出发点，体现了党管舆论、党管干部和党管资产的基本原则，又在经营上适当放权，实行了传媒国有资产的授权经营，既保证了传媒集团党报采编部分事业单位的独立性质，又使传媒成为市场主体，落实了国有资产保值增值的责任。通过传媒内部采编和经营相对独立的运营机制，找到了传媒政治责任与企业利润最大化的最佳结合点。

这种模式为集团公司进入市场扫清了障碍，为跨地区、跨资本、跨媒体、跨产业的大型传媒集团的规模化发展，提供了体制保障和组织前提。从体制层面看，创新体现在党和政府既能控制媒体导向权，又能控制公司资产权；从机制层面看，解决了长期以来传媒集团决策不迅速、反应不灵敏、执行不得力的问题。①

当然，这种模式也有不足之处：

一是两块牌子代表着两种体制，用一套班子很容易带来两种体制的冲突。“母体加子体 3 +3 模式”的协调机制尽管发挥了较好的作用，但两种体制的运作目标和方法不同，带来了传媒资源整合的困难，决策上的错位、权责不清，以及传媒发展目标方向的摇摆性和不确定性。

二是传媒集团党委会权利太大，缺少监督，集团公司一股独大，没有实现传媒产权的多元化，很容易产生“内部人控制”现象，且容易出现党委会、董事会与经理层的“合谋”，共同侵害国家财产。此外，党委会成员全部由党和政府有关部门任命和控制，造成党委会对党和政府的依赖性，失去了独立发挥职能的基础。其次，总编辑、总经理等经理层的选择和任命也由党和政府决定，党委会难以形成对经理层的有效约束。

三是传媒集团党委会和集团公司董事会的高度融合，带来了政事不分、政企不分。行政型的党委会制是一种行政权力制度，是代表党和政府行使执政党和政府意志的行政权力组织形态，是对上级组织负责的领导与被领导的行政层级。而企业型的董事会制采取的是所有权经营权分离的法人治理结构及决策分散的扁平化组织机构，必须以市场主体间的平等合作为基础，实行决策权、执行权、监督权三权分立，各利益主体以股权的大小确定控制权，决策、执行及监督后果由行为人本人承担，这两种模式在实施过程中易发生冲突。

四是传媒集团事业性质定性，使传媒生存的约束不在于成本约束只在于犯错约束，传媒集团化只是一种行政捏合，管理层没有绩效压力，而是靠行政级别的提升来激励，导致外部治理虚化、内部治理弱化。

不同的制度环境演化出不同的治理结构，公益性传媒的内部治理内生于赖以存在的制度环境，同时也处于不断创新之中。当传媒制度环境的约束条件有了较大改变时，公益性传媒治理制度安排的不足才能逐步消除。

---

① 杨步国：《探索适应党报发展的体制模式》，载《中国报业》2007 年第 7 期。

对于传媒而言，这是一项长期的系统工程，需要国家、传媒、社会力量的共同努力。可以说，“母体加子体 3+3 模式”是中国传媒转型期内的一种过渡模式，中央对传媒转制改革虽然制订了有关政策，但具体操作程序尚待明确，相关法律有待完善，传媒转制改革同中国诸多改革一样，是一个摸着石头过河的过程，在具体实施过程中政界、业界、学界也有重大分歧。随着改革的深化，这一模式会向经营性传媒公司法人型治理结构“主体加辅体 3+2 模式”转变。

# 第十章　经营性传媒公司法人型治理结构（主体加辅体3+2模式）

## ——传媒内部治理创新（下）

经营性传媒在文化体制改革中的思路是整体转制为企业，整体转制是将原属事业单位性质的传媒整体转制为企业，取消事业法人、事业编制和行政级别，明确企业法人地位，作为特殊法人企业，政府将国有资产直接授权给传媒，成为新型市场主体参与市场竞争。传媒作为新型市场主体就要建立现代企业制度，其关键是建立和完善有效的治理结构，为此，本章提出并论述了经营性传媒公司法人型治理结构——主体加辅体3+2模式。

## 第一节　经营性传媒公司法人型治理结构的创新

### 一、经营性传媒公司法人型治理结构①的提出

由于传媒的特殊性，即使经营性传媒也要承担公益性任务，如果采取一般企业的治理模式，强迫其参与市场竞争必然会影响公益性任务的完成。且传媒的所有者是国家，国家对传媒的宣传要有必要的控制，以保证传媒的正外部性，保证公共利益的实现。因此，国有独资的传媒有限公司作为特殊的公营企业，其治理结构也是特殊的。

---

① 周劲：《传媒治理：制度分析与实证研究》，载《现代传播》2005年第4期，人大复印资料《新闻与传播》2005年第12期转载。

根据“三权分离下党政主导的合作控制观”的要求，党和政府对传媒的控制权有明确的外延，以控制传媒当事人所承担的风险为限，这就要求传媒控制权安排不仅以传媒的政治利益为重，还要兼顾传媒的经济利益和社会利益，兼顾各方投资者及利益相关者的利益。要求传媒控制权配置也应让传媒投资者、传媒人力资本和利益相关者享有相应的权利，以期形成党政主导的合作控制。为此，本书提出经营性传媒公司法人型治理结构（主体加辅体 3 +2 模式）。

传媒内部治理的主体系统由董事会、监事会、经理层（含总经理和总编辑）组成，辅体系统由党委会、编委会组成，构成“3 +2”的结构，以期在党委政府与传媒之间合理配置剩余占有权和剩余控制权，既有效地调动传媒积极性完成意识形态的宣传任务，又能使国有资产保值增值。

作为治理结构的主体系统，董事会是传媒有限公司的最高决策机构和权力机构。由于传媒有限公司是国有独资公司，董事会由党和政府有关部门选派，董事长由组织部门任命，董事长是法人代表，政府董事在董事会中占较大比重；监事会是国资委下派传媒的监督机构，对国有资产的保值增值和经营管理进行监督；总经理由董事会聘任，执行董事会的决议，负责国有资产的保值增值和经营管理。

作为治理结构的辅体系统，党委会与董事会职能分开，党政分开，两套班子两块牌子。党委会由上级党委任命，行使舆论导向权、重要人事权，宏观上监督董事会，不参与经营决策。编委会是党委会领导下的专门委员会，对传媒有限公司的新闻采编工作负责，总编辑人选由党委会和董事会决定。主报（广电集团为主频道，下同）的新闻采编工作由公司编委会直接负责，子报子刊（广电集团为子频道，下同）的新闻采编工作由子报子刊编委会负责，子报子刊编委会均服从公司编委会的领导。

“3 +2”模式中五会之间的权、责、利明确，各司其职，实行决策层、管理层、监督层相互制约的领导体制。在内部治理机制上，通过设计符合传媒特点的权力分配机制、激励约束机制，合理分配传媒的剩余索取权、剩余控制权、决策权、收益权和监督权。

“3 +2”模式的内部治理结构和权力关系如下图所示：

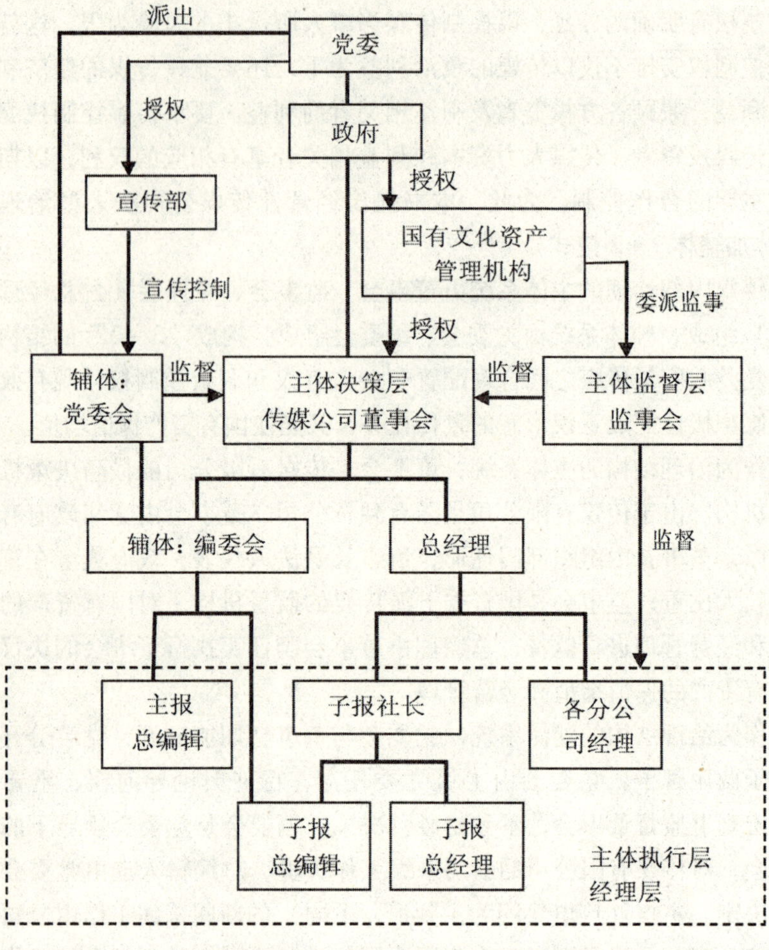


**图 10.1　“主体加辅体 3 + 2 模式”的内部治理结构及权力关系**

## 二、传媒集团公司的组织构架和控制模式

1. 传媒集团公司的组织构架——资本控制型母子公司制

经营性传媒集团公司是具有一定规模的法人联合体，以国有独资的传媒有限责任公司为母公司，子公司是母公司对其拥有全部股权或控股的企业法人，各子公司均取消行政级别，与集团通过产权纽带联接。母公司投资入股子公司，成为子公司的股东，并掌握子公司的控股权，同时吸引机构投资者、中小股民参与投资，从而形成寡头联盟型的股权结构，组成资

本控制型母子公司制的组织构架。（见图 10.2）在资本控制型母子公司制中，母公司是集团的决策中心、投资中心和管理中心，集团投资的子公司享有法人财产权，成为自主经营、自负盈亏、自我约束、自我发展的市场竞争主体，是集团的利润中心，承担国有资产保值增值的责任。母公司以资本为纽带与子公司建立联系，通过子公司的股东会和董事会，对子公司的经营活动进行控制和管理。这是与行政手段不同的控制手段，“母子公司制可以通过逐级控股，弱化政府对传媒的行政干预，控股管理与行政管理不同，控股公司不是委派行政官员对下属企业进行直接管理，而是通过选任若干名公司董事，对所控股的公司进行间接管理，董事在公司中的作用还需通过公司董事会来实现。”① 通过控股的形式缩小政府的管理跨度，减少政府对企业实行监控的内容。

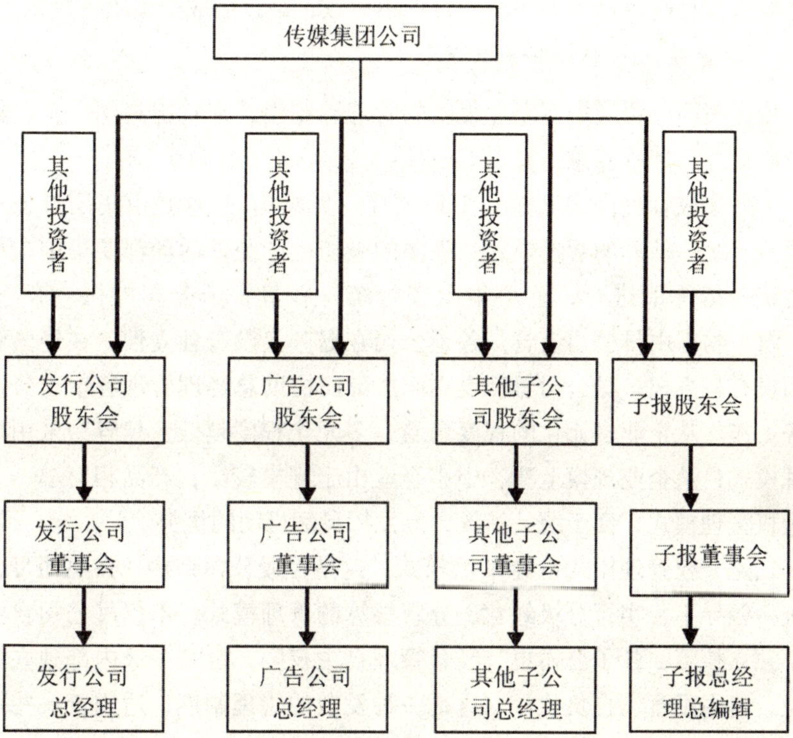


**图 10.2　传媒集团公司资本控制型母子公司制的组织构架**

① 高明华：《公司治理：理论演进与实证分析》，经济科学出版社 2001 年版，第 168 页。

资本控制型模式的优点：一是母子公司资产关系明确，产权清晰，子公司成为完全独立的自主经营、自负盈亏的法人实体；二是母公司有灵活的融资机制，子公司发展好，母公司可采取让子公司上市的方式增股扩资；三是母公司退出机制有效，如子公司发展不好，母公司可在资本市场将其出售；四是母公司是子公司的出资人，只行使出资人权力，子公司的经营权完全下放，母公司专注于资本经营和宏观规划，有利于传媒集团的长远发展；五是母公司以出资额承担子公司的风险，有效地控制了经营风险。

资本控制型模式也有缺点，一是母公司通过董事会对子公司间接管理，控制距离长，信息反馈不畅，减弱了对子公司的控制；二是子公司是独立的法人单位，由于信息不对称，易发生内部人控制现象；三是子公司独立经营，易造成母子公司经营目标不一致，难以形成全集团一盘棋。①

2. 传媒集团公司的控制模式

传媒集团公司应借鉴企业集团的管理控制模式来管控集团，企业集团的控制模式，理论界总结有以下三种：

一是集权管理模式也称 U 型模式（一元结构）。这是由集团母公司统一经营、统一核算的管理模式。集团的一切生产经营活动都要集中在母公司的统一指挥下进行，整个集团实行统一核算，子公司的供、产、销、人、财、物都由母公司统管，各子公司在财务上没有独立性，在经营管理方面没有自主权，母公司总部设立职能部门协助总经理管理各个子公司的业务工作。从企业多元化的程度来看，多元化程度越低，越容易采用集权管理模式；从企业规模上看，中小企业由于规模较小，产品相对单一，实行集权管理模式，便于统一指挥，能发挥灵活机动的优势。

二是分权管理模式也称 H 型模式。这是控股公司结构，在集团母公司的统一领导下，实行分级经营、分级核算的管理模式。不仅母公司自主经营、独立核算，各子公司也有经营管理自主权限，也是一级内部独立核算单位，自主经营、自负盈亏。这是一种发散的管理制度，适用于一些产品种类多、经营区域广的特大型企业集团。

三是统分结合管理模式也称 M 型模式。这是一种由集团母公司统一核

① 朱静雯：《出版发行集团母子公司管理与控制模式的分析比较》，载《图书情报知识》2002 年第 2 期。

算，由所属子公司分级经营的管理模式，它是集权管理与分权管理相结合的产物。采用这种管理模式，母公司对整个集团的经营好坏和盈亏负全责；母公司与子公司在经营管理职能方面则各有分工，供、产、销和人、财、物的重要经营管理权力集中在母公司，而生产和销售等具体业务权限下放给下属子公司，子公司拥有一定的相对独立的权力。

统分结合管理模式属于半集权型管理模式，它集中了分权和集权两种模式的优点，其特点是相对集权、适度分权。实行这种管理模式的优点是：有利于整个集团人、财、物的统一分配和调度，可以最大限度地集中力量搞好集团的重点发展领域和项目；能更好地确保集团各项方针、政策在子公司的贯彻执行；可以增加集团整体竞争力；有利于提高集团的决策能力和决策速度；有利于培养集团职工的集体和全局观念；有利于调动子公司在经营管理方面的积极性和主动性。当然，这种管理模式也存在缺点，主要是相对集权与适度分权的“度”不好把握。若母公司过于集权，对于子公司的日常经营活动插手太多，会扰乱子公司的正常经营；母公司过于分权，可能又会导致集团管理失控，子公司不顾集团整体利益而各行其是，阻碍整个集团的发展。

**案例 10.1：山东大众日报报业集团的控制模式**

山东大众日报报业集团既保留了具有事业单位性质的报社，也成立了国有独资的集团公司（母公司），集团公司投资设立了一些全资或控股的子公司，还在外埠成立了分社，青岛和淄博分社又创办了报纸，围绕报纸成立了事业性质的报社，还设立了广告、发行、印刷等经营性公司。这么多的成员单位以及企事业的混合性质，使报业集团管理体制问题变得十分重要。大众报业集团的做法是既要加强集团对各成员单位的控制力，又要使各成员单位保持旺盛的活力。为此，采取了不同形式的控制模式。

大众报业集团的母公司——山东大众报业（集团）有限公司，实行的是中央集权式管理体制（即 U 型结构），即集团党委与公司董事会是一套班子、两块牌子，具有管人、管物、管导向的最高权力，下设宣传、经营、党务等职能机构。集团对核心层的几张报刊采取统分结合管理模式（即 M 型结构），各报刊是集团内部的事业部，不具备法人资格，但实行内部独立核算，按业绩进行考核，既保持了集团的战略决策能力和对各报刊的控制能力，又保护了各报刊的内部活力。集团对下属的广告、发行、信息、印刷等经营性公司采取的是分权管理模式母子公司体制（即H型结构），这种管理体制有利于形成专业化分工协作，也有利于各公司的资本运作。

## 三、传媒集团母子公司的治理模式

目前国内大多数传媒集团已基本建立起管理职能健全、下属各业务单元相对独立运营、授权清晰的统分结合的管理模式，但如何在集团内部实现责权利安排、组织结构设计，如何掌握和调控关系成员企业生存、发展的资源，如何以专业管理职能实施对各事业部、下属频道的指导和控制，成为转制后传媒集团实现内部利益协调和整体利益最大化必须解决的问题。[①] 传媒集团公司可以采取以下治理结构：

1. 职能型治理结构

即将传媒集团从下至上按照相同的职能将各种活动组合起来。例如，所有广告人员被安排在广告部，主管广告的副总经理负责所有的广告经营。当传媒需要通过纵向科层来进行控制和协调时，这种结构是很有效的。这种模式中，传媒集团通过职能部门对子公司进行管理、控制，整个集团以管理结构进行治理。子公司只是一个业务实体，是集团决策的基层执行者，负责说明责任和纳税。

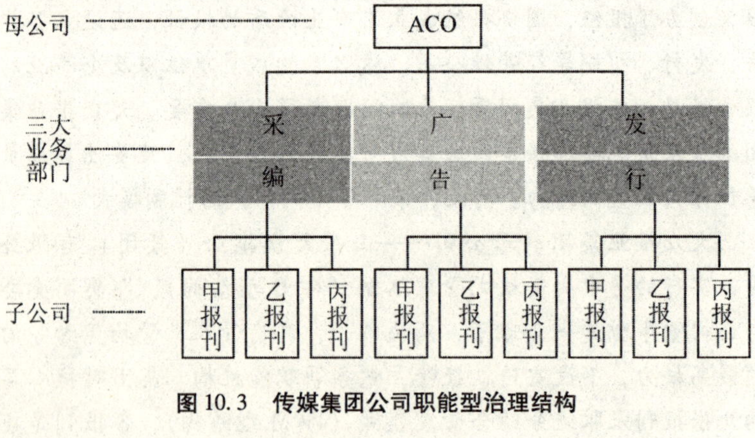


**图 10.3　传媒集团公司职能型治理结构**

---

① 常永新：《传媒集团公司治理》，中国传媒大学出版社 2007 年版，第 213 页。

这种模式的优势是能促进职能部门内的规模经济，促进深层次知识和技能提高，促进组织实现职能目标，适合一家或少数几家报纸。劣势是对外界环境变化的反应较慢，可能引起高层决策堆积、科层超负荷，部门间缺少横向协调，缺乏创新。

2. 事业部式治理结构

即在传媒内部基于报刊、产品、项目来划分成一些相对独立自主经营的单元，有时也称产品部式结构或战略经营单位。当传媒需要以适应和变革为导向时，这种结构是很有效的。在这种模式中，集团权力的配置倾向于事业部，母公司只保留财务、投资、人事权。事业部虽然不构成法人实体，但每个事业部设有董事长和执行董事，享有很大自主权。

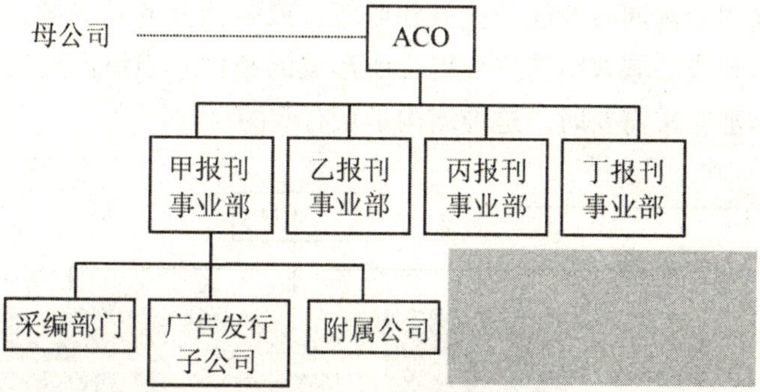


**图 10.4　传媒集团公司事业部式治理结构**

这种模式的优势是能适应不稳定环境下的快速变化，由于清晰的产品责任和联系环节从而实现顾客满意度高，能实现跨职能的高度协调，使各个报刊适应不同的产品、地区和顾客，且有利于分权决策。劣势是失去了职能部门内部的规模经济，导致产品线之间缺乏协调，失去了深度竞争力和技术专门化，且产品线间的整合与标准化变得困难。

3. 区域型治理结构

当传媒在不同的地区设立自主经营的分部，或当不同的地区顾客的需求不同时，这种结构是很有效的。在这种模式中，传媒主要通过组织资源对子公司进行有效的控制。其特征表现为：以区域公司为治理单位，通过公司治理实施控制；基层经营公司享有较大自主权；母公司发挥战略性决策与咨询的作用。

这种模式的优势与事业部式结构的优势相似，组织能够适应各自地区的特殊要求，员工按照区域性目标来分派，强调区域内的横向协调。劣势除与事业部式相似外，还存在结构的复杂性带来的集团决策的协调问题。

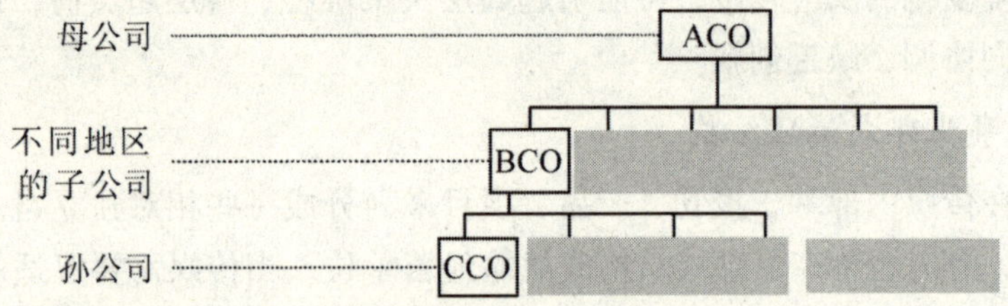


**图 10.5　传媒集团公司区域型治理结构**

4. 矩阵式治理结构

即传媒的结构同时专注于业务和职能，或强调业务和区域，而将职能式、事业部式或区域式结构进行组合所形成的结构。当纵深科层式控制与创新和变革都非常需要时，这种结构是很有效的。

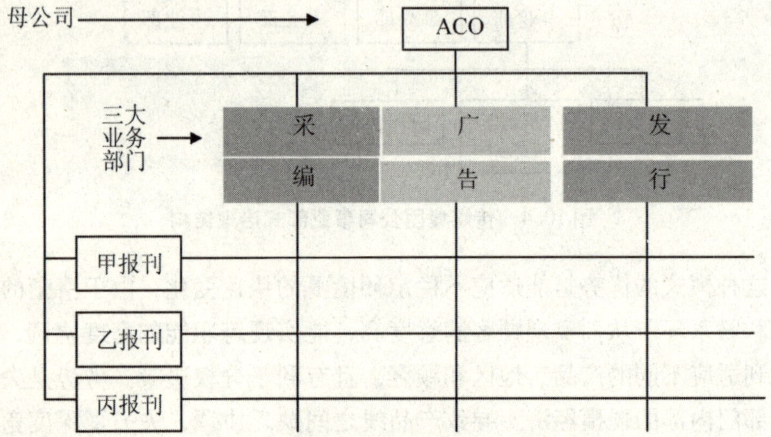


**图 10.6　传媒集团公司矩阵式治理结构**

这种模式的优势是能获得适应读者双重要求所必需的协作，实现各报刊间人力资源的灵活共享，适应不确定环境下复杂的决策和经常性的变革，为职能和采编经营技能改进提供了机会，在拥有多种报刊的中等组织中效果最佳。其劣势是导致员工卷入双重职权之中，使之沮丧而困惑，意味着员工需要良好的人际关系技能和全面的培训，这种模式还耗费时间，包括经常性的会议和冲突解决合议，需要很大精力来维持权力平衡。

目前国内传媒集团母子公司治理模式以职能型治理模式和事业部式治理模式居多。随着传媒产业规模化、集约化、专业化水平的提高，特别是传媒集团实现企业转制并推行跨地区、跨行业兼并重组后，一些传媒集团将根据企业规模需要，构建区域型或矩阵式的母子公司治理模式。

# 第二节 “主体加辅体 3+2 模式”治理机制的制度安排

## 一、董事会的组成与权力配置

传媒企业作为特殊法人是国家独资控股的，按照《公司法》的规定，国有独资公司在公司治理上可设董事会而不设股东会，因而，传媒集团公司可以只设董事会不设股东会，由国家授权投资的机构或者国家授权的部门授权公司董事会行使股东会的部分职权，决定公司的重大事项，但公司的合并、分立、解散、增减资本和发行公司债权，必须由国家授权投资的机构或者国家授权的部门决定。

传媒集团公司最高决策机构是董事会，董事长由政府任命，在董事会的组成中，政府董事在董事会中应占较大比重，其次是职工董事，如工会主席作为职工代表进入董事会，以及社会上的独立董事进入董事会。由于传媒企业是原事业单位改制而成，传媒的领导本来就是政府官员，他们的组织关系都在组织部门，由组织部门考察选择，因此，传媒企业也可以实行政府不派董事，由党委成员在董事会中兼职。由于传媒公司的公益性质，董事会也可引进适量的社会独立董事。独立董事可以从政府官员、专家、利益相关团体比如读者代表中选择。如赛迪传媒就引进了多名独立董事，赛迪传媒独立董事都不是名人，而是注重对公司实际工作有实质性支持的人选。独立董事一经聘任，对公司的战略决策等重大问题所拥有的权力便与内部董事相同。

对传媒企业而言，董事会代表国家行使所有者权利，拥有传媒公司的法人财产权及由此衍生的各种权力，依据产权关系依法对传媒公司行使选择管理者、重大决策、资产受益等权利，担负起国有文化资产保值增值的责任，并对传媒公司实施统一管理。传媒董事会的主要职权包括：（1）制定传媒的发展战略、宣传经营目标、重大方针和管理原则；（2）任免、考核、监督经理人员，并决定经理人员的报酬和奖惩；（3）协调传媒与政府管理部门之间的关系，协调编委会、经理会的采编、经营工作；（4）提出赢利分配方案交国资委审议。（5）提出宣传计划交宣传部审议。（6）接受监事会的监督等。

董事会和董事长在拥有上述诸多职权的同时，也必须承担相应的责任。一方面，作为受托人必须从法律上和经济上对政府承担受托责任，代表和维护政府的利益，对经理人员实行强有效的监督约束。另一方面，应当承担决策失误的责任。

## 二、经理层的职责与选拔考核机制

### 1. 传媒集团公司经理层的职责

在现代企业中，董事会一般要委托一些人执行经营决策以及管理公司的日常工作，这些执行人就是公司经理人员。传媒企业经理人员以总编辑、总经理为首，还包括副总编辑、副总经理、总经济师、总会计师和总工程师等公司高级管理人员。公司股东或董事以及其他自然人都可以出任经理职务。经理层实行总经理负责制，向董事会负责并报告工作。总经理由董事会提出人选，副总经理、子公司经理由总经理提名，由董事会决定并任命。

在公司经理人员中，总编辑是公司采编工作的行政长官，总经理是公司的经营和行政长官。他们均由董事会聘任或解聘并对董事会负责，而其他经理人员协助总编辑和总经理工作并对他们直接负责。总经理主要是主持公司的生产经营管理工作，组织实施董事会决议；组织实施公司年度经营计划和投资方案；拟定公司内部管理机构设置方案；拟定公司的基本管理制度；制定公司的具体规章；提请聘任或者解聘公司副总经理、财务负责人；聘任或者解聘除应由董事会聘任或者解聘以外的负责管理人员；公司章程和董事会授予的其他职权；总经理还有权列席董事会会议。

总经理作为董事会的受托人，在拥有上述职权的同时，也相应地要承担责任，总经理要为公司经营管理不善遭受处罚，如果总经理在经营管理上出现严重失误而使公司蒙受巨大损失，则除解除总经理的职务外，还可以考虑要求总经理以个人财产向公司赔偿甚至负法律责任。

2. 经理层的选拔与考核机制

由于传媒的特殊性，传媒人才有别于其他经济领域，按照党的新闻工作要求，要肩负起政治责任和经济责任的双重责任，这也是传媒人最大的职业特征。他们都应是复合型的管理者，既是政治家，精通宣传工作，又是企业家和经营管理的行家。传媒的经理层和政府官员应有较大的差别，传媒经理层的聘用，要体现党管干部的原则，体现“公开、公平、公正”，聘任完全按照市场原则进行，打破终身制，由董事会通过公开选拔、竞争上岗、择优录取，实行优胜劣汰，政府管理部门不再进行干预。

其一，要重塑经理的选择机制。政府部门虽然是集团国有资产的所有者代表，却不享有剩余索取权，不是真正的风险承担者，虽然有选择经理的权力但不对选择的后果承担责任，所以他们不可能有积极性将那些真正具有企业家才能的人选择到经理岗位上。在政府主管部门既没有能力也没有激励，按照市场标准对经理作出有效选择的条件下，只有把经理的选择权转移给集团公司，由董事会对集团的经理层进行选择和任命，才能从根本上改变董事会处于弱激励主体的地位，形成对经理的强有力的激励和约束。

其二，要再造经理的竞争机制。由董事会作为经理层的选择主体，必须改变过去传统的选择方式，按照市场竞争机制和优胜劣汰机制对经理的选择和激励进行完整的设计。通过公开选拔、竞争上岗的方式选择经理人选，争取把最有企业家能力的人选拔到经理的岗位上。

其三，对经理的使用要建立严格的考核标准和优胜劣汰的竞争机制，使经理面临着外部经理市场和内部下级经理的双重潜在威胁，从而对现任经理形成很大的压力。如果经理人员经营不善，业绩考核不称职，马上会被他人取而代之，从而迫使其按照所有者的利益去行事，以经理市场优胜劣汰的机制来激励约束经理人的行为。①

对传媒宣传和经营的评价考核要有一套严格、科学、可操作的评价和考核办法，应有一套完善的评价和考核指标体系。指标体系的设计，应从宣传效果、经营效益、资产收益、负债状况、资产流动等方面着手，以宣传效果和资金利润率为核心，主要考核传媒新闻采编工作的社会效益和国有资产营运的经济效益，反映国有资产的保值增值能力。具体应包括以下

---

① 卢恩光：《中国报业集团治理探析》，华夏出版社 2007 年版，第 133 ~ 138 页。

几类指标：一是宣传指标，如爱读率、好稿量、上级宣传部门的评价等；二是资产经营责任指标，如占有固有资产总额、国有资产保值增值率、折旧提足率、周转率；三是资产营运效益考核指标，如利润额、资本金利润率、资本收益率、净资产收益率、销售利润率；四是资产运营安全性考核指标，如资产负债率、流动比率；五是股东权益考核指标，如股东权益与总资产比率、股东权益与负债总额比率、净收益与股东权益比率；六是资产运营辅助考核指标，如发行量、广告量、产值率、应收贷款降低率、新产品开发个数等。

## 三、监事会的组成及约束机制

传媒外部治理和内部治理共同形成了传媒的约束机制，主要分以下几类：

一是所有权约束，即政府直接任免董事会成员、经理人员，以及在传媒的合并、扩张、增资扩股等事项的审批或否决过程中体现所有者的意志，这是一种“用手投票”的约束方式。对于上市传媒公司还有“用脚投票”的约束方式，当股东对企业经营者的经营业绩不满意时，他可以抛售持有的该企业股票，当多数股东都这样做时，这家企业的股票价格就会大幅度下降，从而成为股市上的“廉价货”。股票的“廉价”直接影响企业商誉、筹资、产品销售，并为那些有实力的公司提供了收购的目标，使它们能够以低价购进足够的股份，从而接管或控制该公司，并改组企业董事会和经理班子。

二是经理市场的约束，经理市场可以有效地评价经理人员过去和现在的业绩，经理职位和权利的稳定性，最终取决于其对公司的经营业绩。他的业绩如何，竞争性的经理市场会给出一个正确的价值判断。经理大多数是一步步升上来的，成功来之不易，也就特别珍惜。

三是产品市场的约束，如果产品市场是充分竞争的，这种竞争就会对经营者形成压力，为维护企业在市场中的竞争地位，经营者都会全力以赴。

四是外部董事的约束，外部董事对公司的审视一般具有独特的视角，他们可以代表职工和政府及投资者的利益，有益于董事会在决策过程中广泛听取意见。更为重要的是外部董事有利于改变经理人员的结构，这对于经营者的正确决策和经营以及公司业绩的提高是十分有益的。[①]

五是行政和法律约束，传媒经营者都必须遵守国家的法律法规，如有违法将受到法律的制裁。

传媒的约束机制在内部通过监事会实施，监事会受国资委委托，负责监督董事会成员、经理层成员的经营活动。传媒企业的监事会可采用外部监事为主、内部监事为辅的方法。外部监事由政府国资管理部门、政府主管部门、政府审计部门和社会公证机构派出；内部监事则主要由企业职代会民主投票选举产生的职工代表产生。

监事会的监控由三部分组成：一是传媒内部审计监督，如财务状况和经营成果的日常监控；二是传媒内部职工通过监事会检举监督经营者行为；三是传媒外部治理主体通过监事会进行外部监督，如社区公众、中介组织、职业道德等通过监事会对传媒进行约束，以防止经营者的机会主义行为，如渎职、道德风险等。

若监事存在渎职行为或在工作中违反有关规定而导致公司利益受损的，则应承担相应的责任。轻者将受到董事会的警告、处分，重者将被解除职务和以个人财产赔偿公司损失，恶劣者还将受到法律制裁。

## 四、薪酬制度及激励机制

新闻专业的体制特征和传媒产品的特殊性质，决定传媒经营管理包含两方面内容：意识形态的调控和传媒经营的规划。我国传媒集团的经营管理者应该是熟知传媒特性，懂得运用经营管理和新闻业务知识、经验及技能，以传媒经营管理为职业的人。这样的人应该具有三种能力：把握体制和政策的能力，有政治头脑和制度意识；熟悉新闻业务的能力，掌握编辑和采编等基本新闻业务知识；企业经营管理的能力，懂得管理学、经济学、市场营销学、财务学等基本经管知识。其工作职责大致包括以下内容：传媒整体发展的经营管理；传媒品牌经营、财务管理和资本经营；传媒的生产制作管理、广告发行的销售管理、人力资源管理；内容和市场的项目分析、策划、开发；甚至包括传媒延伸产品的开发与经营，比如读者俱乐部以及出版、咨询等等衍生活动等方面。[②]

---

① 高明华：《公司治理：理论演进与实证分析》，经济科学出版社 2001 年版，第 67 页。

② 王培文：《报业集团企业化管理问题探析》，http：//www. dzwww. com/sdby/bktg/2003 10210754. htm.

因而，传媒经理人的收入应当与企业的宣传效果、经营业绩挂钩，而不应当是固定合同支付。“经理人作为企业的经营成员，他对企业的日常经营决策拥有自然的控制，从而在给定的经理行动难以监督和不能写入合同时，他必须有剩余分享权以促使其努力工作。”① 传媒的薪酬和激励的基本内容包括以下两个方面：

一是物质激励，主要是支付给执行层的货币收入，这种收入应该与效率挂钩。根据经济学原理，在竞争性劳动市场上，劳动报酬的最低限度是由劳动力再生产的供给成本决定的，而劳动的现实市场价格取决于其边际生产力。如果我们假定传媒劳动市场是充分竞争的，那么所有素质相同的劳动者都能得到相同的工资，也就是说，素质一定的劳动者到任何一个愿意聘用他的传媒都可以得到相同的工资，这种供求双方都愿意接受的工资水平就是使市场供求达到平衡的“市场出清”工资。② 传媒如果以市场出清工资聘用劳动者，该劳动者可能努力工作，也可能会偷懒，因为他在任何一家传媒都能得到相同的收入。为了使劳动者不偷懒，又不想让他跳槽，传媒只能付给他比市场出清高的工资，这样他若离开工资水平就会下降，从而激励劳动者高效率地工作，这种能激励劳动者高效率工作的工资就是“效率工资”。

在现实运作中，传媒的效率工资要与产品的数量和质量挂钩。除了完善以岗位工资为主的基本工资制度，明确岗位职责，加大优秀人才的激励力度外，还要发放以产品质量数量为考核依据的效率工资。采编人员要建立以工作业绩为核心的考评体系，其中应包括发稿数量、发稿质量（获上级表扬及奖励、社内评报、读者对稿件反馈等）两项主要内容，考核结果与分配挂钩。

此外，对经营者激励的关键是把其收入报酬与经营绩效联系起来，让人力资本作为生产要素进入分配，按照知识贡献的大小，让经营者分享部分剩余索取权，从而激发其努力动机，使人力资本成为报业发展的强劲驱动力。③ 可以采取在年度报酬基础上增加长期激励的办法，将管理层行为与传媒公司长期利益结合起来。比如采取年薪制的做法，根据传媒的业务

---

① 张维迎：《产权、激励与公司治理》，经济科学出版社2005年版，第3页。

② 金碚：《报业经济学》，经济管理出版社2002年版，第191页。

③ 刘年辉、郭志法：《体制改革与报业集团的行动策略：一个基于社会关系的利益分析视角》，《传媒产业化发展与传媒理论创新高峰论坛论文集》，2005年新疆。

特点、经营业绩、任职年限等来确定经营者的年薪，与净资产增减、实现利润、宣传效果、市场占有量、安全因素等挂钩。再比如采取股权激励的方法，采取增值奖股、直接购股、虚拟股份分红权、期权等，“期权”就是资本所有者允许经营者在若干年后将拥有企业的一部分股权，这部分股权的价值实际上是不确定的，主要取决于未来企业的经营情况；同时这部分股权也不能任意带走和变现，只有经营者在企业任职时才永远拥有，退休后可带走。因此，这种给付期权的方式更能激励经营者与企业的长期发展共存共荣。

二是非物质激励，主要是政府给予传媒管理者的个人晋升、名誉鼓励和职位消费。名誉鼓励即所谓的精神奖励。职位消费是经营者由其职位所享受的各种非物质的优惠待遇，包括对权力的行使、舒适的办公环境、旅游度假等。

由于合同的不完备性，仅仅基于传媒业绩的物质和非物质激励并不能有效地激励经理人，传媒治理最佳的激励机制应是各种激励形式的最优组合，同时具有激励相容功效，即代理人在追求个人利益的同时，其客观效果要能够更好地实现委托人想要达到的目的。①

**案例 10.2：上海某报业集团对广告中心总经理的绩效考核②**

上海某报业集团拥有10家报纸、五个刊物，是一家年广告收入逾8亿元的大型报业集团。为了有效整合报业集团内部的资源，集团专门成立了广告中心，将集团内部几乎所有报纸不同版面的广告统一管理，组合打包统一招标，同时广告中心还负责全年广告的质量监督、价格监督、市场监测以及客户关系管理。广告中心不设财务，财务由集团计划财务部门统一管理。为了提升该广告中心的整体运营能力，集团经营管理委员会从财务、客户关系、运营状况、能力建设、职业修养等五个维度，设计了对广告中心总经理的绩效考核指标体系。

财务指标，主要包括广告总收入、不同版面收入与历史情况的比较、不同代理公司版面费支付是否及时及管理费用。这些指标主要考虑广告中心的盈利能力，成本控制水平。由集团经营管

① 何维达：《公司治理结构的理论与案例》，经济科学出版社 1999 年版，第 33 ~ 34 页。

② 卢恩光：《中国报业集团治理探析》，华夏出版社 2007 年版，第 356 ~ 362 页。

理委员会和集团财务中心分别按年度、月度、季度考核。

客户关系，主要包括客户满意度、市场份额、客户留住率、关键客户比例。主要反映了广告中心客户关系管理水平，市场竞争能力。由集团经营管理委员会的考评部门负责考核，同时，外部中介机构协助完成。

运营状况，主要包括广告的质量监督、价格监督、市场监测。目的是监测刊登广告是否符合国家法律政策，广告是否与报纸风格相符，代理商的价格是否合理，是否存在内部不合理竞争或恶性竞争的压价行为，整个广告市场价格走势，本地市场中的客户变化情况，广告公司的发展情况，其他媒体的广告市场情况。由集团经营管理委员会的考评部门负责考核，同时，外部中介机构协助完成。

能力建设，主要包括员工的知识更新情况、培训强度、关键技能的成长、个人知识组织化水平、组织知识个人化水平、部门整体文化建设。目的是考核中心的知识管理水平，员工能力提升水平。由集团人力资源部负责考核。

职业修养，主要包括政治觉悟、职业素养、职业道德。虽然该岗位是一个经营性质的工作，但良好的政治觉悟和敏锐的政治嗅觉仍然是十分必要的，这里的政治觉悟不但表现为对党负责，同时也体现在对人民负责。有些广告虽然报价很高，但与社会主义精神文明的主流不相符合或隐含民族歧视的含义，都是不能刊登的。这项指标的设定，体现了报业集团对广告中心把好广告质量关的要求。

这几个方面相互有着因果联系，共同推动着集团广告中心的发展，具体考核措施如下表所示：

**上海某报业集团广告中心总经理绩效考核表**

| 业绩项目 | 权重 | 考核指标 | 权重 | 评分 | 单项得分汇总 | 考核主体 |
|---|---|---|---|---|---|---|
| 财务 | 0.40 | 集团年广告额 | 0.65 | | | 集团经营委员会 |
| | | 单版广告收入 | 0.20 | | | |
| | | 管理费用 | 0.15 | | | 集团账务中心 |

（续上表）

| | | | | | | |
|---|---|---|---|---|---|---|
| 客户关系 | 0.20 | 关键客户比例 | 0.35 | | | 集团经营委员会 |
| | | 市场份额 | 0.35 | | | |
| | | 客户满意度 | 0.15 | | | 外部中介机构 |
| | | 客户留住率 | 0.15 | | | |
| 运营状况 | 0.15 | 广告质量 | 0.40 | | | 集团经营委员会 |
| | | 广告价格波动 | 0.35 | | | 外部中介机构 |
| | | 市场监测 | 0.25 | | | |
| 能力建设 | 0.15 | 知识管理水平 | 0.45 | | | 集团人力资源部 |
| | | 部门知识更新 | 0.20 | | | |
| | | 员工技能培训 | 0.20 | | | |
| | | 部门文化建设 | 0.15 | | | |
| 职业修养 | 0.10 | 政治觉悟 | 0.60 | | | 集团党（社）委 |
| | | 职业素养 | 0.25 | | | |
| | | 职业道德 | 0.15 | | | |
| 合计 | 1.00 | | | | | |

该报业集团经营委员会又邀请了10位业内人士根据加权平均的数据，采用专家调查法为各考核指标的完成情况进行评分。其评分标准如下所示：

| | | | | | | |
|---|---|---|---|---|---|---|
| 基本未做0 | 完成较差1 | 基本完成3 | 完成5 | 完成较好7 | 完成很好9 | 超额完成10 |

单项汇总得分 = ∑单个考核指标得分 × 该指标权重

总　　　分 = ∑单项汇总得分 × 单项指标权重

总分满分为10分。

上海某报业集团对于报业经营管理人员的绩效考核方法，实现了短期利益和长期利益、局部利益和整体利益的均衡。它可以将意识形态、财务指标和可持续发展几个方面有机地结合起来，打破了传统的考核方法——重视意识形态轻视经济效益或者重视经济效益轻视意识形态的业绩管理方法，对传媒业经营管理人员的绩效考核具有广泛的借鉴意义。

# 第三节 “主体加辅体3+2模式”可行性的经验验证

牡丹江，东北边陲的美丽边城，在这样一个人口不多，经济不算发达的地级市，却诞生了一家令业界刮目相看的传媒集团——牡丹江新闻传媒集团有限公司（以下简称牡丹江集团）。这家集团连创全国三个第一：第一家实行政企、政事分开（广播电视局与原广电集团分离，各司其职），第一家地市级传媒企业集团（具有独立法人地位、注册资本1亿元的国有独资公司）、第一家实现了跨媒体重组（下辖四报一刊、五个电视频道、三个广播频率、一家音像出版社和一个网站）。牡丹江集团的改革较好地验证了“主体加辅体3+2模式”的可行性。①

## 一、明晰产权构建法人治理结构——谁控制传媒

经营性传媒转制为企业后，接受国有资产的授权经营，使传媒集团拥有国家投资形成的全部法人财产权，集团以其全部法人财产，依法自主经营，对出资者承担资产保值增值的职责，对党委政府承担舆论宣传的功能。传媒集团是一种多法人的联合体，其各成员企业都具有独立的企业法人地位。整个传媒集团的统一行动，是以资产为纽带，靠集团公司对成员企业的控股、参股和长期优越性契约来保证。传媒集团公司作为党委政府和企业之间的隔离带，一方面可以把相关媒体纳入统一的管理下，确保各个媒体的舆论导向；另一方面，党委政府通过国有传媒公司行使所有者权利，明晰了传媒产权，避免了所有者缺位，从法律角度解决了传媒的产权归属，回答了“谁控制传媒”的问题。

同时“3+2”模式建立了规范的法人治理结构，董事会是企业的最高决策机构，是企业国有资产的代表机构，董事长是法定代表人。董事会负责规划企业的长远发展和战略目标，根据国家有关规定决定盈余分配，决

---

① 牡丹江集团是公益性传媒，但由于其采取经营性传媒整体转制的方式，成为国有独资的公司，因此本书将其作为公益性传媒整体转制的先行者来研究，其改革经验能较好地佐证“3+2”模式的可行性。

定其他与国有资产有关的重大事项，并任命考核经理层。经理层是董事会的执行机构，经理层独立行使经营管理权，董事会、监事会都不得直接插手经理层经营管理工作，但董事会、监事会可派人介入经营管理全过程，即“可以派人列席经理班子会议，而不是直接进行经营管理，目的在于既保证经理班子独立进行经营管理，又保证对经营管理全过程的有效监督。”① 董事会、经理层、监事会之间是相互制衡的，经理拥有统管传媒日常经营事务的权利，但其管理权限不能超越董事会的授权范围，且其经营业绩的优劣必须受到董事会和监事会的监督和评价。

作为传媒法人治理结构的辅助体系，党委会行使舆论导向权、重要人事权，宏观上监督董事会，不参与经营决策。编委会是传媒有限责任公司采编系统的最高领导机构，统辖公司所有采编业务，专门负责新闻宣传出版工作的管理协调，对宣传工作进行日常性、动态性监督，集中精力办报，把握媒体的正确舆论导向和宣传方向，确保社会效益的不断提高。编委会对公司所属报刊的采编工作进行统一计划、统一指挥、统一管理、统一协调，整个新闻采编系统实行集中决策下的分散经营，将政策控制集中化和业务运作分散化思想有机地统一起来，使公司最高决策机构能集中力量制定总目标、方针、计划等各项政策。②

以牡丹江传媒集团公司为例，该集团采取的是国有独资公司形式，由中共牡丹江市委主管，作为市直属企业实行自主经营、自负盈亏、自我约束、自我发展。牡丹江市国资委授权其经营全部国有资产，独立享有民事权利和承担民事责任。

牡丹江集团的法人治理结构设计是由权力机构、决策机构、监督机构和执行机构四部分组成。权力机构由牡丹江市委市政府及其下属的市委宣传部、市广电局、市国资委等组成，对集团授权经营并进行宣传管理，集团董事长、党委书记及主要高层人员由市委管理。新闻宣传重要岗位负责人由市委宣传部和市广播电视局考核管理。集团党委会是市委派出机构，党委会和编委会接受宣传部的指导，国资委则下派监事组成集团监事会。牡丹江集团的决策机构为集团董事会，董事长是法人代表。监督机构则由党委会、监事会、职工代表大会组成，党委会对董事会全面监督、监事会

① 孙长坪、陈凌云：《国有企业法人治理结构的基本构想》，载《湖南农业大学学报》2004年第8期。

② 卢恩光、李本乾：《我国报业集团的协同治理结构》，载《当代传播》2005年第1期。

进行资产监督、职工代表大会实行民主监督。执行机构为集团下属的各个子公司，包括新闻总社、广播电视台、报业公司、广播电视节目公司、广告公司、发行公司、技术设备公司等。

牡丹江集团的法人治理模式具有以下特征：一是权力机构、决策机构和执行机构分开，实行分层治理各负其责，权责分明；二是采取纵向授权的委托—代理机制，新闻宣传与资产经营采取两条线纵向对企业进行管理，新闻宣传由编委会负责，接受党委会和市委宣传部的指导，集团对下属企业占用的国有资产行使出资人权利，依法经营、管理和监督，并承担保值增值责任；三是通过监督机制和分层治理发挥有效的制衡作用，减少内部人控制以实现效率的最大化。

牡丹江集团的法人治理结构和权力关系如图 10.7 所示：

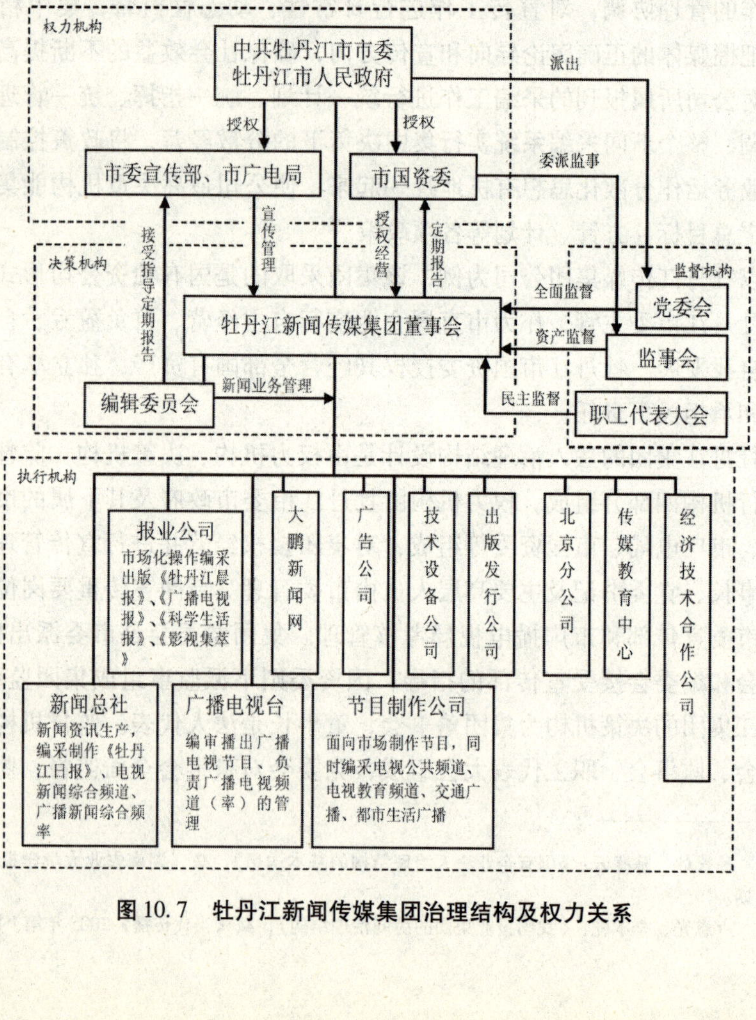


**图 10.7　牡丹江新闻传媒集团治理结构及权力关系**

## 二、党委领导与法人治理结构相融合——如何控制传媒

如果说产权制度决定了谁控制传媒，那么党委领导与法人治理结构的融合则解决了如何控制传媒的问题。

党委会是传媒的政治核心，这个政治核心不是脱离传媒经济工作的“政治中心”，也不是独立于传媒管理体制之外的另一个“权力中心”，党委会的政治核心作用有机融合、渗透在传媒的决策、监督、执行的具体实践之中，让党组织在传媒治理的规范运行中履行职责。党委会在以下几方面与传媒法人治理结构融为一体：

一是对新闻宣传工作和舆论导向的领导。编委会是党委会的下属专门委员会，党委会对宣传工作的指导通过编委会得以实施。如通过召开编委会传达和落实上级宣传部门的政策与规定，通过每天的编前会、发稿会对每天的稿件进行审核处理，通过评审会对当天当月当年的宣传工作进行奖惩。

二是对公司全面工作进行监督。党委会受上级党委的委托对公司的全面工作进行监督，由于党委会不插手公司的经营及行政管理工作，能够从一个监督者而不是执行者的角度更好地掌握公司的运行情况，针对运行中出现的问题加以纠正，并向上级党委汇报，从而保证了公司宣传舆论导向的正确性，加强了党委对公司具体事务的指导。党委会还能通过监事会加强党委的监督作用，如果党委书记不兼任董事长，也可兼任监事会主席，这也是党委会在法人治理结构下参与公司行政、业务管理的一条有效途径。党委会有权按照党的干部路线和干部政策，对公司各级干部进行教育、培养、考察和监督，并有权对董事会、经理层提出的干部人选方案提出考察意见和建议。党委成员可以在董事会、经理层中兼职，但不担任总经理，董事会、经理层及工会中的党员负责人可以依照党章及有关规定进入党委会。

三是对公司决策进行指导和监督。党委从公司具体的行政、经营业务中脱身，从宏观上把握公司战略目标的制订，党委的领导权体现在公司决策时的核心主导地位以及对决策执行情况的监督作用，而不是对公司事务的全面控制。公司董事会在制订决策时要充分听取党委会的意见，党委会支持董事会、经理层依法行使职权，支持监事会依法进行监督，领导和支持工会、共青团等群众性组织及职工代表大会依照法律和各自的章程独立

自主地开展工作。

以牡丹江传媒集团为例，该集团建立了牡丹江新闻传媒集团党委会议事规则，规定党委会要定期召开。会议内容上，研究、讨论集团公司党的工作（含纪律检查工作），决定党的建设的重大事项，考核任用各级党组织负责人。对集团公司董事会作出的新闻宣传、事业建设、产业发展方面的重大决议进行审议。保证、监督党的各项方针、政策和法律、法规在集团公司正确执行，保证、监督媒体正确把握宣传导向。对集团公司董事会、经理层以及高管人员中的党员实行党内监督和考核。对董事会拟用的高中层管理人员进行审议。对集团公司总经理贯彻执行董事会决议和决定的情况实施监督，作出评价。根据上级党委的部署，围绕集团公司的重点工作，制订党委会的工作计划，并组织实施。抓好党的思想建设、组织建设和作风建设，充分发挥党组织的战斗堡垒作用和党员的先锋模范作用。掌握员工的意愿、要求和思想情况，提出做好群众工作的建议意见和措施。研究和讨论工会和共青团工作的重要事项。

会议时间、议事原则和参加人数上规定：党委会每年至少召开四次，根据具体情况可提前或者延期召开。会议应有二分之一以上党委委员参加方可举行。党委会坚持“集体领导、民主集中、个别酝酿、会议决定”的议事原则。党委会作决议，须半数以上委员通过。视会议内容，吸收有关部门党组织的负责人列席。召集方式上规定：党委会由党委书记主持，党委书记外出期间，可委托党委副书记主持。党委副书记需要提前将会议议定事项收集列项，供会议讨论。党委会要形成会议记录，并按要求归档。

**案例 10.3：牡丹江传媒集团对宣传导向的控制**①

1. 构建管控体制

牡丹江新闻传媒集团公司定位为市直国有独资文化产业公司。集团党委书记、董事长由市委常委会直接讨论任免；集团党委会、董事会的其他成员和监事会主席由市委组织部考核任免（其中监事会主席人选由市委组织部、市国资办联合管理）；集团新闻宣传重要岗位负责人由市委宣传部考核任免。市委宣传部是全市宣传思想工作的主管部门，对集团的新闻宣传行使领导和监督权。重大宣传任务由市委宣传部直接部署和监督实施；集团全

① 周鸿铎：《牡丹江新闻传媒集团发展报告》，社会科学文献出版社 2006 年版，第 60 页。

年的宣传计划、重大宣传战略方案、重要宣传信息和重要批评性报道，报市委宣传部审议。市委对集团宣传导向方面的管控是有效和畅通的。同时，集团内部成立了由集团董事长、党委书记任主任、各主要媒介负责人参加的宣传管理委员会，对集团所属的报纸、期刊、广播、电视和网站等媒介实行宏观指导、综合协调和督促检查，确保集团各种媒介资源在宣传方面不出现导向性和政治性问题。

2. 创新管控机制

为了强化宣传功能，确保正确的新闻导向，在具体操作上，一是由市委宣传部定期召开宣传例会，部署年度和阶段性新闻宣传任务，指导和监督新闻宣传工作的相关事项。同时，集团宣传管理委员会也定期召开例会，研究和部署集团的宣传工作，协调解决宣传工作中出现的各种问题，这种管控机制可以上下联动，有力地保证了集团在组织新闻宣传中把握导向。二是广播、电视的新闻部分和党报实行归口统一管理，坚持新闻宣传的非市场化原则。三是把广播电视台的节目制作和编审功能实行分开，频道、频率的所有权和使用权、经营权实行分离。广播电视台代表集团行使对频道的所有权、管理权和节目审查权，强化了广播电视节目把关职能，提高了舆论引导水平。四是集团内部建立了较为科学的评审机制，实行了严格的制片人、节目总监、频道总监三级审查制度，广播电视台独立终审。以上措施，对集团宣传功能的强化和舆论导向的管控都起到了积极的作用。

3. 完善管控制度

一是市委宣传部代表市委出台了一系列管理规定，例如《关于加强广播电视新闻宣传管理的意见》、《关于加强新闻舆论监督的意见》、《关于签发重要新闻稿件的有关规定》和《新闻工作者"十大纪律"》等，在宏观上为集团把握宣传导向提供了保障。市广播电视局代表政府依据国家相关法规政策，对广播电视实行行业管理，把国家广电总局和省广电局的精神贯彻到集团的新闻宣传工作中。二是集团从改制以来，制订和完善了大量新闻宣传管理规定，保证集团的新闻宣传工作实现了程序化、制度化和规范化。

## 三、建立现代企业制度——如何管理传媒

现代企业制度是指现代公司法人制度，这种制度一是具有有效的产权结构，二是具有独立的法人资格，三是具有高效的组织管理制度。“主体加辅体3+2模式”通过母子公司制建立的现代企业制度，实现了“产权清晰、权责明确、政企分开、管理科学”。集团对下属企业的控股经营，改变了行政化的管理方式，把行政隶属关系变成以资本为纽带的产权关系。

在这一制度下，“主体加辅体3+2模式”实行了较好的协调机制，集团与主报、子报以及企业的关系，主要通过人事、业务、产权三者有机联系起来，就要建立以行政手段和市场手段相融合的协调机制。在采编部分主要是依靠业务指导和新闻资源的共享，其利益的传递主要依靠行政管理来实现。在经营部分相互配合、分工组合又形成一定的竞争，依靠内部市场来实现资源的整合和共享，主要由内部市场作为利益传递的机制。在行政主导宣传和内部市场主导经营的同时，还必须平衡处理集团的集中管理与下属单位自主运营的关系。对于关系到集团总体发展的战略性资源必须统一由集团宏观调控，逐步实现资源管理、人才管理、财务管理、广告管理和发行管理等方面的资源整合和优化配置。在此基础上，给予下属单位充分的经营自主权，特别是日常运营上给予充分的自主权。在集团总部统一管理和调控的基础上，在内部形成人才、信息、资源流动的市场。①

以牡丹江传媒集团为例，该集团作为新闻媒体，首先实现了政企分开，2003年6月，牡丹江市广播电视局与广播电视集团公司分离，集团领导班子也全部放弃公务员身份，选择了企业性质。其次，集团将新闻的双重属性体现在现代企业制度的构建上，除了以资产为纽带形成了经营机制外，编委会系统则形成了有效的宣传管理机制。牡丹江集团实行的这种分散的扁平化组织结构，既保证对各个层次的有效监督，又保证各个部门的相对独立，责、权、利有效统一。

同时，该集团还创新了用人机制。2002年，牡丹江传媒集团公司开始试行人力资源改革，2004年经过几年的调整与完善，用人机制基本形成。

---

① 刘年辉、郭志法：《体制改革与报业集团的行动策略：一个基于社会关系的利益分析视角》，《传媒产业化发展与传媒理论创新高峰论坛论文集》，2005年新疆。

集团公司对人力资源管理坚持“四定、三制、两放”的基本原则。“四定”即定岗、定编、定员、定责；“三制”即全员聘用合同制、人事代理制、末位下岗制；“两放”即一放人事管理权、二放中层管理人员聘用权。坚持公开、平等、竞争、择优的选人用人原则。其中进行改革力度较大、效果较好的是全员聘用制改革和“首位晋档、末位下岗”改革，二者相对于旧的人事制度而言，均开创性地制订了新的制度，属于集团公司机制创新的重点内容。

一是推行全员聘用制，所谓全员聘用制，即依据编制职数和职位空缺，集团公司对全体员工都实施聘用制管理。集团公司各单位（部门）如有职位空缺或需要增加人员时，须先行提交人员需求申请及人员增补申请表，上报集团公司人力资源部门，经主管领导审核后，由人力资源部门办理。

聘用原则上遵循“凡进必考”的原则，人力资源部门根据招聘工作的具体要求作出相应的实施计划，并将每一项工作逐步推行，直至人员招聘工作的最后完成。人员聘用有两种途径：（1）在集团公司内部进行人员调整；（2）从集团公司以外招聘使用集团公司需要的人才。集团公司内部的人员调整应先于外部的招聘。

各类人员聘用权限上，集团公司副监制级（副主编、副总经理）以上高、中层管理人员，经董事会研究，党委会同意后，由集团公司聘任；集团公司所属各单位部门主管，经本单位提名，报集团公司董事会同意后，由各单位聘任；集团公司所属各单位部门副主管，由用人单位聘任，报集团公司人力资源部备案；各部门员工，由所在单位提名，经集团人力资源部考核同意后聘用；被聘用中层以上管理人员需与本单位（部门）上一级主管领导签订《目标管理责任书》，一般员工均须签订《聘用合同书》。

二是采取首位晋档、末位降级的考核方法，集团公司制定了关于全员考核实施方案。全员考核实施方案以国家、省市有关劳动人事政策法规为依据，以“全员考核，首位晋档，末位降级”为主线，坚持“以人为本”的理念，真正形成“能者上、平者和庸者下”的良性循环机制，最大限度地调动广大员工积极性，保持职工队伍的生机和活力，为推动改革和发展提供人才保障。全员考核分为两个轮次进行：第一轮全员考核包括日常考核、业务考试和年度考核三个部分；第二轮全员考核由全集团中层以上管理人员对拟晋档、拟降级人员进行考核评定，集团董事会最终审查认定。

日常考核由各考核单位组织实施。考核内容包括员工考勤管理、薪金分配考核、工作（宣传、经营、管理）业绩以及重大奖惩备案评定等；业务考试聘请相关领域的专业人士在一定范围内出题，包括时事政治、写作基础知识、集团规章制度条文、专业知识等，考试成绩以百分计算。年度考核采取个人述职、群众测评、部门主管领导评价、单位领导班子评价的方法进行，准确核算考核分数，按得分情况依次排列顺序，确定晋档和降级人员名单。①

"通过明确产权来维护资产的安全和完整；通过理顺企业财产国家所有、分级管理和企业经营的相互关系，来明确企业的权利、责任；通过建立现代企业制度，使企业成为自主经营、自负盈亏、自我发展、自我约束的法人和市场竞争的主体。"② 这种方针使牡丹江集团的发展得到党委政府强有力的政治保护和稳定的经济收入。打破传统两分法的思维禁锢，从经济学的角度我们可以把牡丹江集团治理模式归纳总结为：在"政治"逻辑和"资本"逻辑的双重主导下、在法律框架内，政治力量与市场力量协同管理，党委领导与法人治理结构相结合，多元主体既相互制衡又注重协调和持续互动的理想的治理模式，体现了传媒治理"主体加辅体 3 +2 模式"的治理思路，对中国传媒治理创新极具指导意义。

**案例 10.4：牡丹江新闻传媒集团公司章程**

第一章　总则

为规范牡丹江新闻传媒集团有限公司（以下简称集团公司）的组织和行为，保证集团公司的健康发展，根据《中华人民共和国公司法》（以下简称公司法）、《中华人民共和国公司登记管理条例》和国家对新闻传媒管理的有关法律、行政法规，制定本章程。

集团公司在牡丹江市工商行政管理局注册，牡丹江新闻传媒集团有限公司，集团公司为国有独资公司，具有独立的法人地位，以牡丹江市国有资产管理委员会（以下简称国资委）授权经营的全部资产独立享有民事权利和承担民事责任。

集团公司设新闻总社、广播电视台、报业公司、广播电视节

① 周鸿铎：《牡丹江新闻传媒集团发展报告》，社会科学文献出版社 2006 年版，第 70 页。
② 2004 年 11 月 16 日作者对中共牡丹江市市委常委、宣传部部长唐家玮的访谈。

目公司、广告公司、网络公司、大鹏新闻网、出版发行公司、教育中心、技术设备公司、北京公司十一个分公司，并设广播影视发展公司、网络开发公司、大鹏文化发展公司、旅游公司、对外经济技术合作公司、北京大鹏宏业影视文化发展公司六个子公司，是集团公司的紧密层产业。

集团公司经营范围：广播电视节目的制作、交流和营销，有线电视工程设计、安装、维护、经营和延伸业务开发，宽带数字综合业务网的项目开发和经营，计算机软件技术开发，书报刊出版发行，新闻网站经营，印务经营，音像制品出版、发行、营销和影视服务，广告信息经营，信息中介、产品直销，初、高等新闻传媒办学，旅游，商务，进出口贸易，劳务输出，域外有线电视业务和数据业务开发经营。

第二章　注册资本及出资方式

集团公司注册资本为人民币壹亿元（￥100,000,000）。以实物和流动资产出资，业经牡丹江星源会计师事务所有限公司审核验证。

第三章　组织机构及产生办法、职权、议事规则

集团公司设董事会。董事会是集团公司的最高权力机构，决定集团公司的重大事项。董事会对国资委负责，依法行使下列职权：定期向国资委请示或报告工作，提出建议方案；决定集团公司新闻传媒业务、事业发展重大事项；决定集团公司的经营计划和投资方案；决定集团公司资产重组、资本运作事项；批准集团公司年度财务预、决算方案；批准集团公司利润分配方案或弥补亏损方案；拟订集团公司增加或减少注册资本方案，债券发行方案；拟订集团公司合并、分立、变更、解散方案；决定集团公司内部管理机构设置；决定集团公司子公司或分公司；决定集团公司重要资产的抵押、出租和转让；制定集团公司重要规章制度，如：劳动工资、人事管理、财务管理；制定和修改集团公司章程方案；聘任或解聘集团公司总经理；根据总经理提名，聘任或解聘副总经理等集团公司高层管理人员并决定其报酬和奖惩；其他应由董事会决定的重大事项。

董事会成员由九（9）人组成，每届任期三年，任期届满可

连续委任。董事会成员由国资委按照董事会的任期委派或者更换，在任期内应该保持董事会的相对稳定，无故不得更换董事会成员。董事会设董事长一（1）人，由国资委在董事会成员中指定并经市委常委会同意。董事长是集团公司的法定代表人。

集团公司设总经理一人，副总经理若干人。总经理是由董事会聘任或解聘的高层管理人员，负责日常经营和管理。总经理对董事会负责。副总经理、三总师等高层管理人员在总经理领导下开展工作，总经理因故不能履行职权时，由总经理指定一名副总经理代理工作。

总经理行使下列职权：主持集团公司的新闻业务管理、事业建设和产业经营管理工作，组织实施董事会决议；组织实施集团公司年度经营计划和投资方案；制订集团公司年度财务预、决算方案；制订集团公司利润分配方案或弥补亏损方案；拟定集团公司内部管理机构设置方案；拟定集团公司的具体管理制度；向董事会提名聘任或解聘集团公司副总经理、三总师和其他高层管理人员；聘任或解聘除应由董事会聘任以外的管理人员；董事会授予的其他职权。

集团公司设立监事会。监事会是国资委委派对董事、总经理及集团公司财产保值增值状况实施监督的组织。监事会成员由五（5）人组成，国资委委派四（4）人，职工代表一（1）人。职工代表由集团公司工会提名，职工代表大会民主选举产生。董事、总经理及财务负责人不得兼任监事。监事每届任期三年，可连续委任，监事会主席由全体监事选举产生。

监事会行使下列职权：检查集团公司财务，查阅账簿和其他会计资料，并有权要求总经理报告集团公司的业务情况；对总经理的经营业绩进行监督、评价和记录，向董事会提出对总经理任免及奖惩的建议；对董事、总经理等人员在执行集团公司职务时违反法律、法规、集团公司章程的行为进行监督；董事和总经理的行为损害集团公司的利益时要求其予以纠正；提议召开临时董事会会议。

第四章　财务、会计、审计

集团公司按照《公司法》、《企业财务通则》和《企业会计准则》的规定建立财务制度，并应在每一个会计年度终了时制作财务会计报告，并依法审查验证。财务会计报告应当包括下列财务会计报表及附属明细表：资产负债表；损益表；财务状况变动表；财务情况说明书；利润分配表。

集团公司利润分配按照《公司法》及有关法律规定和会计制度执行。缴纳所得税后的利润，按以下顺序分配：弥补亏损；提取法定盈余公积金10%；提取法定盈余公益金5%～10%。

第五章　劳动人事、工资分配

集团公司实行与职工双向选择的全员聘用合同制、人事代理制、末位下岗制，管理人员实行集团公司岗位级别身份制，打破不同所有制职工的身份界限，择优聘用、竞争上岗。集团公司自主确定工资水平和内部分配方式。集团公司按国家规定缴纳职工养老、失业、工伤、医疗保险基金等。

## 四、制度分析及不足之处

从上述分析我们可以看出，“主体加辅体3+2模式”完全做到了“四个不变”，即喉舌性质不变、党管媒体不变、党管干部不变、正确的舆论导向不变。这种创新始终强调国有产权的主导地位，强调国家行政指导的必要性，是在行政力量的控制下进行的传媒产业化和集约化，是遵循“成本最小化”的原则，按旧体制中各个制度层面危机的高低，逐步递进的诱致性制度变迁。

“3+2”模式的传媒治理试图在党委政府与传媒之间合理配置剩余占有权和剩余控制权，既有效地调动了传媒积极性完成意识形态的宣传任务，又能使国有资产保值增值。这种模式是把传媒视为一个市场性契约组织，构建的是一个政府和传媒能够双向沟通的符合市场经济要求的契约型治理制度，从而达到外部治理和内部治理的有效统一。在“3+2”模式中，主、辅系统相互作用、紧密联系，又相对独立、各成体系，没有主体系统，传媒法人治理结构没法建立，权力难以实施；没有辅体系统，传媒也无法体现党委领导，体现传媒的意识形态属性，主、辅系统也彼此跨系统发生相互联系和作用。它们在实践层面上有厚实的制度基础，在理论层面上符合治理的发展趋势，同时也遵循了传媒改革的路径依赖规律。

“3+2”模式也有不足之处，表现在：

一是国家任命传媒的董事长，这个董事长并不是国有资产的所有者，只是国有资产的代表，可以撤换，使政企不分的问题得不到解决，政企不分的后果则是政府干预传媒经营，传媒不能享有法人财产权，不能自主经营，缺乏活力，仍然脱不了事业单位体制下遇到的窠臼。

二是党委书记兼任董事长或董事容易导致党委职能的异化，党委书记变为纯粹的经营者，兼任董事还可能出现职位高低上的冲突。

三是监事会的作用弱化，国有独资公司的监事会行使行政监管，体现的是一种行政效率，不是经济效率。传媒可能对监事会敬而远之，或者监事会被架空，监事会难以从传媒获得真实信息，再者，监事会也会与传媒内部人合谋，共同欺骗政府。如果监事会公正无私，对传媒严加管辖，由于缺乏制度上的激励，又会影响传媒的积极性。

四是党和政府仍是凌驾于公司之上的权力机构，政府会把自己的意志强加于公司，如果政府的意志是所有者意志，那倒无可非议，但问题是政府的意志通常不是所有者意志，而是行政长官的意志，这样，传媒的运营往往会不按市场规律办事。

# 第十一章　党政、市场、社会对传媒的共同治理

## ——传媒外部治理创新

本章主要根据企业理论、新公共管理理论和治理理论，对传媒外部治理模式——党政、市场、社会的共同治理进行论述，指出传媒共同治理的必要性、内涵及其特征。

## 第一节　传媒外部共同治理：党政治理、市场治理和社会治理的结合

### 一、传媒外部共同治理的必要性

古典经济学认为，市场作为一种有效的机制，可以导致各种稀缺资源在产业之间实现优化配置。它同时也认为：既然市场机制可以自动并有效地配置资源，那么政府就没有必要干预微观经济活动，因此“管得最少的政府便是好的政府”。但是，西方国家的历史发展证实，仅仅依靠市场体制，由“看不见的手”引导，是无法达到资源配置“帕累托”[①] 最优的。

① 帕累托最优，也称为帕累托效率、帕累托改善，是博弈论中的重要概念。帕累托最优是指资源分配的一种状态，在不使任何人境况变坏的情况下，而不可能再使某些人的处境变好。帕累托改进是指一种变化，在没有使任何人境况变坏的前提下，使得至少一个人变得更好。一方面，帕累托最优是指没有进行帕累托改进的余地的状态；另一方面，帕累托改进是达到帕累托最优的路径和方法。帕累托最优是公平与效率的“理想王国”。帕累托最优是以提出这个概念的意大利经济学家维弗雷多·帕累托的名字命名的，维弗雷多·帕累托在他关于经济效率和收入分配的研究中首先使用了这个概念。

因为市场本身存在无法克服的矛盾，如经济的外在效应、垄断的产生、两极分化、市场秩序难以维护、不能有效地提供公共产品等。资本主义早期奉行的自由市场体制的“市场神话”在20世纪20、30年代爆发的经济大危机中破灭，导致了市场失灵。

市场失灵主要表现在以下几个方面：（1）市场无法确保本身运行规则的正确实施，因此需要政府为市场经济确立法律框架，以保障产权，保护合同。（2）市场经济有时不能实现一般均衡，如市场的周期波动问题和失业问题，为此需要政府采取措施，实现充分就业。（3）市场无法解决分配不公的问题，为此需要政府采取措施调节收入分配。（4）完全竞争市场是一个假定条件十分苛刻的市场，在这些条件不满足时，市场竞争不再充分，市场也可能无法实现资源配置的帕累托最优。（5）当面对外部经济效应和公共产品时，即使完全竞争市场也不可能实现资源的有效配置。

市场失灵为政府介入市场提供了依据，也成为政府规制的必要条件。斯蒂格利茨认为：“政府的显著特征——拥有全体的社会成员和强制力——使政府在纠正市场失灵方面具有某些明显优势，如政府拥有征税权、禁止权、处罚权和交易成本等四大特权，因此政府是唯一有能力和社会成员相平衡的组织。”① 基于此，政府可以通过一系列的规制行为来纠正市场失灵问题。

但是，仅仅依靠政府手段，靠“看得见的手”进行干预，也无法实现资源配置的高效，相反，由此引来的结果是政府干预的过度或无效，因为政府自身也存在局限性，如权力的腐败、缺乏竞争导致的效率低下、追求自利而非公利导致的决策失误等。政府“过度干预会导致交易费用大幅度增加，并通过其权力机构和预算的影响造成市场结构行为的扭曲，打破了原有市场体系的均衡状态，扰乱了本很脆弱的市场关系”②。20世纪70年代西方主要国家出现的经济“滞胀”宣告了凯恩斯“政府全面干预”的失败。

总之，市场失灵为政府干预提供依据，政府干预同样也会失效，这就要求同时发挥政府和市场的作用，政府纠正市场失灵，同时又要避免干预过度或干预无效。此外，“在社会资源的配置中既看到了市场的失效，又看到了国家的失效。市场的失效指的是仅运用市场的手段，无法达到经济

① 约瑟夫·E·斯蒂格利茨：《政府为什么干预经济》，中国物资出版社1998年版，第77页。

② 储贺军：《市场秩序论》，经济管理出版社1999年版。

学中的帕累托最优。市场在限制垄断、提供公共品、约束个人的极端自私行为、克服生产的无政府状态、统计成本等方面存在着内在的局限，单纯的市场手段不可能实现社会资源的最佳配置。同样，仅仅依靠国家的计划和命令等手段，也无法达到资源配置的最优化，最终不能促进和保障公民的政治利益和经济利益。"[1] 这就需要社会治理对政府和市场治理进行补充。

## 二、传媒外部共同治理的内涵

外部治理是传媒组织与其他具有不同利益导向的组织间的利益制衡过程，如党政组织、市场组织和社会组织，其目的在于监督、校正传媒功能的发挥，消除传媒运作中的负外部性，促成传媒正向功能的最大化。外部治理是一个包含了党政—市场—社会的三维利益制衡机制的过程，其作用在于使经营行为受到外界评价，迫使经营者自律和自我控制，外部治理包括党政治理、市场治理和社会治理。在外部治理上，除了实现舆论导向的控制外，还要实现产业进入管制、反垄断、价格政策、消费者保护等产业控制。

由于传媒生产的是公共物品，具有很强的外部性，外部性的存在使得市场竞争不可能达到最优，因此公共物品无法依靠市场实现最优化配置，容易出现市场失灵，传媒的外部治理首先需要党政治理，党政治理即党和政府出于舆论导向和公共利益的需要对传媒实现的管制。由于政府治理同样也会失效，这就需要政府和市场对传媒共同发挥作用。

计划经济时期传媒外部治理是单一的政府控制，在市场经济条件下，政府不可能掌控一切，当市场经济对自由与平等的制度性要求被国家领悟后，政府的职能便由统治型走向了管理型，治理体系也由"权制"走向了"法制"，这就要求传媒的外部治理发生相应的变化。当前传媒改革的思路就是在新闻采编领域，政府交易多于市场交易，而在经营领域，市场交易要逐渐取代政府交易，两者共同发挥作用。

社会治理则是各种社会力量通过制度内和制度外的协调与对话，以或独立或与政府合作的方式，通过社区公众、中介组织、社会文化、道德责

---

① 杰索普：《治理的兴起及其失败的风险：以经济发展为例的论述》，载《国际社会科学》（中文版）1999 年第 2 期。

任对传媒加以影响和控制，参与行使政府的社会管理职能，最大限度增进公共利益，最终实现党政、市场、社会的共同治理模式。

正如查尔斯·沃尔夫所言，尽管“我们不是在完善的政府与完善的市场中选择，而是在不完善的政府和不完善的市场之中选择”，但是，“尽管有不完善的政府，不完善的市场和不完善的社会，但我们是在完善的多中心治理模式中做出选择。”① 这种选择是在中国特有的宪政框架内，在政府与市场、政府与社会、市场与社会的基本关系明确定位的前提下，通过党政、市场、社会的共同治理，即引入市场机制和社会力量来提高政府效率，产生新的传媒治理方式。它不再是简单地借助自上而下的国家计划指令或市场中介无为而治的自发方式，而是国家与社会部门分享权力，组成伙伴关系、出自政府又不限于政府的一套社会公共机构和行为者共同管理的组织机制。② 其目的是通过多种主体参与传媒治理来调节各种利益冲突，提高传媒的社会效益和经济效益，从而强化传媒公共服务职能，体现了传媒治理对舆论导向、法治、民主、道德等价值的追求。

对于公益性传媒和经营性传媒而言，外部治理的机制是一致的，但在具体操作上有所不同。对于公益性传媒，政府全权承担传媒内部治理的责职，并在外部治理上发挥主要功能，确保公益性传媒与党和政府的利益一致。经营性传媒的内部治理则以权力的分配和制衡为主要特征，以利润最大化为重要目标，外部治理上除了政府管制外，市场的激励约束机制起了更为重要的作用，市场治理对经营不良的传媒产生持续的威胁，以最有利于资源配置的方式分配资源，促进传媒产业的发展。此外，公益性传媒和经营性传媒都需要社会治理进行补充，实现传媒的共同治理。

## 三、传媒外部共同治理的主要特征

### 1. 治理主体的多元化

共同治理的前提是党和政府摒弃其作为传媒外部治理唯一主体的陈旧观念，理顺其职能和内部关系，将市场和社会主体引入传媒治理，打破党和政府对传媒管制的垄断，强调传媒外部治理多中心的治理结构。在共同

① 查尔斯·沃尔夫：《市场或政府》，中国发展出版社1994年版，第94页。

② 格里·斯托克：《作为治理的理论：五个论点》，俞可平主编：《治理与善治》，社会科学文献出版社2000年版，第31~49页。

治理中，党和政府不再是唯一的价值存在，社会非营利组织、市场化组织、公民社会等也能成为传媒监管、为传媒提供服务的价值主体。

传媒外部治理的主导还是党和政府，它必须为传媒外部治理提供合法性的空间和渠道，并通过法律法规政策的手段来约束传媒的行为，或依据制定传媒治理原则来对传媒治理发挥作用。党和政府参与治理还可以通过对经营管理人员的任免、对重大决策的审批和对经营管理者经营活动的外部监督约束（如财务审计等）来实施。[1]同时党和政府与传媒外部治理的其他主体之间不是统治与被统治的关系，各种治理主体在协作的基础上彼此相互拾遗补缺，形成互相补充、共同治理的格局。

2. 治理方式的多元化

共同治理是寻求灵活而有效的多方式治理，党和政府不再扮演凌驾于传媒之上包揽一切、管制一切、指挥一切的角色，不限于发号施令或运用权威，更多地从引导和法制的角度进行，并重视政府绩效的考核。由于治理主体的多元化，党和政府在政治性治理上，加强舆论导向的引导和控制，约束传媒经济人的行为，降低传媒负外部性；在经济性治理中，则实施宏观领导，以监察者和指导者的身份审视传媒业的质量和效益，从全能政府转变为有限政府。政府行动的逻辑起点在于校正市场失灵，凡是市场或社会能够自行管理的事务要交给市场或社会去完成，党和政府减少直接的管制。这样，党和政府就可以从繁杂的具体事务性工作中解脱出来，用法律、经济乃至政治的途径与方式发挥全局性统筹协调功能；其他治理主体可以通过市场方式或社会动员方式等参与治理。

治理方式的多元化提高了传媒外部治理的水平和质量，具有极大的灵活性，从而实现由主动—被动性的治理方式向互动性的治理方式转变，由行政性的治理方式向契约性的治理方式转变，由控制性的治理方式向协商性的治理方式转变，由微观干预性的治理方式向宏观调控性治理方式转变。

3. 共同治理是一个多元互动的过程

现代社会是一个多元的社会，是权力、利益逐渐分化的多中心社会，政府只是社会的一极，它用服务而不是用集权来获取公民的支持。社会是

① 李维安、栾祖盛、杨凤禄等：《现代公司治理研究——资本结构、公司治理和国有企业股份制改造》，中国人民大学出版社 2002 年版，第 221～276 页。

一个多元的系统，传媒治理也应该是多元的。首先，传媒治理应坚持利益的多元化，制定传媒政策、方针、对策、措施必须考虑各种不同社会利益，并且以社会最大利益为取向。其次，权力主体、权力层次、权力类型和权力实现途径多元化。任何一个治理主体都不拥有充足的知识和资源来独自解决一切问题，它们必须彼此依赖，进行谈判和交易，解决公共利益和公共原则的形成和认同问题，而后将这些利益要求反映到法律以及公共政策当中去，在实现共同目标的过程中实现各自的目的，有效协商和参与机制是保证共同治理模式健康发展的重要基础。①

4. 共同治理旨在建立三位一体的合作框架

共同治理是指党政、市场、社会在治理理念、治理结构和运作方式中构成了三位一体的有机框架或网络，将视角转换至党和政府、市场、社会三方合作的层面上。党政、市场、社会等多元治理主体是建立在合理分工基础上的伙伴式的合作关系。“治理是政治国家与公民社会的合作，政府与非政府的合作，公共机构和私人机构的合作，强制与自愿的合作。”② 这种合作建立在持续不断的对话和平等协商的基础上，它的实现不依赖于行政权力的强制性、支配性和惩罚性，不是通过行政等级的权威和命令来控制和实现，它是通过增强党政、市场、社会的互动，使传媒治理在合作、竞争、冲突以及冲突解决的复合程序中运作。

## 第二节　传媒党政治理：党和政府对传媒的管制

在相当一段时期内，我国传媒业的管制宗旨是为了“不出事”，用一句很形象的话来说就是所谓“守土有责”。这种眼睛只盯着脚尖底下的“领地”，试图泯灭一切可能“失误”的管理，使我们的传媒管理微观化，削弱甚至攘夺了传媒单位必要的自主权，极大地阻碍了传媒业的创新发展。③

① 孙晓莉：《多元社会治理模式探析》，载《理论导刊》2005 年第 5 期。

② 俞可平：《作为一种新政治分析框架的治理和善治理论》，载《新视野》2001 年第 5 期。

③ 喻国明：《中国传媒业发展的关键与“问题单”》，载《新闻记者》2003 年第 3 期。

在2004年的两会上，温家宝总理提出要在10年内将我国建设成可问责法制政府的目标，可问责政府首先是一个有限政府。同年7月1日，打造有限政府的良方《行政许可法》实施，《行政许可法》是政府的一次自我革命，是法治建设的一场革命，是中国摆脱权力控制型社会，走向有限政府、向公民权利自主型社会转变的一次革命。这些对我国传媒的政府管制提出了新要求，传媒产业今后要想获得平稳快速的增长，就要对管制理念、管制方式、管制结构、管制体制进行全面改革。要以法治化为核心，建立新的政府监管体制，按照行政权、所有权与调控权相分离的原则转变政府职能，通过法律和经济的手段进行管制。在监管体制上，切断政府管理部门与新闻组织（被监管者）之间的内在经济联系，建立制衡机制；在监管方式上，从以行政手段为主转变为以法治手段为主，经济手段和行政手段相补充。

## 一、搞好服务，转变政府管理职能

在政府和传媒业的关系中，政府具有绝对的领导权和控制权。具体说来，政府在我国传媒领域具有三重角色，一是作为一般社会管理者和监督者，二是作为市场管理者，三是作为国有企业的所有者或者说是生产者。当企业发生亏损时，它将利用其特有的垄断权力来保护自己作为所有者的利益。因此，在转轨经济中，如果政府三位一体的话，就会存在深刻的角色冲突，政府就可能利用它作为管理者的垄断性的权力，来谋取它作为所有者的利益。①

在这种情况下，政府首先要改变角色定位，转变政府管理职能。政府行为理论认为，“中心人”政府存在于计划经济体制下，其理论假定是：政府是社会经济活动的万能中心，在这种体制下，政府成了包办一切的组织。政府是绝大多数规则的制定者，同时政府又指挥一切经济活动，调动一切经济资源，而作为国有资产的实际所有者和管理者，政府还直接参与企业的经济活动。就是说，党和政府身兼三职：裁判员、主教练和运动员。② 在市场经济逐步发展的今天，随着传媒转制改革的深入，“中心人”

① 常永新：《传媒管制与传媒集团公司治理模式的构建》，载《南开管理评论》2003年第1期。

② 文选德主编，刘丹、傅治平等著：《政府行为论——市场经济条件下政府功能研究》，湖南人民出版社1998年版，第6页。

政府应该向“社会人”政府角色转变，使政府的三重角色相分离，政府保留并不断改进宏观主体的角色功能，而将传媒的决策权、经营权、编辑权等逐步下放，使其成为独立的市场主体，从而剪断管制者和被管制者的利益联系，使管制机构能够独立的行使管理职能。

转变政府管理职能，就是要使政府行政部门转变到经济调节、市场监管、社会管理、公共服务上来，当前的重点就是要正确处理和正确把握管理和服务的关系：一方面，实行政企分开、管办分离之后，行政部门与传媒企业不再是直接隶属的关系，但是两者之间管理与被管理的关系并没有改变。比如国务院颁布的《广播电视管理条例》第五条明确规定：“县级以上地方人民政府负责广播电视行政管理工作的部门或者机构（广播电视行政部门）负责本行政区域内的广播电视管理工作。”这一规定，从法律法规的层面上确定了广播电视行政管理部门与包括广播电视台在内的微观运行主体之间的管理与被管理的关系；另一方面，实行政企分开、管办分离之后，行政部门与传媒企业又是服务与被服务的关系。

当前要改变传统的“管理”观念和“管理”方式，管理不是行政命令，不是直接干预，管理就是服务。管理的目的就是为了解放和发展传媒生产力，调动广大传媒工作者的积极性、主动性和创造性，对传媒事业、传媒企业的管理就是制定传媒发展战略和传媒政策；对传媒产品的生产、流通进行规划、引导和监管，指导扶持传媒精品工程；培育传媒市场，维护健康、公正的传媒市场秩序；培育传媒管理人员和传媒经营人员；加强法律法规建设，营造繁荣传媒的良好环境。①

## 二、依法行政，规范传媒执法工作

依法行政是依法治国的重要内容，也是转变政府职能的核心问题。依法行政主要是指各级政府和政府各部门只能在宪法和法律、法规的范围内活动，自觉地把行政行为纳入法制化的轨道，实现国家机构组织、职能、编制、工作程序的法定化。

首先，要加强传媒立法工作，使传媒管理能够有法可依。传媒立法主要是建立以《新闻法》、《广播电视法》为核心，以行政法规为骨干，以部门行政规章为基础，以地方性法规和规章为补充的系统而完善的广播电视

① 王晓刚：《文化体制改革研究》，中央党校博士论文，2007 年，第 80 页。

法律法规体系。

其次，要规范传媒执法工作，使传媒管理能够有法必依、违法必究。在法治管理方面进行创新，建立法定的管制机构，在法律中明确规定管制机构的法定权利，把政府行政机关的行政权限、方式和程序用法律手段固定下来，从而运用法律调整的公开性、规范性和普遍性来有效地制约政府或传媒对公权和私权的滥用，保证执法的权威性，这就要逐步整合政府的职能机构。2004 年 9 月，中宣部、中央编办、国务院法制办、新闻出版总署、文化部、广电总局、财政部七部门公布了《关于在文化体制改革试点地区建立文化市场综合执法机构的意见》，决定在粤、浙、京、沪、深等 9 个地区进行文化市场综合执法的改革试点工作。至 2005 年 4 月，广东全省按要求调整归并市、县两级文化广播电视、新闻出版行政管理部门，统一组建了文化广电新闻出版局并加挂“版权局”牌子，各地级市、县（市、区）文化市场综合执法机构组建工作已基本完成，解决了长期以来文化市场执法工作存在的管理机构不健全、执法主体不规范、多头执法、职责交叉等问题。①

正如新闻出版署署长柳斌杰所言：“今后政府的管理要完全按照市场管理的要求，确立自己依法行政的目标。目前正在实行政企分开、管办分离。原来政府办新闻、办出版，政府办市场，这不符合市场运行的规则。办市场的人不能管市场，管市场的人不能办市场，按照这个思路必须要转变政府职能。政府过去是以审批为主的权力型的政府，现在要转变成为大家办事为主的服务型的政府，所以下一步政策要规范透明，依法行政，政府对新闻出版的干预和管理完全要依照法律，而不能像某些时候随心所欲。出版活动、出版物市场管理都要按照国家的法律制度来办。”②

## 三、加强监督，采取多种管制方式

在我国，传媒政府管制采取的是超经济强制，超经济强制的存在是对等价交换的市场经济关系的根本排斥，因为超经济强制（无论是源于什么力量，政治的、文化的、法律的、行政的）的核心是特权，而特权是对法权的根本否定。超经济强制存在的最深刻根源又在于社会财产权利本身的

---

① 《中国新闻出版报》，2005 年 7 月 26 日。

② 《柳斌杰纵谈新闻出版改革》，中国图书出版网，chinabook. gapp. gov. cn.

超经济性制裁，当对资产的权利表现为对超经济的政治、立法、司法、行政等权利的附属品时，资产的运作便不可能首先服从等价交换的市场准则。超经济性质的权利如进入等价交换的市场交易，便意味着腐败或原有制度的崩溃。①

施蒂格勒也提出过“政府规制俘虏理论”，该理论认为，实行政府规制首先需要回答的问题即是“谁从管制中得益，谁因管制受损”。政府并不能够被简单地假设为自觉为实现公众利益最大化而服务的组织，政府具有多重目标函数，政府政策也通常是各利益集团多次和长期博弈的最终结果。政府规制是为满足产业对规制的需要而产生的，规制机构最终会被产业所控制（即执法者被产业所俘虏）②，这就是说，由于政府特别是少数特权阶层的权利得不到有效制约，有关部门对传媒的管制更多地关注自己租金的最大化，因此，对传媒的政府管制也要有所控制和监督。

这就需要建立一套监督约束管制者管制行为的制度，有效抑制管制机构权力使用不当和减少决策失误的监督制约机制，保证公平合理的执行规制政策。一切行政活动都必须以法律为依据，被处罚者可依法提请行政复议和行政诉讼，严守法律对新闻出版管理权力的规定，从而避免执法和行政过程中的随意性。

在管制的行为方式上，实行前端管制、中端管制和后端管制相结合。前端管制主要是传媒准入管制，通过市场准入制度进行管理，设定传媒市场准入条件和准入程序，建立和完善以法人准入、产品准入、职业准入、岗位准入为基础的传媒业管理体系。法人准入上要及时修订法规和规章；在产品准入方面要研究改进书报刊的管理办法，整合资源做强做大；在职业准入和岗位准入等方面，要明确责任编辑等重要岗位的准入条件，探索建立新闻从业人员的准入制度。中端管制主要是对传媒经营过程合法性的监督管理，比如，可通过传媒年审制度对违法经营的传媒予以罚款、停业整顿和吊销营业执照等。③ 后端管制指对违反国家有关法律、损害国家利益的传播行为或经营行为依法予以处罚，建立健全新闻出版业的质量评估体系和退出机制。要实现新闻出版单位优胜劣汰，在一套公正、透明的评

---

① H. Demsetz & A. Alchian:《生产、信息成本和经济组织》，载《美国经济评论》1972 年，转引自何维达:《公司治理结构的理论与案例》，经济科学出版社 1999 年版，第 21 页。

② G. J. Stigler. “The theory of economic regulation. Bell Journal of Economics”, 1971, (2): 3 -21.

③ 林爱王君、童兵:《中国传媒产业化的法律前提》，载《新闻界》2005 年第 3 期。

估体系下建立一个科学的退出机制。

同时，由单一的指令方式向综合运用行政、经济、法律的多方式转变，进行科学监管。比如用经济处罚的方法，促使股东会、董事会本身严格约束管理传媒人员，遵守国家法规等，通过反不正当竞争、反垄断管制对传媒进行约束。

## 第三节　传媒市场治理：市场对传媒的监控和奖惩

文化体制改革对传媒的市场环境进行了创新，传媒即将大步走向市场，作为“经济人”，必然要接受市场的检验，按照市场规律办事，市场对传媒的治理必将发挥越来越大的作用。市场治理在政府治理无法达到的领域发挥作用，为传媒提供市场交易和传媒绩效的信息，评价传媒行为和经营者行为的好坏，并通过自发的优胜劣汰机制激励和约束传媒及其经营者，有利于传媒建立有效的监控机制。

### 一、产品市场对传媒的治理

产品市场对传媒的治理表现在横向和纵向两个方面，一是横向上传媒之间的竞争，二是纵向上传媒产品产业链上游和下游企业对传媒的约束。以报业为例，报纸作为商品具有特殊的双重出售方式，一是向受者出售新闻信息，二是向广告商出售受众注意力。报业产品市场也可分为两类，前者可以称为发行市场，后者可以称为广告市场。

*1. 产品市场竞争对传媒的制衡*

传媒市场的横向竞争表现为同类传媒在发行市场和广告市场上的竞争。对公益型传媒党报而言，其发行目的是在广大群众当中宣传党的方针政策，其发行效果更多的是考虑社会效益，采取指令性发行的方式，它是一种发育不完全的市场，表现在行政力量充斥在市场中，公费订阅市场与自费订阅市场并存。对经营型传媒而言，一种是以报纸收入为营利目的，另一种以广告收入为营利目的。以报纸收入为营利目的，以读者为目标消费者，报价通常大于成本，发行量越大越好；以广告收入为营利目的，以读者和广告商为目标消费者，报价通常小于成本，发行主要考虑广告商的目标受众和目标区域，在这些区域和受众中确定收益最大化的发行量。

发行市场的存在为读者行使对不同报纸的“货币投票权”提供了机会，读者对报纸不满意，可以不订不买，不与报社产生交易行为，报社必然会因失去市场份额而被驱逐出市场。同样，一张读者不青睐的报纸，广告商也不会与之产生交易行为，使其陷入破产的境地，从而形成了产品市场对传媒的治理。在市场上，传媒的产品和服务将受到消费者的裁决，如果不能占有一定的市场比例，说明传媒的管理和经营存在问题，董事会就会根据市场信息对经理人员进行惩罚。

产品市场提供的价格信息同样形成了对传媒的治理，在所有权和经营权分离的情况下，产生了委托代理成本，导致道德风险。传媒出现内部人控制，只有经营者才清楚知道传媒的成本，他们往往通过加大成本等方式欺骗所有者，为自己谋利。但是，由于产品市场的存在，市场上的价格包含了其他传媒成本的信息，使经营者无法隐瞒，并促使他们努力降低自身的成本。

2. 完善产品市场构建传媒外部治理机制

(1) 尽快建立发行市场上报刊发行量稽查制度。发行量至少应该由四个要素组成：一是印刷数量，为印刷机记录的数据，由印刷企业提供，但必须明确不包括印刷中损坏的数量；二是正常价格发行的数量，包括订阅和零售的，由总批发商提供，稽查员抽样调查部分零售情况；三是降价销售的数量，这部分数据也由总批发商提供，稽查员抽样调查部分零售情况，如果最后销售价为正常价格的50%以下，需要折合处理其发行量；四是最后批发商退回的数量，不得超过10%。发行量核查机构可以通过政府部门的推动，制定详细、具体的制度建设方案，通过制度安排手段来推动建立报刊发行量核查机构这一实际操作程序的执行；同时，在具体实施上采用分步进行、逐步推行的方式。①

目前，我国的报纸发行量核查正在实现历史性跨越。2005 年 4 月 25 日，国新出版物发行数据调查中心成立，它是一个非营利性中介组织，民政部是登记管理机关，新闻出版总署作为业务主管机关，根据国家有关政策法规进行指导性管理，中心理事会由政府部门、中国报业协会、中国期

① 常永新：《传媒集团公司治理》，中国传媒大学出版社 2007 年版，第 224 页。

刊协会、中国出版工作者协会、中国广告协会、中国书刊发行业协会、中国版权保护协会、中国音像协会、中国互联网协会等共同组成，按照《国新出版物发行数据调查中心章程》开展认证工作。中心在人事、行政、财务和业务上既独立于行政机关、报刊出版单位及广告代理机构，又能通过理事会充分听取各方面的意见，形成了行业之间相互制衡的民主机制。2006 年 9 月，中宣部、国务院纠风办、新闻出版总署、国家邮政局联合发出通知，委托国新出版物发行数据调查中心对 11 个城市的都市类报纸统一进行发行量认证，并予以公布。鉴于我国都市类报纸目前普遍存在虚报发行量的情况，这次核查行动堪称是中国报业的一个历史性跨越。

（2）逐步实现制播分离的体系。制播分离最早起源于英国，主要是指在电视台策划、投资并拥有版权的前提下，将节目制作业务委托给外部制作机构或独立制片人完成。通过委托制作，电视台在更多节目制作公司的节目中比较容易得到价格相对便宜且质量好的节目，买方市场的出现使电视台在短期受益。推行制播分离关键是建立科学的节目评估机制、实行成本核算、实施企业管理。首先要明确哪些节目可以实行社会化制作，哪些只宜在电视台内部实行栏目制片人制作；其次制片公司的选择要公开透明，通过招标答辩、专家评审的方式产生，以避免人为因素干扰；① 其三要采取市场交易的方式，即由节目制作机构投资进行前期的市场调研和策划、确定节目的内容、风格，制作节目并拥有节目版权。电视台通过购买获得节目的播出权，支付方式可以是现金购买或以贴片广告补偿。

（3）尽快建立节目交易市场。根据国际节目市场特点，应逐步建立起一个全新构架、全新运作的工作体系，建成包括节目版权、节目素材等在内的节目交易市场，实现对节目交易和流通的一个智能化管理平台。要尽快突破过去原始交换的运作方式，强调信息化、自动化，建立一套能够支持营销工作联网运营的、反映中心管理特色的计算机应用系统，并逐步开始进行影视作品网上交易。此外，节目交易市场还应进行节目购买效果综合评估，通过建立科学的管理运作模式使节目交易市场得到合理发展。②

3. 建立双轨制的产品市场治理

如果没有竞争性的传媒产品市场，产品的质量好坏与产品的发行量和

① 邢建毅：《制播分离体制的确立对电视业的影响》，载《南方电视学刊》2000 年第 3 期。

② 常永新：《传媒集团公司治理》，中国传媒大学出版社 2007 年版，第 221 页。

市场占有率没有相关性，那么就无法实现利用产品在市场竞争中的表现，来对传媒集团的管理和经营者进行评价，产品市场的治理功能也就无从谈起。因此，完善传媒集团的市场治理机制，必须适当打破目前的区域封闭垄断的市场结构，消除报纸发行过程中的行政命令手段，建立起统一、开放、竞争的报纸产品市场。

可以考虑对我国传媒产品市场实行双轨制的运作模式，即对于传媒集团的公共服务型报刊（主要是党报党刊），仍然可以采取一定的地方保护性优惠政策和行政性手段，促进党报党刊的社会效益和党政效益的实现，并且利用政府财政补贴和集团财务倾斜政策来保证公共服务型报纸的经济绩效。而对于集团所有的各类商业经营型的市场报、专业报，必须要打破地方保护形成的市场垄断，彻底消除在该类报刊的发行和广告业务上的各级主管部门的行政干预，建立起全国统一、开放、竞争、有序的商业经营型报纸产品市场，各种报纸通过优胜劣汰的市场竞争机制进行竞争，使得报纸的质量和价格成为消费者（受众）选择产品的决定性因素。

双轨制产品市场的建立，可以很好地解决产品市场对于商业经营型报纸的经营者、经营者和编辑的治理机制，通过报纸的发行量、广告市场份额、市场占有率等来反映经营者和编辑的尽职程度和能力高低，便于股东对经营者、经理人员和编辑人员做出奖励或惩罚决定。而对于公共服务型的报纸产品，由于仍然缺少一个竞争性的产品市场，所以，对其进行外部治理的重点，应该放在党政治理和社会治理方面，通过党和政府对该类报纸的领导和规制，利用社会治理主体中的受众和社会中介机构，实现该类报纸的外部治理。①

## 二、经理人市场对传媒的治理

按照公司治理理论，有效的经理人市场可以甄别有能力和尽职的经理与无能和偷懒的经理。经理人之间的竞争以及公司内部不同层级上经理的竞争能够约束在职经理的“逆向选择”和“道德风险”，激励他们为股东的利益服务，注重为公司创造价值，只有这样才能在经理人市场上有良好的声誉，保住经理的位子。经理人市场提供了一个成本较为低廉的对代理人的约束机制，如果公司经营不善，就可能成为兼并的目标，结果是代理

① 卢恩光：《中国报业集团治理探析》，华夏出版社2007年版，第310页。

人被解雇，影响其职业前途。在外部市场中，产品市场、资本市场和兼并市场上产生的激励作用，在很大程度上要通过经理人市场来实现。

“经理人市场之所以对经理人的行为有约束作用，是因为在竞争的市场上，声誉是决定个人价值的重要因素。声誉是市场有关个人行为和能力等方面信息的一个综合反映。经理人必须关心自己的名声，因为信誉好了才会在未来有人愿意聘请他，才能获得较高的报酬。”① 通过经理人市场，所有者可以选择合宜的经营者，来实现所有者的整体利益。在经理人市场上，经理人之间的竞争和作为买方的所有者的制约，使经理人不能不为所有者的利益而努力，同时，作为买方的所有者之间的竞争，对所有者形成制约，从而保证经理人的利益。经理人市场还可以评价经理人的经营业绩，经理人员应该从长期的经营实践中通过竞争取得实绩，如果实绩不佳将会被淘汰。

由于传媒的特殊性，我国的传媒经理人市场基本还没有形成，高层经营管理者主要是行政任命，经理的业绩不能在市场上得到反映，激励机制也不能起作用，从而产生了很多弊端。传媒是专业性较强的行业，传媒经营更需要职业化的经营管理专家，传媒管理者的才能既是一种稀缺的资源，又具有资产专有性，这就需要我们培育传媒经理人市场。

一是经理职业化，经理职业化与经理才能要作为一种资产的专用性来对待，所谓资产专用性是指该资产只能用于某种特定的用途，如果转作其他用途，就要付出相当高的转换成本。经理职业化指经理的才能只适合于这种工作，转做其他工作会造成才能浪费，不能完全发挥经理的才干，造成工作的低效率。传媒经理人作为一种从事专业技术的文化人，更需要一种职业文化精神，这种职业文化精神可以激发经理的创造智慧和献身精神。因而，实现传媒经理人的职业化是当务之急。

二是构造职业经理人的产生机制和评价体系。人力资本所有者参与企业契约谈判的关键武器就是与其自身不可分割的人力资本，对某一种既定的人力资本的不同评价，或采取不同的测量方法，显然直接影响到人力资本所有者在企业契约中的谈判实力，从而表现为不同的企业所有权配置格局。因此，对人力资本准确、客观地给予测量以及评价就显得特别重要。② 传媒人力资本评价体系不同于一般的经理人市场评价体系，应该由传媒聘

---

① 张维迎：《产权、激励与公司治理》，经济科学出版社 2005 年版，第 221 页。

② 连建辉：《企业治理：制度演进与实践发展》，西南财经大学出版社 2004 年版，第 329 页。

用委员会或提名委员会（隶属于董事会）、猎头公司、人力资源评估机构、审计稽查机构等组成，评价标准除了知识、经验，以及信用度和忠诚度外，主要评价其经营业绩。

三是建立面向集团核心领导的我国传媒人才市场，形成竞争性的传媒集团经营者市场环境，即竞争性的“业内管理人”市场。并且党和政府应该建立一整套传媒集团经营者的绩效测评系统，定期对传媒集团经营者绩效进行考核，并建立考核资料数据库，并通过该资料库来实现对集团经营者能力和信誉的市场评价。对于传媒集团的核心领导，要实现在“业内管理人”市场的自由流动，产生竞争压力。①

## 三、资本市场对传媒的治理

### 1. 资本市场对传媒外部治理的作用机制

资本市场对传媒外部治理的贡献主要有以下几方面：

（1）资本市场的股价机制。股票价格不仅能反映公司经营的信息，还能反映投资者对未来的预期，资本市场股价机制给公司经理人员以压力，使经理努力工作用良好的经营业绩来维持股票价格；同时，方便出资者了解公司经营信息，降低了监控的信息成本。

（2）以资本市场为基础的接管，能够及时发现公司经理管理效率低，并以更好的经理来取代之。资本市场对传媒治理产生影响的实质是控制权争夺，资本市场上的竞争性交易引起股权流动，股权的流动可以使分散的控制权投票权得以重新聚集，甚至启动接管机制，当经理的行动偏离所有者目标时，股价下跌，传媒面临被接管的危险，而接管往往赶走在任经理，从而对经营者形成压力。

（3）管理者的期权报酬合同是传媒治理向经营者提供的一种激励机制，实质是借助股票价格反映的股票市场对传媒潜力的评价，对管理人员提供长期激励，使之按所有者利益选择行动。

上述作用的发挥均需建立在有效的资本市场基础之上，是以资本市场定价的有效性为前提的，当前，我国传媒资本市场才刚刚起动，资本市场对传媒外部治理的作用还相当薄弱。

① 卢恩光：《中国报业集团治理探析》，华夏出版社2007年版，第313页。

### 2. 加大资本市场对传媒的外部治理

（1）加快传媒上市步伐，优化股权结构。传媒企业上市在我国经历了一个深化认识和探索的过程，目前全国在A股和H股市场上市的传媒企业包括北京赛迪、上海新华、成都博瑞、北青传媒等，都是将传媒采编和经营两分开后，将经营部分如发行、广告、印刷上市，割裂了产业链，关联交易过大。传媒企业的核心竞争力在于新闻出版，而不是围绕新闻出版进行的发行、印刷等服务。股市上的共同规则，传媒企业更要完全遵循。为了完整地体现产业的整体性，减少关联交易，避免股市同质竞争，传媒企业应整体上市。同时，还要重视股权结构的优化，减持上市公司的国有股，提高股权流动性，积极依赖于机构投资者队伍的壮大，改变“用脚投票”的状况，从对传媒企业管理被动、旁观的态度，转入积极介入传媒战略管理，从外部施加压力，以改善上市公司的治理结构。

（2）发展公司控制权市场。发展公司控制权市场，除了逐步让国有股及法人股流通起来之外，还应完善与落实传媒企业并购法规，理顺上市公司股权关系，消除企业购并中政府干预带来的负面影响，使得企业兼并真正成为自由、自愿的市场行为。

（3）强化信息披露，加强市场监管。市场监管是规范上市公司治理的强有力因素，能够使股东、债权人、社会公众等及时、准确、完整地获得信息，形成对上市公司有效的外部监督和约束。对关联交易，公司高管人员的薪酬、在职消费等事项的披露制定更严格的标准，防止内部人和大股东侵害上市公司和中小股东的利益。要充分运用经济和法律手段，加重处罚违反信息披露准则的行为。

（4）采用多种激励方式，建立有效的激励机制。要改变过去经理人员薪酬结构单一、结构不合理的状况，将年薪制、职务消费、奖金、股票和股票期权等几种形式结合起来，使个人收入和公司业绩建立规范联系，建立有效的激励机制，充分调动经理人员的工作积极性。

（5）完善相关法律法规体系，创造良好法制环境。除了要搞好直接与公司治理有关的法律法规制度建设外，如股东大会制度、董事会制度、监事会制度的建设，还应搞好有关的配套制度建设，如企业并购法规、经理人市场法规。针对大部分上市公司“内部人控制”严重，大股东（或控股股东）严重侵犯中小股东利益的问题，特别要加强保护中小股东利益的法律法规制度建设，以切实保护广大中小股东的利益。①

## 第四节　传媒社会治理：公众、中介、文化对传媒的影响与控制

社会治理是社会力量通过制度内和制度外的协调与对话，以或独立或与政府合作的方式，通过社区公众、中介组织、社会文化、新闻道德等对传媒加以影响和控制，特别是社会上约定俗成的道德、价值观念、社会规范等思想文化力量对传媒加以影响和控制，参与行使政府的社会管理职能，最大限度增进公共利益，是应对“政府失效”与“市场失灵”的有效选择。

我国的新闻组织必须受到监督和控制，受到社群意见、公众行为和职业道德的约束。要建立一种独立于媒体之外的、同时又对媒体发挥有效制衡作用的社会监督体系，要为民间自发的媒介监督组织营造宽松的环境和空间，激发社会的积极性和创造性，开展广泛的媒介观察和媒介批评，通过社会的、道德的力量关注传播内容的思想文化意义和社会价值，从而有效抵御商业运作对思想文化的负面影响。相对于来自外部力量的监督和制约，自律更多的是源自于新闻组织及其从业人员内生的、自觉地进行自我约束和规范的内在规定性。要推进我国新闻组织的自律，要克尽职业责任，以公共利益为出发点和归宿，服务于公共利益。②

### 一、社区公众及中间组织对传媒的治理

按利益相关者治理理论，随着生产和交易的社会化，企业越来越成为社会的企业。他们不仅对消费者、供应商、当地社区居民和政府等负有不可推卸的责任，而且在某种程度上，这些利益相关者也拥有监督和约束公司的权力，因为企业的运营与他们自身的利益密切相关。对于消费者而言，企业价值和利润能否实现，在很大程度上取决于消费者的选择，这在

① 姚秦、赵湘怀：《资本市场的公司治理机制》，载《深圳金融》2004 年第 3 期。

② 周波：《公共管理模式下中国新闻组织的定位与重构》，硕士学位论文，吉林大学，2004 年。

买方市场的情况下尤其如此。另一方面，消费者选择企业的产品或服务，同时也就获得了知情权、自主选择权和求偿权等一系列权利。①

对于传媒集团而言，其产品的消费者就是受众，不同的报纸可以拥有特定的受众群体。在传媒集团外部治理中，社会公众对于传媒集团的监督功能不能忽视，尤其是在市场经济体制下，社会公众的治理功能对于传媒自律具有重要的作用。传媒与社区公众联系紧密，社区公众的监督对于促进传媒的规范运作、维护公共利益、推进社会的公平与文明起到了积极而重要的作用。比如社区公众运用法律对传媒进行监督，表现为公众对新闻从业人员违反新闻职业道德以及侵犯名誉权、新闻失实等进行的司法诉讼，构成了社会公众对传媒及其从业人员的整体监督，从而促进传媒依法规范运作。

中介组织对传媒的治理也能发挥较好的作用，中介组织作为独立的第三方参与治理，主要有两种形式，一是由专门的评估机构来实施，这种组织可由政府委托成立（独立于政府），也可由民间发起。这种制度的建立将为独立的社会专业人士或组织提供较大的空间，特别是当传媒的经营活动产生负面影响或负外部性时。第二种形式是传媒业内的互律，即通过联合会、全国性协会和行业性协会制定共同遵守的标准和行为规范。此外，可建立制度化渠道，鼓励公众参与，如设立公众投诉热线等。中间组织参与传媒治理的优势在于：节约治理成本，弥补了政府治理行为的不足。②诸如投资基金、会计师事务所、信用评估机构等都能够提供传媒的真实情况，对传媒提供信息的真假进行评估和报告。

## 二、社会文化对传媒的治理

社会文化治理是指社会上约定俗成的职业道德、价值观念、社会规范等思想文化力量，对传媒及其传播活动加以影响和控制，它不具有强制性与直接性，它对传媒从业人员的影响是深层次的，是思想管理在传媒管理中的一种反映。

### 1. 新闻职业道德对传媒的治理

新闻职业道德是以新闻职业责任为核心的一个综合价值体系，是新闻

① 杜湘红：《消费者对公司治理影响的研究》，载《企业技术开发》2003 年第 9 期。

② 张天莉：《治理理论对转型期中国传媒分类管理的启示》，《全国首届博士生学术论坛论文集》，武汉大学，2004 年。

传媒及其从业者在新闻传播活动中应当遵循的行为和道德规范，它是新闻从业者在其职业活动中所表现出来的关于新闻传播的一系列职业观念、职业态度、职业情感、职业作风等道德现象。“在学术上即新闻专业主义，其内涵不同于政治权力对传媒的要求，也不同于市场经济行为对传媒的要求，而是一种服务行业的专业化意识、一系列职业规范，以及评判标准。”① 对于新闻职业道德，中共中央宣传部，国家新闻出版署及相关职能部门已经出台了一系列的文件和法律法规。1991 年由全国记协制定的《中国新闻工作者职业道德准则》作了明确规定，即全心全意为人民服务；坚持正确的舆论导向；遵守宪法、法律和纪律；维护新闻的真实性；保持清正廉洁的作风；发扬团结协作精神等。

然而，现实中新闻从业人员在职业道德方面还存在不少问题：工作敷衍，导致报道失实；动机不纯，编造虚假新闻；不顾影响，经营有偿新闻；不择手段，进行煽情炒作；收取好处，刻意瞒报新闻；无视法纪，侵犯他人权益；不计效果，刊播虚假广告。当前损害媒体和记者声誉的，不仅是有偿新闻，还包括职业理念、职业态度、职业纪律和职业责任方面暴露出来的许多问题，这就需要通过职业道德的约束对传媒进行治理。

2003 年 10 月，中央宣传部、国家广电总局、新闻出版总署和全国记协联合向全国新闻传媒界发出开展“三项学习教育活动”的通知，将“三个代表”的学习、马克思主义新闻观的教育，与职业精神职业道德的学习，列为同等重要的事情。显然，弘扬传媒的职业精神、恪守职业道德已经成为传媒外部治理的重要内容。与依靠惩罚、制裁、强制等手段进行的政府治理不同，道德治理是一种“软调控”，它没有硬性的、强迫性的调控手段，所依靠的是道德义务、社会舆论以及人们通过对义务的认识和舆论的体验而产生的义务感和良知。正是由于人与人在义务感、良知等方面的差异，使道德调控在不同的人身上表现出不同的特征和效用。对于新闻工作者来说，要大力加强自身的道德素养，明确自己所肩负的历史重任，使新闻职业道德真正落到实处。

2. 传媒企业文化对传媒的治理

企业文化是企业区别于其他组织的独特个性，由最高目标、价值观、作风、传统习惯和规章制度等要素组成，以价值观为核心。企业文化的核

---

① 陈力丹：《健全有效的传媒自律机制》，http：//www. cddc. net/shownews. aspnewsid = 5621.

心是企业成员的思想观念即精神文化，它决定着企业成员的思维方式和行为方式。企业文化从最核心的角度传达了传媒治理主体对企业的战略管理理念，企业文化作为一种精神力量，是企业无形的约束与支柱，企业决策层的价值观直接影响了企业的整个战略过程，好的企业文化能够充分发掘出企业中每一个成员的潜能，激发他们的士气，直接影响企业的绩效。

企业文化一旦形成和完善，其作用是持久的，具有鲜明特色的企业文化是激发员工凝聚力和创新精神的源泉和动力。传媒的企业文化既有历史积淀的优势，又有难以快速适应新形势的劣势，因而必须加快企业文化的重建和培育，强化传媒的核心价值观，扬弃不适应媒体竞争的因素，形成有利于改革的人文精神。特别是在传媒的改革转制中，不仅要建立新的体制和机制，而且应相应建立以人为本、鼓励发展创新、倡导团结合作、增强市场意识和竞争意识的传媒企业文化，增强员工的改革承受力，形成内部的良好舆论环境和思想政治工作保障体系。①

良好的企业文化首先作为企业战略高层的基本价值判断，直接渗透到企业的董事会，影响战略决策的制定；其次企业文化对公司治理主体和公司的整个价值取向有着导向作用，这种导向不仅可对企业员工的观念和行为起到一定的作用，有时还会产生强大的冲击力，起到决定性作用，特别是当一种文化思潮成为企业文化的主流时，将对公司的高层治理产生重大的影响；再者，在企业变革过程中，企业文化是企业重组导致的结构和战略的变化相融合和适应的纽带，企业在战略治理结构、组织框架、管理系统和文化之间存在一种和谐，这种和谐将有力提升企业的适应力；同时，企业文化是公司治理与企业战略管理之间的转化桥梁，直接拓展了企业管理的宽度和广度，文化的力量不在于使得二者之间有了形式的结合，更在于使二者之间有着更为紧密的融合和转化，公司治理主体所体现出来的价值观、责任感和使命感推动了高层管理者之间的矛盾解决，直接加速了企业治理结构的优化、整合，促进了公司治理机制的完善，为战略管理的制定、实施及控制创造了良好的条件。②

对于传媒而言，企业文化的改变关键是从“官本位”转变为“以人为本”，由于传媒意识形态属性和长期以来存在的行政级别，传媒员工多少

---

① 朱颖、童兵：《党报体制改革创新的着力点》，载《中国出版》2007 年第 7 期。

② 朱廷柏：《公司治理与战略管理互动关系研究》，http：//www. jjxj. com. cn/news_ detail. jspkeyno =5235.

都把提拔当作个人价值的体现，并且存在官僚主义作风，传媒企业文化需要在以下几方面进行突破：

(1) 要以人为本，这是科学发展观的本质和核心。传媒坚持以人为本，有两方面含义，一是在新闻工作中，必须以人民群众的根本利益为出发点，在报道中彰显媒体人文精神和人文关怀。二是在事业发展中，必须重视和发挥人的作用，培养一支优秀的员工队伍，为他们搭建干事创业的舞台，发挥他们的聪明才智和热情，同时不断提高员工的福利待遇，使他们的权利和需求得到满足。

(2) 要以创新精神为内核。企业文化将人看成具有积极性、创造性、进取性的主体。认为管理的真正本质不是约束和限制，而是创造。一方面创造物、创造产品；另一方面创造人、创造思想。传媒业正在经历着一场“革命”，从传播观念，到传播技术，到传播渠道，再到传播手段等不断变化，且日新月异。它要求传媒业从业人员必须时刻用新的视角看待传媒业发生的各种现象，用科学发展观审视报业的发展路径，以更加理性的心态看待传媒巨变，以市场的规律衡量进退得失，以科学的数据辅助决策，以包容的胸怀吸纳新兴事物。要与时俱进，勇于探索，更好的把握规律性，体现时代性，富于创造性，不断实现从思维方式、体制机制、运营模式、操作手法到各个环节上的各种形式的创新。①

(3) 价值取向从当官向实现岗位价值转变。传媒集团有各种各样的工作岗位，每种岗位都是一个舞台，都能够实现自身的价值。领导者还必须改变选人的方式，对那些爱岗敬业、默默奉献的人要予以重用，培养出一批名记者、名编辑、技术专家和管理专家。

(4) 要树立求真务实、开拓进取的工作作风。领导者要深入群众，调查研究，对工作中存在的问题不回避，敢于承认工作中存在的错误，虚心听取职工意见，并采取有效措施加以解决。②

---

① 赵曙光：《坚持“以人为本”，建设和谐的企业文化》，载《传媒》2006 年第 10 期。

② 张晓群：《关于报业集团制度建设的思考》，载《当代传播》2005 年第 4 期。

# 参考文献

**英文部分**


1. Alison Alexander, James Owers, Rod Carveth. "Media Economics: Theory and Practice", Lawrence Erlbaum Associates, Publishers Mahwah, New Jersey London, 1998.
2. Ardyth Broadrick Sohn, Jan Leblanc Wicks. "Media Management: A Casebook Approach", Lawrence Erlbaum Associates, 1999.
3. Alan. R. Albarran, "Media Economics – Understanding Markets", Industries and Concepts, Iowa State University press/Ames, 1996.
4. Baker, Edwin C. "The media that citizens need", University of Pennsylvania Law Review, 1998.
5. Chen, H. L. and He, Z. "The Chinese Media: A New perspective", Hong Kong: Pacific Century Press, 1998.
6. Compaine, Benjamin M. and Douglas Gomery. "Who Owns the Media: Competition and Concentration in the Mass Media Industry". 3rd ed. Mahwah, N. J: Lawrence Erlbaum Associates, 2000.
7. Curran, James and Park, Myung – Jin, "De – Westernizing Media Studies", London: Routledge, 2000.
8. David Croteall and William Hoynes, "The Business of Media", Pine Forge Press. Thousand Oaks, California, 2001.
9. Evans, p. and T, S. Wurster. "Blown to Bitts: How the New Economics of Information Transforms Strategy", Boston: Harvard Business School, 2000.
10. Gomery, D. "Media ownership: Concepts and principles.", In "Media Economics: Theory and Practice", 2d ed., edited by A. Alexander, J. Owers and R. Carveth. New York: Lawrence Erlbaum Associates, 1998.

11. Lange, Yasa. “Media in the CIS: A Study of the Political, Legislative and Socio – Economic Framework”, Dusseldorf: European Institute for the Media, 1997.

12. Mike Feintuck , “Media Regulation , Public Interest and the Law” , Edinburg university press, 1999.

13. Shoemaker P. J. & Reese S. D. , “Mediating the Message: Theories of Influence on Media Content ”, Second Edition, Longman Publish USA, 1996.

**中文部分**

1. 巴泽尔:《产权的经济分析》,上海三联书店、上海人民出版社 2001 年版。

2. 鲍德威、威蒂逊:《公共部门经济学》,中国人民大学出版社 2000 年版。

3. 施拉姆等:《报刊的四种理论(中文版)》,新华出版社 1980 年版。

4. 道尔(Doyle, G.)著、李颖译:《理解传媒经济学》,清华大学出版社 2004 年版。

5. 丹尼尔·F·史普博:《管制与市场》,上海三联书店、上海人民出版社 1999 年版。

6. 哈罗德·德姆塞茨:《企业经济学》,中国社会科学出版社 1997 年版。

7. R. H. 科斯、A. A. 阿尔钦等著:《财产权利与制度变迁—产权学派与新制度学派译文集》,上海三联书店 1991 年版。

8. 罗伯特·G·皮卡德:《媒介经济学》(1989),(台湾)远流出版事业股份有限公司 1994 年版。

9. 诺斯:《经济史上的结构与变迁》,上海三联书店、上海人民出版社 1994 年版。

10. 诺斯:《制度、制度变迁与经济绩效》,上海三联书店、上海人民出版社 1994 年版。

11. 柯武刚、史漫飞:《制度经济学——社会秩序与公共政策》,商务出版社 2000 年版。

12. 林德布洛姆:《政治与市场:世界的政治 - 经济制度》,上海三联书店 1992 年版。

13. 曼瑟尔·奥尔森:《集体行动的逻辑》,上海三联书店、上海人民出版社 2003 年版。

14. 曼昆:《经济学基础》,生活读书新知三联书店2003年版。
15. 植草益:《微观规制经济学》,中国发展出版社1992年版。
16. 青木昌彦、钱颖一:《转轨经济中的公司治理:内部人控制和银行的作用》,中国经济出版社1995年版。
17. 玛格丽特·M·布莱尔著,张荣刚译《所有权与控制:面向21世纪的公司治理探索》,中国社会科学出版社1999年版。
18. 乔治·J·施蒂格勒:《产业组织和政府管制》,三联书店1993年版。
19. 文森特·莫斯可:《传播政治经济学》,华夏出版社2000年版。
20. 沃纳·塞佛林、小詹姆斯·坦卡德:《传播理论——起源、方法与应用》,华夏出版社2000年版。
21. 鲍金虎:《国外广电产业的政府管制》,《电视研究》2003年第7期。
22. 陈钊:《经济转轨中的企业重构:产权改革与放松管制》,上海三联书店上海人民出版社2004年版。
23. 陈戈:《关于现代中国报业制度变迁一个理论解说》,汕头大学硕士论文2001年版。
24. 陈国富:《委托代理与机制设计》,南开大学出版社2003年版。
25. 崔如波:《公司治理:制度与绩效》,中国社会科学出版社2004年版。
26. 崔天模、黄俊立:《国有企业治理结构研究》,中国物价出版社2001年版。
27. 常永新:《传媒集团公司治理》,中国传媒大学出版社2006年版。
28. 董保强:《现代企业制度》,复旦大学出版社2004年版。
29. 范黎波、李自杰:《企业理论与公司治理》,对外经济贸易大学出版社2001年版。
30. 冯云廷、陈静:《中国公共事业管理体制改革研究》,东北大学出版社2003年版。
31. 费方域:《企业的产权分析》,上海三联书店、上海人民出版社1998年版。
32. 费方域:《交易成本理论和委托代理理论之比较》,外国经济与管理1996年第8期。
33. 范以锦:《南方报业战略》,南方日报出版社2005年版。
34. 樊纲:《体制与体制转轨问题的理论分析》,《成都行政学院学报》2003年第10期。

35. 高明华：《公司治理：理论演进与实证分析》，经济科学出版社 2001 年版。
36. 高洁、蒲华林：《浅论公司控制权的权力本质观》，《暨南学报》2004 年第 6 期。
37. 官欣荣：《独立董事制度与公司治理：法理和实践》，中国检察出版社 2004 年版。
38. 郭金林：《企业产权契约与公司治理》，经济管理出版社 2002 年版。
39. 何维达主编《公司治理的理论与案例》，经济科学出版社 1999 年版。
40. 何维达：《企业委托代理制的比较分析》，中国财政经济出版社 1999 年版。
41. 何玉长：《国有公司产权结构与治理结构》，上海财经大学出版社 1997 年版。
42. 何立胜：《中外企业制度嬗变的比较研究》，中国财政经济出版社 2004 年版。
43. 黄恒学：《中国事业管理体制改革研究》，清华大学出版社 1998 年版。
44. 胡正荣：《外国媒介集团研究》，北京广播学院出版社 2003 年版。
45. 胡鞍钢、胡光宇：《公司治理中外比较》，新华出版社 2004 年版。
46. 胡惠林：《文化产业管理概论》，山西人民出版社 2006 年版。
47. 简新华、魏珊：《产业经济学》，武汉大学出版社 2001 年版。
48. 金碚：《报业经济学》，经济管理出版社 2002 年版。
49. 卢恩光：《中国报业集团治理探析》，华夏出版社 2007 年版。
50. 罗以澄、张金海、单波主编：《中国传媒发展年度报告》，武汉大学出版社 2005、2006 年版。
51. 林毅夫、蔡日方、李周：《充分信息与国有企业改革》，上海三联书店上海人民出版社 1997 年版。
52. 林毅夫等：《论中国经济改革的渐进式道路》，《经济研究》1993 年第 9 期。
53. 林晖：《当代中国新闻媒介的整合与改革》，复旦大学博士论文，2003 年
54. 李良荣：《西方新闻事业概论》，复旦大学出版社 1997 年版。
55. 李维安、武立东：《公司治理教程》，上海人民出版社 2002 年版。
56. 李向民、王晨、成乔明：《文化产业管理概论》，山西人民出版社 2006

年版。
57. 梁金河等:《党报集团产业化构架及操作路径》,《当代传播》2005 年第 5 期。
58. 李杰:《中国传媒企业文化及其建构研究》,南京师范大学硕士论文,2003 年。
59. 倪建林:《公司治理:法律与实践》,法律出版社 2001 年版。
60. 连建辉:《企业治理:制度演进与实践发展》,西南财经大学出版社 2004 年版。
61. 刘小兵:《政府管制的经济分析》,上海财经大学出版社 2004 年版。
62. 卢现祥:《新制度经济学》,武汉大学出版社 2004 年版。
63. 陆地:《中国电视产业的危机与转机》,中国人民大学出版社 2002 年版。
64. 彭永斌:《传媒产业发展的系统理论分析》,西南财经大学出版社 2004 年版。
65. 罗争玉:《文化事业的改革与发展》,人民出版社 2007 年版。
66. 潘忠党等编:《大众传媒与市场经济》,香港炉峰学会 1998 年版。
67. 潘力剑:《传媒经济学的研究范式——传媒经济研究的一个基础问题》,《新闻记者》2004 年第 7 期。
68. 浦兴祖:《当代中国政治制度》,复旦大学出版社 2004 年版。
69. 强月新:《我国传媒市场运行机制研究》,武汉大学博士论文,2004 年。
70. 钱津:《特殊法人:公营企业研究》,社会科学文献出版社 2000 年版。
71. 钱颖一:《中国经济改革的现代经济学分析》,《上海管理科学》2002 年第 6 期。
72. 钱蔚:《政治、市场与电视制度—中国电视制度变迁研究》,河南人民出版社 2002 年版。
73. 曲江:《报业集团两分开体制改革之探讨》,《青年记者》2003 年第 4 期。
74. 荣兆梓、王刚、刘振岐:《现代企业法人治理结构》,安徽人民出版社 1995 年版。
75. 单波:《20 世纪中国新闻学与传播学——应用新闻学卷》,复旦大学出版社 2001 年版。

76. 盛洪:《现代制度经济学》，北京大学出版社 2004 年版。
77. 石义彬:《单向度 超真实 内爆》，武汉大学出版社 2003 年版。
78. 孙少岩:《论我国国有控股公司治理问题》，《学习与探索》2004 年第 3 期。
79. 孙宁华:《国有企业治理结构创新的制度经济学分析》，《上海经济研究》1998 年第 6 期。
80. 孙晓莉:《多元社会治理模式探析》，《理论导刊》2005 年第 5 期。
81. 孙永祥:《公司治理：理论与实证研究》，上海三联书店上海人民出版社 2001 年版。
82. 沈天鹰:《国有企业治理结构畸形化及其矫正对策研究》，人民出版社 2004 年版。
83. 沈秀英、陈茂同、胡伟主编《经济法概论》，武汉理工大学出版社 2002 年版。
84. 史忠健:《国有企业治理结构》，北京大学出版社 2002 年版。
85. 邵培仁、陈兵:《媒介战略管理》，复旦大学出版社 2003 年版。
86. 宋建武:《中国媒介经济与媒介运作》，新华出版社 2004 年版。
87. 童兵:《马克思主义新闻经典教程》，复旦大学出版社 2000 年版。
88. 唐绪军:《报业经济与报业经营》，新华出版社 1999 年版。
89. 陶志峰:《中国报业规制问题研究》，复旦大学，2004 年版。
90. 王晓刚:《文化体制改革研究》，中央党校博士论文，2007 年。
91. 王桂科：《我国媒体产业市场运行主体的结构分析》，《中国出版》2004 年第 2 期。
92. 王国珍:《入世以来中国传媒市场生态研究》，复旦大学，2005 年。
93. 魏杰:《现代产权制度辨析》，首都经济贸易大学出版社 2002 年版。
94. 魏杰 韩小明 杨瑞龙:《产权与企业制度分析》，高等教育出版社 1998 年版。
95. 吴敬琏:《现代公司与企业改革》，天津人民出版社 1994 年版。
96. 吴克宇:《电视媒介经济学》，华夏出版社 2004 年版。
97. 吴信训、金冠军:《中国传媒经济研究》，复旦大学出版社 2004 年版。
98. 吴文虎:《新闻事业经营管理》，高等教育出版社 1999 年版。
99. 夏士慰、史东辉:《政府规制：理论、经验与中国的改革》，经济科学出版社 2003 年版。

100. 徐念沙:《国有独资公司治理的法律分析》,中国政法大学,2001 年。
101. 熊道伟:《现代企业控制权研究》,西南财经大学出版社 2004 年版。
102. 杨瑞龙、周业安:《企业共同治理的经济学分析》,经济科学出版社 2001 年版。
103. 杨瑞龙:《国有企业治理结构创新的经济学分析》,中国人民大学出版社 2001 年版。
104. 杨步国:《体制——报业改革不能不越的障碍》,《中国报业》2005 年第 1 期。
105. 杨晓民、周翼虎:《中国单位制度》,中国经济出版社 1999 年版。
106. 杨胜刚:《西方公司治理理论与公司治理的国际比较》,《财经理论与实践》2001 年第 6 期。
107. 杨哲英、关宇:《比较制度经济学》,清华大学出版社 2004 年版。
108. 叶祥松:《国有公司产权关系和治理结构》,经济管理出版社 2000 年版。
109. 喻国明:《喻国明自选集》,复旦大学出版社 2004 年版。
110. 余辉:《政府与企业:从宏观管理到微观管制》,福建人民出版社 1997 年版。
111. 俞可平主编:《治理与善治》,社会科学出版社 2000 年版。
112. 于潇:《美日公司治理比较研究》,中国社会科学出版社 2003 年版。
113. 姚德权:《以管办分离为突破口,推进新闻出版业分类发展》,《科技与出版》2004 年第 6 期。
114. 赵小兵、周长才、魏新:《中国媒体投资:理论和案例》,复旦大学出版社 2004 年版。
115. 赵彦华:《媒介市场评价研究——理论、方法与指标体系》,新华出版社 2004 年版。
116. 赵立波:《事业单位改革——公共事业发展新机制探析》,山东人民出版社 2003 年版。
117. 张金海等:《集团化背景下的传媒广告经营》,武汉大学出版社 2004 年版。
118. 张维迎:《企业的企业家—契约理论》,上海三联书店、上海人民出版社 1995 年版。
119. 张维迎:《企业理论与中国企业改革》,北京大学出版社 1999 年版。

120. 张维迎:《产权、激励与公司治理》，经济科学出版社 2005 年版。
121. 张曙光:《论制度均衡和制度变革》，《经济研究》1992 年第 6 期。
122. 张曙光:《经济制度的三角结构和三角替代》，《天津社会科学》1994 年第 2 期。
123. 张殿元:《中国报业传媒体制创新》，南方日报出版社 2007 年版。
124. 张克难:《产权、治理结构与企业效率》，复旦大学出版社 2002 年版。
125. 张新民:《公司治理研究》，西南师范大学出版社 2003 年版。
126. 张国良主编:《20 世纪传播学经典文本》，复旦大学出版社 2003 年版。
127. 张之华主编:《中国新闻事业史文选》，中国人民大学出版社 1999 年版。
128. 张志:《中国广电事业政府规制改革研究》，中国人民大学，2003 年。
129. 张银杰:《现代企业制度新论》，上海财经大学出版社 2004 年版。
130. 支庭荣:《媒介管理》，暨南大学出版社 2000 年版。
131. 张裕亮:《大陆报业经营制度改革——制度变迁的观点》，《中国大陆研究》第 45 卷第 6 期.
132. 张文强:《报纸产业组织结构分析与再塑》，《新闻学研究》.
133. 周其仁:《产权与制度变迁：中国改革的经验研究》，社会科学文献出版社 2002 年版。
134. 周波：《公共管理模式下中国新闻组织的定位与重构》，吉林大学，2004 年。
135. 周鸿铎：《牡丹江新闻传媒集团发展报告》，社会科学文献出版社 2006 年版。
136. 周蔚华:《出版产业研究》，中国人民大学出版社 2005 年版。
137. 朱建刚:《市场经济环境下出版产业组织实证研究》，湖南大学，2003 年。
138. 郑海航、邵宁:《国有资产出资人代表——大型集团公司成为国家授权投资的机构实施研究》，经济管理出版社 1999 年版。
139. 钟怀宇：《国有企业治理结构中科层控制权配置特征及效率分析》，《湖北经济学院学报》2004 年第 4 期。
140. 詹朝军:《进一步深化体制改革借助资本市场促进媒体发展》，《媒介研究》2004 年第 1 期。

141. 曾庆宾:《论中国出版企业的法人治理结构创新》,《编辑之友》2004年第2期。
142. 祖明:《公司理论与中国企业改革》,东北财经大学出版社2001年版。
143. 中国大百科全书(新闻出版卷),中国大百科全书出版社1990年版。
144. 历年《中国新闻年鉴》(1982~2006)。
145. 历年《中国广播电视年鉴》(1985~2006)。

**参考网站**

外 文 网 站：www. ofcom. org. uk， www. journalism. org， www. mediachannel. org 等

中文网站：中国期刊网、维普资讯网、万方数据资源系统、超星数字图书馆、人民网、新华网、新浪网、中华传媒网、紫金网、中国新闻研究中心、经济学家网站、中国经济学教育科研网、中国公司治理网等

# 后　记

2003年，波澜壮阔的文化体制改革拉开了序幕，预示着传媒发展的春天就要到来，这一年，我也来到了春意盎然的武汉大学，攻读传媒经济专业的博士生。

改革是一个“摸着石头过河”的过程，在彼岸目标还不分明的情况下，如果没有理论作为引领，实践只会止步不前。本着让理论研究推动改革进程的美好愿望，我把博士论文的选题定为“文化体制改革下的传媒治理研究”，试图以制度经济学和公司治理的基本理论、方法和分析工具，对后文化体制改革时代的传媒治理进行分析。

之所以确定这个选题，是因为在后文化体制改革时代，体制变迁过程中，产权被重新界定，党对传媒的控制方式发生了变化，政治权力的合法性需要重构，公司制将成为传媒产业的主要组织形式，外部投资者也将进入开放的传媒市场……这些因素，都迫切需要建立传媒企业制度和法人治理结构。

而着眼于产权交易和成本控制的制度经济学一直是研究中国体制改革的专业理论；此外，作为现代企业理论的重要组成部分，公司治理理论则涵盖了企业制度、公司管理、政府管制等多个研究领域，用它来指导传媒改革，只要嫁接成功，其现实意义更为凸现。

出于这些考虑，我也就不知深浅地进入了传媒改革这一研究领域，改革是一个敏感的话题，以传媒治理作为切入点虽然是一种思路，但能否得到各界认同，心里没底。

好在论文中的一些章节很快在《现代传播》、《新闻大学》等新闻权威期刊发表，并被《新华文摘》、人大复印资料转载，得到了学术界和业界很多专家的认同和肯定，令我倍受鼓舞。18万字的博士论文在盲评中3票全优，在答辩中5票全优，成为武汉大学的全优博士论文，这更坚定了我在这一方向的研究信心。

论文写成后的一年半时间里，文化体制改革不断迈入“深水区”，过去受体制束缚，充满着“不可能”的出版发行业，一夜之间几乎变成了“没有什么不可能”，制度环境的创新让研究的空间骤然开阔，这期间，在繁忙的工作之余，我对博士论文从框架到内容进行了全面修改，增加了5万多字的内容，终于写成了这本拙作。

此时，鼠年的新年钟声已经敲响，如果从博士论文的选题算起，这本书已经写了整整4个年头。这本书写作的4年，正是文化体制改革推行的4年，是中国新闻出版体制破冰的4年，我很幸运能够始终站在理论和实践的最前沿，记录下这春潮涌动的时代，希望能为传媒改革进一步的制度设计提供一个参考，为中国传媒的未来之路作一个前瞻性的探索。

在本书封笔之时，我怀着感恩的心向许多人表达我真诚的谢意：

感谢武汉大学新闻传播学院的各位老师，百年武大，人文珞珈，学术的天空是那么生机盎然；枫园桂香，樱花烂漫，心灵的自由是那么恬静快意。作为开门弟子，导师石义彬教授给了我更多的关爱，师恩德泽，铭刻在心；感谢罗以澄教授、单波教授、秦志希教授、张金海教授耳提面命，指点迷津；感谢中国地质大学唐辉明教授、武汉大学商学院姜文教授，他们夫妇的关心让身处异乡的我温馨如昨。

感谢熏陶和培育我成长的盐阜大众报报业集团，感谢集团的诸多领导和同事，今年是报社创刊65周年的华诞，她的风雨历程，见证了中国传媒的变革与创新；她的与时俱进，引领了文化产业的繁荣与发展。如果没有在报社10多年的工作经历，我也领略不到传媒的魅力与真义，更不会激发出研究的兴趣和灵感。

感谢新闻界两位德高望重的前辈——邵华泽和艾丰，为本书题写书名和写序，从踏入记者生涯的那一天起，就读着他们的书成长，他们对年轻同志的提携和鼓励，让我前行的脚步更加坚定。

感谢中宣部张鑫博士、复旦大学朱春阳博士、文广集团常永新博士、湖南理工学院徐小立博士、复旦大学出版社章永宏编辑、武汉大学夏冠英教授……这些师友对本书提出了很好的修改意见，他们的友情时刻温暖并鼓励着我。

感谢我的爱人和我的父母，他们的善良仁厚是我一生中最为宝贵的精神财富。

感谢书后所列参考文献的所有作者，他们更是我求学路上的博导，如果说本书还有一点创新，都是受到这些老师真知灼见的启发。

感谢人民出版社责任编辑姚劲华先生，他所做的卓越的编辑工作令我获益匪浅。我深知这本书还有太多的缺憾，斗胆付梓是为了让自己有更多的机会接受各位专家的批评指正，并不断地修改创新。

周 劲

2008年4月20日于江苏盐城